大客户销售
从销售新人到销售冠军

陈志平 / 著

龙门书局

内 容 简 介

大订单、大项目、大客户对所有企业和销售人员而言都是一块诱人的蛋糕，但面对竞争白热化的市场，要真正拿到这块蛋糕，就不仅仅是企业综合实力的较量，更是销售人员素养、技能、谋略和智慧的比拼。

本书从新人起步、市场拓展、实战技巧、客户服务、过程管控和竞争策略六个角度，对销售工作中的常见问题进行了系统研究和提炼，形成了100个"实战技能"招数。这些招数来源于对数百家企业的大客户销售精英们的经验总结，具备指导性和通用性。

本书是为大客户销售人员量身打造的销售技巧宝典，也适合其他需要快速提升自身销售技能的销售人员。希望本书所讲的招数可以助力销售人员的快速成长，实现由销售新人到销售冠军的过渡。

图书在版编目（CIP）数据

大客户销售：从销售新人到销售冠军/陈志平著. --北京：龙门书局，2013.9
ISBN 978-7-5088-4136-6

Ⅰ.①大… Ⅱ.①陈… Ⅲ.①企业管理－销售管理 Ⅳ.①F274

中国版本图书馆CIP数据核字（2013）第222808号

责任编辑：方小丽/责任校对：李 影
责任印制：徐晓晨/封面设计：柏拉图
编辑电话：010-64010679/电子邮箱：fangxiaoli@mail.sciencep.com

科 学 出 版 社 出版
北京东黄城根北街 16 号
邮政编码：100717
http://www.sciencep.com

北京京华虎彩印刷有限公司 印刷
科学出版社发行 各地新华书店经销
*
2013年10月第 一 版 开本：B5（720×1000）
2018年 1 月第三次印刷 印张：17
字数：200 000
定价：42.00 元
（如有印装质量问题，我社负责调换）

从平庸走向卓越

（代序）

随着国内市场经济的日益成熟，从事销售工作的大队伍也在不断扩大。据相关部门统计，在国内从事销售工作的人员超过了 2000 万。每天都有新人踏上销售的征途，每天也有人在逃离销售的行列。销售工作看似简单，似乎对学历、年龄、性别等都无特别的界定；但销售工作又不是那么简单，同样从事销售工作的人，有的拿着上百万的薪资，而绝大多数人的收入仅够温饱。归根结底，从事销售工作是靠业绩说话的，每个企业都在论功行赏。

大客户销售有五大特点：①项目成交周期较长，需多次沟通才能解决问题；②项目销售金额偏大，客户选择供应商非常慎重；③客户非常重视售后服务，将之作为选择供应商的重要因素；④客户选择供应商非常慎重，需经过多个部门来决定；⑤人与产品缺一不可，必要时候人比产品更重要。因而从事大客户销售的难度更大，对销售人员的能力和素养要求更高。大客户销售人员不但要懂市场，而且要懂产品、懂技术；不但是销售策略的规划师和谋划者，而且是销售工作的执行者和推动者；不但要了解客户的核心需求，而且要掌握客户决策人的性格特征、兴趣爱好、价值取向等；不但需具备卓越的沟通能力、敏锐的洞察能力、快捷的反应能力及果敢的决策能力，而且还需要具备人脉管理能力、资源调配能力、过程管控能力等。

某家节能设备企业有两位销售人员向各企业推广其节能设备。三个月后，一位销售人员空手而归，另一位销售人员签回了数百万元的订单。两者之间为什么差异如此之大呢？重要原因在于能力的差异。

两手空空的销售人员见到准客户时会说："你了解我公司的产品吗？我公司产品是由我公司独立研发的新型节能产品，获得国家十几项专利，并被评选为当代最节能的产品，能有效帮助企业节能20%……"他一口气说了大半个小时，客户说："我公司暂时不需要，等有需要了再与你联系。"该销售员似乎很有口才，介绍产品滔滔不绝，但客户最终只是敷衍一句，没了下文，他只是在"王婆卖瓜，自卖自夸"，话虽多，但没说到客户心坎上。

另一位签回数百万元订单的销售人员是这样说的："王总！你是否觉得现在市场竞争压力越来越大，企业的利润越来越薄呢？"

王总说："是的！我们的产量在增长，但利润却越来越低了！"

销售人员说："要提高企业的利润的最佳途径是降低生产成本呢，还是提高产品的价格呢？"

王总说："现在产品的价格已经透明化了，要想提价是不可能的，只能是降低生产成本了。但现在人力成本和原材料成本都在上涨，要想把成本降下来，挺不容易的。"

销售人员说："我现在有一个办法，能帮助贵公司有效降低20%的生产成本，每年能给企业带来数百万的纯利润，您是否有兴趣听听呢？"

王总说："是吗？还有这么好的办法呀？快说来听听。"

于是该销售人员签回了数百万元订单。

谁也不是天生就会做销售，每一个销售人员都有从起步到入门，再到精通，最后到出神入化的过程。我们通常将销售人员的成长过程分为以下四个阶段。

第一阶段：起步阶段——销售新手期。从事销售工作两年以内

销售新手的行为特征如下。

1. 工作态度

工作热情忽高忽低，工作有进展，热情高涨；

遭遇到挫折，会垂头丧气，需要给予不断的鼓励。

2. 工作习惯

做事雷厉风行，领导下达任务，立刻就去做；

完全凭感觉做事，仅仅是"做了"，而不会去想什么"做到"了，布置工作时需将工作内容交代清楚，将步骤与目标说透彻。

3. 客户沟通

直奔目标，直来直去，不会顾及客户的真实想法。

总是说得多、问得少，介绍产品时背资料，滔滔不绝，缺乏技巧和策略是影响到工作进展的主要原因，需要老销售员指导。

4. 口头禅

"客户蛮有意向，我需要时间。"

"与客户关系不错，就是公司产品价格高了点。"

销售新手所缺乏的不仅仅是销售经验，更重要的是缺乏对销售真谛的真正了解。做销售首先得通人性，如果不能读懂客户，就难以打动客户。销售新手的销售工作往往浮于表面，简单粗放，手段单一，缺乏变通。尽管热情高涨，却收效缓慢。

销售新手所短缺的不只是能力，更关键的是缺乏人脉关系。销售新手刚从零起步，人脉资源短缺。没有人脉的积累，在销售工作中难免步步艰难、处处受制。销售新手的销售工作往往直来直去，尽管勤奋刻苦，却业绩不佳。

销售新手的任务，一是学习，二是积累。向前辈学习，学习销售技能和业务知识；向客户学习，了解客户所想、客户所需；向对手学习，学习竞争策略和运作手段。学习在于一个"悟"字，在学习中悟出销售的真谛。积累经验，在实战中提升自己的产品推广和客户开发能力。积累人脉，在销售活动中结识那些能帮助自己的人。

销售新手的禁忌：不懂装懂，眼高手低；好高骛远，自命不凡。

第二阶段：入门期——销售骨干阶段。从事销售工作 2～5 年

销售骨干的行为特征如下。

1. 工作态度

有了明确的人生定位和目标；逐步喜欢上了销售工作。有较强烈的上进心，但经常焦虑，渴望成功。不太愿意与人合作，喜欢独立去做事。对销售骨干获得的成绩要及时肯定，同时要培养其合作意识。

2. 工作习惯

对于工作，虽会制订计划，但思维跳跃，常常不按计划做事。热衷于投机取巧，做事习惯讲策略。有时过于自信，会导致方向性的错误。对销售骨干的管理要不断规范其行为，尤其是强调团队的合作。

3. 客户沟通

与客户沟通喜欢玩弄技巧，但需始终把握住分寸，否则会引起客户的反感。与客户接触流于表面，难以取得实质性进展。

4. 口头禅

"没有搞不定的客户，只有没能力的销售员。"

"销售工作是脑力劳动，用心比用力更重要。"

销售骨干已积累了一定的工作经验和人脉关系，能独立开展销售工作。销售骨干掌握了一定的销售技巧，但又喜欢卖弄技巧；销售骨干积累了一定的人脉关系，但又过于倚仗人脉关系；销售骨干有了成功的经历，但又希望复制这段经历；销售骨干具备了一定的销售能力，但又以为凭借这些能力就可以打遍天下无敌手。销售骨干的销售业绩总是像过山车般忽上忽下，而不知其中的真正原委。

销售骨干的任务一是调整好心态，二是梳理工作思路。销售骨干相比销售新手而言有经验，技能也有了显著的进步，人脉关系的积累已有了一定的基础，但这仅仅是迈上一个新的台阶。销售人员有自信是优点，但自信过度了就变成了狂妄。销售骨干应明白自己只不过向上跨了一步，前方的路程更艰辛、更坎坷。必须调整好自己的心态，让自己重新起步。销售骨干有了成功的经验，往往会以为复制以前的行为会再次成功。经验是资本，但如果过于迷信，经验就成了负担。以前的成功有必然的因素，也有偶然的因素。简单复制无异于守株待兔，奇迹难以再次出现。

销售骨干的禁忌：卖弄技巧，华而不实；贪大舍小，总喜欢走捷径。

第三阶段：精通期——销售精英阶段。从事销售工作 5 ～ 10 年

销售精英的行为特征如下。

1. 工作态度

心态平和，处事淡定。对工作走向与结果有较强的预判性。懂得调集企业资源为己所用；同时也懂得与同事、领导间的配合。工作也趋于保守，不习惯给予自己太多的压力。知足常乐成为其人生态度。对于销售精英要不断给他加压，调整其工作环境，甚至将其放到更重要的岗位上来。

2．工作习惯

做事前，准备工作到位，习惯从外围做起，步步深入。对工作出现的阻碍和难题都有明确的预期，并事先做好了准备。懂得调集多方力量共同去完成任务。

3．客户沟通

针对不同的客户有相对应的沟通方式，能准确把握客户心理的变化以调整策略。懂得察言观色，把握节奏。

4．口头禅

"现在的客户不好搞，销售不好做。"

"做销售就是做关系，做关系就得懂人情。"

进入销售精英阶段，在单位里是受领导器重的销售精英，在市场上呼风唤雨、挥洒自如。销售精英级的销售人员不只是用产品的特征去打动客户，更重要的是用人性和情感去感化客户、争取客户。销售精英所关注的不再是销售成功，而是力求在每一个销售环节都做到尽善尽美。销售精英在任何环境中都能如鱼得水，与任何人相处都能其乐融融。销售精英善于调动各方资源为我所用，善于平衡各方面关系占得先机。

销售精英需保持高昂的工作热情。长期的销售工作会让人厌烦，游走在各种类型的客户当中会身心疲惫。常年紧张的神经会不堪重负，长期出差的生活会孤单空寂。这会让销售精英厌倦销售工作，热情下降。给自己一个新的人生目标，在工作中体会快乐，能焕发销售精英们的工作热情。

销售精英禁忌：固守自封，知足常乐；圆滑有余，个性不足。

第四阶段：出神入化期——顶尖高手阶段

顶尖高手的行为特征如下。

1．工作态度

处事低调，为人谨慎。对人热情有加，时时不忘赞美他人。做事严谨，游刃有余。不主动表态，每句话都深思熟虑。对顶尖高手销售员要让其独当一面，充分授权，并让其成为公司内部的教练。

2．工作习惯

做事细腻，考虑周全，习惯用书面形式进行沟通。

善于调集社会各方资源为我所用，积累了广泛的人脉关系。与客户的关系近疏得当。

3. 客户沟通

善于倾听，懂得发问，不管多难缠的客户，始终能把握住沟通的方向。懂得引导客户的思维，不知不觉间改变与客户间的位势。小事往大了去做，大事往小了去做。

4. 口头禅

"我们老了，未来的世界是你们的了！"

"你刚才那句话我没听明白，请再说一遍好吗？"

顶尖高手级销售人员大智若愚，销售工作到了出神入化的地步，化技巧为无形，变策略为自然，一切都在掌握中。顶尖高手级的销售人员在行业中积累了足够的人气和个人品牌，他们知道什么可做，什么不可做。不再醉心于工作，而是将工作与生活融为一体。在轻松惬意中创造出一个个奇迹。

顶尖高手禁忌：不守底线，玩火自焚。

每个销售人员都渴望迅速成长，快速实现从销售新手、销售骨干到销售精英乃至顶尖高手的过渡。笔者经十多年来潜心研究，从新手起步、市场拓展、实战技巧、客户服务、过程管控和竞争策略六个角度，对销售工作中经常遇到的问题进行了系统研究和提炼，找出了开启智慧之门的钥匙，为从事销售工作的朋友们提供解决问题、实现自身快速成长的最佳答案。

但愿本书所诠释的100个"实战技能"能够助力销售人员的成长。

陈志平

2013 年 8 月

目 录
Contents

第二章 ▶ 市场拓展的两大导向：产品价值延伸、客户关系推进

　　市场开拓是一个系统化的工程，难以一劳永逸，更不可能手到擒来。它需要销售人员精心谋划，精心布局，巧妙布阵，步步为营。销售的章法和推进的技巧能力尤为关键。决定销售工作成败的不仅仅是销售人员的努力程度，还包括能否超越对手，比对手做得更好。

　　市场开拓的核心能力包括洞察力、分析力、谋划力、突破力和执行力等。

第三章 ▶ 销售人员的看家本领：心态、技能和毅力

市场竞争是一场没有硝烟的战争，决定这场战争成败的因素除了企业自身的资源和实力之外，还有销售人员的综合素养和技能。常言道，没有卖不出去的产品，只有不合格的销售员。销售人员的综合实力也直接决定了企业的销售能力。

大客户销售人员的必备技能包括如下五个方面：

(1) 客户关系的发展能力；

(2) 销售进度的推进能力；

(3) 客户成果的促成能力；

(4) 危机的化解能力；

(5) 客户服务的能力。

第四章 ▶ **客户服务的成功要素：标准化、等级化、个性化**

销售无止境，成功签单只是销售工作的一个起点。履行承诺，取信于客户是所有企业和销售人员的必守准则。客户的态度决定着企业的明天，而客户的态度取决于产品和服务。

服务的价值：

（1）服务能为我们带来源源不断的订单；

（2）服务能提升销售人员及产品的价值；

（3）服务有助于积累人脉，提升合作关系；

（4）服务能提升品牌效应，确立行业地位。

服务的核心要旨：

（1）承诺的事提前做；

（2）未承诺的事尽力做；

（3）客户的事当自己的事来做。

第五章 ▶ 管控基本点：任务到人，掌握进度　资源统筹，团队协作

大客户销售管控的核心在于对销售过程全方位的管理和控制。大客户销售具有周期长、涉及面广、单次交易金额大、产品与关系缺一不可等特点。大客户销售工作往往经历了信息收集、项目立项、技术交流、方案确定、商务活动、招投标、商务谈判等繁杂的过程。在这个过程中一个环节出现偏差就会导致销售工作的失败。

大客户销售管控涉及销售项目团队管控、销售流程管控、时间管控、销售费用管控、客户关系管控、销售工作进度管控、风险管控、服务管控等诸多领域。在大客户的销售管理中涉及以下三个平衡：

(1) 销售成本和销售利润的平衡；

(2) 产品价值与人脉关系的平衡；

(3) 团队利益和个人利益的平衡。

第六章 ▶ **市场竞争战略：比对手棋高一招，技高一筹**

　　市场如战场，市场竞争就是一场没有硝烟的战争。市场竞争最终会演变成一场攻与守的拉锯战。行业的领先者为确保自己的领先地位，便会巩固自己已占有的市场，并挖下壕沟，埋下地雷，设置碉堡，筑起篱笆。其目的是设置壁垒，阻止竞争对手的进入。行业的后来者为抢得市场份额，会四处点起狼烟，采取各类战术力求打出一片根据地。市场竞争的攻守之道就是：先攻后守，攻中有守，以攻代守，攻守兼备。在实际运作中，攻守之道的核心要领有如下四个方面：

　　（1）让我方的强项更强，确立优势地位；

　　（2）抓住对手的软肋，不给对手翻身的机会；

　　（3）精确规划，巧妙布局；

　　（4）聚集团队资源，获得绝对胜势。

第一章

新人起步的三大法宝：
知识、信息、人脉

新人起步离不开三件法宝：知识、信息和人脉。知识包括产品的专业知识和行业知识；对产品及行业知识了解得越深越广，越能准确找到公司产品的核心价值点，为客户提供有效的解决方案。信息对销售人员而言就是战前情报，就是新的销售机会点。掌握有效完整的信息方能把握机会，有的放矢。良好的人脉关系是销售人员工作的助推器，掌握足够的人脉关系，能有效地帮助销售人员创造卓越的销售业绩。

对每一个即将开始或刚刚开始做大客户销售的新人而言，面临着的首要任务就是学习必备的产品知识，掌握基本的销售技能，积累初步的人脉关系，了解常规的运作流程。步入市场直接面对竞争对手，所比拼的就不仅仅是企业的综合实力，更重要的是销售人员之间技能和素养的抗衡和比拼。因此，销售人员如果不能完成自身能量的储备，就难以在与竞争对手的较量中取得最终的胜利。

孙子云："故善战者，求之于势，不责于人，故能择人而任势。任势者，其战人也，如转木石。木石之性，安则静，危则动，方则止，圆则行。故善战人之势，如转圆石于千仞之山者，势也。"对销售人员而言，"势"首先来自自己的学识和修养：能站在客户的角度包装公司的产品，提升产品的价值；通过实现客户利益的最大化来实现相互间的双赢合作。其次，"势"来自对企业资源的综合运用能力。大客户销售不是单枪匹马的个人行为，它需要与各部门间的通力协作，充分调动企业各方面的资源为我所用，方能在与对手较量中占得先机。再次，"势"来自人脉关系的累积和合理运用。我们常说："大客户销售，人与产品缺一不可，有时候人比产品更重要。"大客户销售人员的成功就是"70%的人脉＋30%的知识"，销售人员70%的工作内容就在于人脉管理。坚持不懈地进行人脉积累，是销售生涯获得成功的保障。最后，"势"来自能力的提升。销售人员的核心能力就是发现问题和解决问题的能力。只有在实际工作中经历磨练、在失败中进行反省、在成功中予以总结，方能有凤凰涅槃的那一刻。

蓄势在于做好知识储备、信息储备、人脉储备。

知识储备

产品及行业知识的掌握，是销售人员工作的起点。例如，工业品销售人员在许多企业都被称为"销售工程师"。顾名思义，销售人员应该像技术工程师那样熟悉公司的产品，对产品的分类、性能、技术参数、适用对象及产品优势等有系统的掌握和了解。对产品知识了解得越深越广，在实际销售中就越能化解客户的疑义，获得客户的信任。

销售人员对产品知识的储备是以销售为核心而展开的，所掌握的知识以实用为目的，客户想了解的就是所需掌握的内容。销售人员对公司产品的掌握以具体的产品而展开，求精而不在于泛；对产品性能、技术特性、生产工艺、质量标准掌握得越细，就越能在客户面前树立专家的形象。同时，销售人员要懂得将产品优势转化为客户价值。比如，我公司产品采用了某种新型产品，能有效延长产品寿命 3 ～ 5 年。力争在销售工作中占得主动。

对产品知识的储备是一个漫长的过程，它贯穿于销售生涯的始终。新技术、新产品在不断涌现，就逼迫销售人员不断更新产品知识。

销售人员对产品知识的储备在于运用，并在实际运用中储备更多的产品知识。销售人员要学会用通俗的语言来讲解产品，并在与客户沟通中掌握更多的知识。

信息储备

收集和分析行业、客户及竞争对手等各项信息，是销售人员工作的基石。信息对销售人员而言就是战前的情报，就是新的销售机会点。《孙子兵法》云："知彼知己，百战不殆。"在新客户开发、新项目运作过程中，掌握准确、有效的第一手信息，直接决定了工作的思路以及运行策略。

人们常说："优秀的销售人员要眼观六路，耳听八方。"其核心意旨就是对信息的敏感度和反应度。信息是销售工作的起点。及时收集到销售线索，发现意向客户，才会获得销售机会。

客户信息是制订销售工作计划的依据。销售推进计划来源于客户采购的决策流程，客户筛选供应商的流程也就是我们销售工作推进的流程。这其中包括供应商的选择标准、选择过程、审定的部门、内部的影响人和决策人等；掌握这些相关信息，方能拟定有针对性的销售运营策略。

客户信息是评估阶段性工作成果的重要标准。销售人员阶段性工作优劣的评判标准不是由我方自己制订的，而取决于客户对我方人员和产品的认知、认同程度。从客户内部掌握到客户对我方的认同度信息，就能及时修正我方的工作方式和导向，以确保销售目标的最终实现。

人脉储备

建立良好的人脉关系，是销售人员工作的助推器。掌握足够的人脉关系，能有效地帮助销售人员创造卓越的销售业绩。

销售是组织行为。单枪匹马终难成大业。拥有良好人脉关系的人，一定是善于与他人合作的人。

人脉是你人生的指南针。贵人的指点和提携，会缩短成功的距离。

人脉是你手中的反光镜，透过人脉关系能帮你了解竞争对手的动态。

人脉能帮你增加支持者，减少反对者。

人脉可以让你了解这个世界，进而丰富你的人生。

人脉可以带给你全新的经验及知识。

人脉可以使你的生活与事业品质得到提升，知道客户的孩子叫什么名字的业务员绝对不会失业。

| 第一招 |
行业知识要学以致用，产品知识要活学活用

核心要点

(1) 提炼核心，掌握重点。

(2) 死记数据，融会贯通。

(3) 由表及里，逐渐深入。

| 案例 |

小赵大学毕业后，幸运地被某工业刀具生产企业录用，成为该公司的一名销售人员。小赵大学里读的是营销专业，梦想着成为一位销售精英。

小赵上班报道的第一天，就参加了公司的产品知识的培训。他接过下发的培训讲义，不由得倒吸了一口凉气。培训讲义有300多页，公司的产品有十大类，近一万个品种。培训老师是公司的技术总监，系统讲解工业刀具的发展历程、生产工艺、技术参数、产品性能等，一开始小赵听得似懂非懂，从第二天开始，小赵便如听天书。公司有明文规定，产品知识考核通过后方能上岗，小赵陷入深深的担忧之中。

晚上，小赵睡不着，向早他两年毕业、正在从事销售工作的学长王大嘴请教。王大嘴听后哈哈大笑起来："我当年也与你一样，上班第一天就被厚厚的培训讲义给镇住了，当时就有打退堂鼓的打算。但我仔细研究了培训讲义，发现大部分是吓唬新人的。销售人员毕竟不是吃技术饭的，需要掌握的知识并不需要如此广泛。作为新人，掌握住三个方面的产品知识足矣。一是各类型的产品适用于哪些具体的行业，各类型的产品差异性在哪。二是公司产品优于竞品的技术参数。三是公

司产品的生产工艺和主要流程。你只要掌握了这些产品知识，就基本能应付考试和销售工作了。"小赵挠挠头说："产品品名和技术参数难以理解，也不易记住。"王大嘴不假思索地说："你先别想去理解它，死记硬背就行了。"

与王大嘴通完电话，小赵心中有了底。于是重新翻阅了讲义，他果然发现产品知识其实没讲义描述得如此复杂。他进行了系统总结后发现：刀具是根据加工对象的不同而进行分类的，如硬质合金、铝合金等；因加工对象不同，刀具的技术参数也不一样；公司的核心优势产品都有优于对手的技术标准；不同的产品，在生产流程上只是略有差异，大致相同。

有了这些发现，小赵在讲义中勾画出一些必须掌握的内容，每天早上、晚上加以背诵。一周后小赵通过了考试，顺利上岗。在销售工作中，介绍公司产品时头头是道，让客户刮目相看。

| 招式要领 |

掌握必要的产品知识，是销售人员工作的起点。尤其是工业产品的销售，对产品知识的了解和掌握尤为重要。但销售人员毕竟不是技术人员，其所需掌握的产品知识应着眼于实际工作的角度。其核心重点有如下五点。

（1）根据客户的不同需求，应选择什么类型的产品。做产品推广时做到有的放矢。

（2）公司产品与竞争对手相比，技术优势在哪里，给客户带来哪些利益。在销售中，能有效提升产品价值。

（3）竞争对手有哪些长处和短处。对竞争对手的了解，便于制订有效的竞争策略。

（4）公司产品的主要生产流程和特殊工艺是什么，采用的是什么原材料和特殊工艺。能向客户提供产品质量的保障。

（5）行业的未来发展将向哪些方向发展，公司新开发的产品有哪些新的亮点，能帮助客户解决哪些问题。能不失时机地向客户推广新产品。

| 启示 |

（1）融会贯通。对产品知识不要机械化去理解，应从销售运用的角度进行深度消化。

（2）学以致用。产品知识的学习贯穿销售生涯的始终，在销售工作中缺什么就去补什么。

（3）深入浅出。学会用通俗的语言去讲解专业的产品知识；慎用专业术语。

（4）广吸博纳。产品的知识面越宽泛，对销售工作越有利；要不断充实自己的知识库。

| 第二招 |

从表象中分析出本质，从本质中寻找出规律

核心要点

（1）从现象推论出本质。

（2）以数据归纳出结论。

（3）以现状推演策略。

（4）以目标分解任务。

| 案例 |

小赵工作之余，从网上收集了许多关于工业刀具的相关资料并加以归纳整理。仔细加以分析后颇有心得。他了解到全国切削刀具的市场容量近500亿元。其中，通用刀具的市场占有量达到48%；汽车制造行业占有量为16%；模具行业占有量为14%；机床工具占有量为12%。于是他得出了如下结论：

（1）机械加工行业及通用刀具行业占据了切削刀具的半壁江山，市场容量达到了300多亿元，理应成为公司重点拓展的领域。

（2）航天、航空及IT行业的占有率分别为4%和6%；其市场容量约为30亿元和40亿元。作为公司的传统优势行业，理应进一步巩固和拓展。

（3）模具行业和汽车制造行业的市场份额分别为14%和16%，其市场容量都超过100亿元，理应成为公司下一步重点拓展的领域。

同时，另一个数据也引起他的关注：在终端客户购买次数上，年采购15次的

为 60%，年采购 30 次以上的为 24%；在终端客户的购买渠道上，习惯性购买的占据 41%，业务推广的占据 24%；影响客户选择购买的因素，价格因素为 11%，使用寿命为 18%，切割效率为 21%。

由此他得出如下结论：

（1）切削刀具的性能、寿命及使用工艺都有特殊要求，终端用户因生产工艺个性化的要求差异性强，所以对使用满意度高的切削刀具品牌有较强的忠诚度。

（2）终端用户对刀具的使用量大，采购较为频繁，因此，对生产企业的供货速度和售后服务的期望值较高。

（3）大客户对切削刀具的使用量占据主导，谁能抢占大客户的市场份额，谁就能在切削刀具行业占据主导。

（4）切削刀具的性价比是终端用户选择供货商的关键要素。价格、寿命、效率是切削刀具行业革新的核心要素。

在公司的销售会议上，小赵抛出了他收集的相关资料，并阐释了自己的观点。让公司领导刮目相看，被同事誉为"行业小专家"。

| 招式要领 |

销售人员工作的起点是博得公司领导及客户的信任。信任的起点就在于能力。而能力的来源又在于能否尽快入行。只有懂行，方能胜任自己的工作。而让自己成为内行，一个最简单和快捷的方法是从各种零星和表象的公众信息中总结和发掘出一些规律性的东西。面上的东西人人都能看到，如果能深入一步，推演出一些有益于工作的结论，就能让人刮目相看。要让自己成为行业专家，可以从如下五方面入手。

从众所周知的现象入手，加以分析和归纳

所谓现象，通常是大多数人都能看到的，而能否透过现象看到一些本质的东西，就考验着销售人员的智慧。市场竞争隐藏着规律性的东西，找到其内在规律就能有效地指导工作。比如，分析出终端客户的购买习惯，就能制订有效的产品销售方式。

从行业领先企业入手，从其运营模式和产品演变勾画出行业的发展走向

那些在行业中居于领先地位的企业，自然有其成功的因素。分析一下那些领先企业是如何拓展市场、提升销量的，从中可以吸取哪些有益的经验。企业如果不能找到适合自己的新市场拓展的最佳途径，模仿对手也不失为一个较好办法。

从行业大客户入手，从其购买习惯和需求的转换总结出未来市场趋势

行业内的大客户作为行业内的领导者，决定了行业客户的价值观和采购标准。分析行业大客户的购买习惯及内在需求的转化，能分析出未来市场的发展趋势，这为企业营销战略的制订提供依据。

从公司的成功案例入手，探究出适合公司的营销策略和竞争手段

公司内部都有一些成功的案例，通过对这些代表性案例的分析，可以找出一些规律性的东西，并以此作为企业销售流程的模板，为后续的销售工作提供指导。

从主要竞争对手的销售渠道入手，找出其薄弱环节和营销软肋

竞争对手永远是我们绕不开的障碍点，找到对手在销售渠道的薄弱环节和营销软肋，就是我们的机会点和攻击点。作为后来者，一定是以己之长，克彼之短。

| 启示 |

(1) 专业度能博得客户的信任。

(2) 专业能力能赢得领导认同。

(3) 思维能力有助于个人成长。

| 第三招 |

不被现象所迷惑，探究到问题的本质

核 心 要 点

(1) 知其然而知其所以然。

(2) 活学活用，融会贯通。

(3) 举一反三，学习领悟。

| 案例 |

小赵第一次参加公司的销售会议，看着从全国各地风尘仆仆赶回公司的各区域经理，心中既羡慕又有点忐忑不安。小赵在他们的身上似乎看到了自己的未来。会议进入了月度销售分析的环节，各区域经理纷纷开始大叹苦经。

华东区域黄经理说道："公司给三星电子的十把样刀，只通过一把，客户对我们意见很大……"小赵在笔记本记下：公司的制造力量薄弱。

华中区王经理说道："这次在三一重工的招标，因我公司报价过高没有中标……"小赵在笔记本上记下：公司产品没有价格竞争优势。

华南区刘经理说："经销商在抱怨公司产品品种单一，新品开发速度太慢……"小赵在笔记本上记下：公司产品品种单一。

西南区吴经理说道："西飞的样品要求两周以前就交给技术部了，至今样品也没拿出来……"小赵在笔记本上记下：公司技术力量不强。

会议结束后，小赵看到笔记本记下的公司种种不足，心中一片迷茫。销售部张总看出了小赵的心思。会后将小赵叫进了办公室问道："小赵，你会后有什么感受？"小赵不知如何回答，想了想谨慎地说："公司似乎存在着许多问题需要解决。"张总笑道："你见过没有问题的公司吗？"小赵疑惑地看着张总。张总耐心解释道："这次会议上确实暴露出公司存在着许多的问题，但问题的背后隐藏的究竟是什么，你并未真正看到。人都习惯站在自己的角度去看待问题，这好似盲人摸象，都是不全面的。任何问题都有客观存在的外界因素，但本质上来讲内因更占主导。比如，投标未成功，不仅仅是价格的原因，人的因素是主导。学习更在于运用，要懂得融会贯通。"

| 招式要领 |

销售工作的魅力在于其工作业绩是可以用数据来体现的。俗话说，是骡子是马，拉出来遛遛。从实战的角度去学习掌握必备的知识和技能，方能在今后的工作中有所建树。销售人员切忌纸上谈兵，囫囵吞枣。销售人员走入市场，面对对手就是综合能力和素养的比拼；现代市场不流行高谈阔论的销售人员，而是钟情那些脚踏实地、章法有度的销售人员。要做到学以致用、融会贯通，应做到以下四点。

（1）溯本求源，多问几个为什么。不被表面的现象所迷惑，能探究问题的根源。

（2）全面客观，站在企业的角度去思考。员工与企业之间往往就是一对矛盾体，两者在期望和现实之间总是有差距的，关键在于找到两者的平衡点。优秀的销售人员不是抱怨，而是力争在现有状况下取得更佳的业绩。

（3）独立思考，不受外界的影响。销售人员要有自己的主见，敢于坚持自己的观点，而不能人云亦云，尤其不受负面信息的影响。

（4）举一反三，找到规律性的东西。销售人员的成长应站在前人的肩膀上，从他人失败的教训中得出启示。

| 启示 |

（1）不被现象所迷惑，懂得探究问题的本质。

（2）问题永远是无处不在的，不要回避问题。

（3）没有问题就没有销售，销售工作就是在不断解决问题。

（4）罗列问题是没有价值的，关键是要找到解决问题的方法。

（5）问题的根源主要是解决问题的能力不足，提升能力是关键所在。

| 第四招 |

在工作中加以积累，从琐事中获得资源

核心要点

（1）机会是留给有准备的人的。

（2）工作无大小，做好眼前的事最重要。

（3）用心工作，时时都会有收获。

（4）能力不足，最佳的补救方法是投入更多的精力。

| 案例 |

小赵被分配到华东销售部，黄经理简单地问了小赵的基本情况后说道："小赵，你没什么销售经验，对工业刀具行业也不太熟悉，这段时间你先在公司帮助整理一下客户资料，公司催了好几次要我们上报，这段时间忙，也没来得及整理，顺

便也能熟悉一下我们华东销售部的情况。"

小赵听了黄经理交代的工作，心中虽不太乐意，但也无奈地答应了。小赵向销售部的内勤小丽要来近几年华东市场的客户资料，仔细进行了整理和分类。他发现有部分客户几年前向公司订过一两次货后就再无业务往来了。于是，小赵问小丽："小丽，这些客户向公司订了一两次货后，怎么就不再订货了呢？"小丽看了看客户名单后回答道："这些客户大多是一些小客户，订货数量少，销售员也就没关注，还有部分客户信誉不太好，销售员担心货款回笼不及时。现在公司对货款回笼考核很严的。"小赵默默点点头。

小赵不敢怠慢，加班加点三日后就将整理好的客户资料交给了黄经理，但他细心地将客户资料留了底。小赵未想到这段看似打杂的工作对他的帮助很大，那些被销售人员忽视的客户都成了他的第一批客户。

| 招式要领 |

新人的起步往往是从边缘的杂事做起，正所谓工作无贵贱，一些看似无意义的杂事或许都会成为事业成功的基石，关键是用什么样的心态去做事，别把任何一项工作当做任务去做，而应当做事业去做。新人做事态度大于结果，勤奋是销售新人必备的工作态度。做销售固然需要有天分，但更需要勤奋。新人在能力和素养都不足的前提下，以勤补拙是最佳的方法。在实际运作中应把握住以下三点。

要领一：关注别人忽视的"客户"

启示：客户永远是在变化之中的，他人放弃的未必就是没有价值的客户。从那些有基础的客户入手，更容易取得成果。

要领二：做好领导交代的任何事

启示：工作无分内和分外之分，领导交代的事就是你必须做好的事。把握住现在，方能有未来。

要领三：时刻做好准备

启示：新人先期的准备是必经的历程，只有将自己尽快地融入所服务的企业环境之中，才能得以立足，寻求发展。

| 启示 |

(1) 销售新人的首要工作就是为自己积累人气和资源。

(2) 放低姿态，更有利于新人的成长。

(3) 做事的态度是第一位的，能力是第二位的。

(4) 机会不是等来的，而是努力得来的。

| 第五招 |

做总比不做好，主动做总比被动做好

核 心 要 点

(1) 主动做事，力争做得更好。

(2) 善于做事，力求有所收获。

(3) 勇于做事，不惧怕做错事。

| 案例 |

某日一早张总匆匆来到销售部大声说道："西飞公司的行业试制出来了，他们催得很急；谁有空跑一趟，坐中午的飞机立刻给送过去？"销售部的员工都你看看我，我看看你，没人应答。张总看看小丽说："小丽，辛苦你跑一趟呗！"小丽为难地说："我手头有好几张订单等着发，客户都催了好几次了。"张总环顾四周看大家都在忙各自的工作，脸上露出焦虑之色。小赵站起身来说道："张总，我刚到公司，也没什么事。我来送，行吗？"

张总松了口气高兴地说："好呀！你按照地址直接送交到指定人手中就行！"

小赵不敢怠慢，回宿舍简单收拾了行李就匆匆上路了。当晚就赶到了西飞公司所在地成都。下了飞机就立刻拨通了西飞公司王工的电话，王工正在为样品的事着急，听到已经送到，顿时喜出望外地说："太好了，你赶快送过来吧。明天一早等着样品测试呢！"小赵午饭还没来得及吃，肚子早已咕咕叫了。他已顾不上这些，出了机场就上了一辆出租车，赶到王工办公室已是下午六点多了。

王工见到小赵高兴地说："你们速度蛮快的嘛，早上样品刚出来，晚上就送到了！"小赵认真地说："我们公司领导对贵公司很重视，技术部门忙了一个通宵才做出来，立刻让我搭中午的飞机给送过来了！"王工满意地说："贵公司的效率确实高！"看王工心情不错，小赵趁机向王工询问了西飞的刀具使用量及对刀具的技术要求。

走出王工的办公室，小赵拨通了张总的电话。张总赞许道："小赵，做得不错，辛苦了！"

| 招式要领 |

新人最大的心理负担往往就是怕做错事，于是就会抱有不求有功但求无过的想法。但对新人而言不懂得主动去做事，就很难有提升自己、让领导认可的机会。其实，新人的优势就是有犯错误的权利。而不懂得主动做事会成为新人不可原谅的最大错误。因此，销售新人要让自己动起来，主动做事。只有在做事中才能让领导认识你，并有效提升自己。新人不要让自己输在起跑线上，一步落后就可能步步落后。应注重以下三个要领。

要领一：先让自己动起来

（1）少想先行。比他人先跨出第一步。

（2）少说多做。做了永远比不做好。

（3）边做边问。别忽视你的领导。

（4）边问边想。在做中提升自己。

（5）别独自做。发动你的领导与你一起做。

要领二：找到最佳的切入点

从容易的事情入手，尽快让自己小有成果；从领导关注的事入手，让领导记住你。

要领三：从模仿他人开始

（1）模仿是学习的起点，模仿他人不丢脸。

（2）敢于展示个性化的东西，别担心他人会耻笑。

（3）勤加练习，后天的磨练重于天分。

| 启示 |

(1) 新人做事从模仿他人开始，先模仿再领悟。

(2) 销售人员是从工作中成长，工作是最好的学习机会。

(3) 主动为领导分忧，能获得领导的认同。

| 第六招 |

待人学会察言观色，处事懂得机灵敏捷

核心要点

(1) 察言观色，随机而动。

(2) 心灵手巧，注重细节。

(3) 机敏善动，恰到好处。

| 案例 |

　　客户单位到公司参观，张总特意吩咐小赵协同接待。小赵跟随张总带着客户参观完工厂后在会议室坐定，张总助理小倩就敲门进来面带微笑地问道："戴总，您是要咖啡还是茶？"客户戴总惊喜道："我要杯咖啡吧！"小倩回头问客户其他人员："王工、杨工，你们要咖啡还是茶？"王工、杨工回答道："我们来杯茶吧！"小倩说了声"好的"，转身出去。戴总有点纳闷道："张总，这位小姐好像挺陌生的，她怎么知道我们的名字？"张总神秘地笑道："戴总大名远扬，王工、杨工都非等闲之辈，她自然认识各位！"张总的一番恭维顿时让气氛融洽了许多。不一会儿，小倩就手端托盘走了进来，将泡好的咖啡放在戴总的桌前，然后将茶一一端到王工、杨工的面前，说了声"请用！"，就退了出去。

　　双方交流很热烈，张总向客户介绍了公司近几年的发展以及设备更新、技术研发等情况，戴总一行人不时提出问题。大约每隔半个小时，小倩都会轻轻推门进来，给大家添水，还给戴总重换了一杯咖啡。

　　临近12点的时候，小倩又走了进来说："张总，午饭时间到了，戴总、王工、

杨工，你们也辛苦了。吃点便餐，休息一会儿再谈！"

于是一行人来到公司食堂的贵宾包厢，小倩引导大家依序坐定，给大家一一盛上碗汤，说了声"请慢用！"，便转身出去。

接待结束后，张总问小赵："有什么收获吗？"小赵不假思索地说："我得拜小倩为师，她太厉害了！"

| 招式要领 |

客户接待是销售人员的日常工作，但要做到体贴入微、关怀备至，让客户留下深刻的印象，工作的细节尤为重要。比如，小倩事先记住了每一位客户的名字，就给对方一个惊喜。客户对企业的考察不仅仅是考察企业的生产规模和制造能力，同时也在考察企业员工的综合素养和专业精神。规范、标准的商务礼仪能给客户留下良好的印象。

销售人员要眼观六路、耳听八方，应做到以下五点。

（1）站在客户的角度去做事，客户想要做的事提前做。

（2）关注细节，力求做到尽善尽美，小事也能打动人。

（3）竭力做好领导想做的事。领导关注的不仅仅是结果，更是做事的态度。

（4）用心去做事。做事是学习和积累的过程，只要用心就会有收获。

（5）快乐地做事。只要喜欢自己的工作，就能在做事中感觉到一份快乐。

| 启示 |

将简单的事做得不简单，方能显示出你的不一样。擅做小事者，方能做大事。销售人员切忌不拘小节、粗枝大叶。

| 第七招 |

从擅长的事做起，向身边的人求得帮助

核心要点

(1) 从熟悉的客户入手。

(2) 向身边的人寻求帮助。

(3) 从自己最擅长的事做起。

| 案例 |

学长王大嘴出差路过小赵公司的所在地，便约小赵晚上小聚。小赵自然欣喜万分，下班后就立刻赶往约定地点。兄弟两年不见，免不了喝点小酒，叙述衷肠。王大嘴讲述了新加盟M公司的一段经历：

"我第一天上班，被分配到销售拓展部，部门张经理简单地问了我一些以前的实习经历后说：王大嘴，我们部门是一个萝卜一个坑，公司没有现成的业务交给你，你得自己去找客户。能不能在这个公司待下去，就看你的表现了。

"张经理的一席话让我倒吸了一口气，销售工作真不是人干的活。能不能生存下去，一切都得靠自己。我现在连公司的产品都没搞清楚，就得去开发客户，心里一点底都没有。

"我无奈地摇摇头，打开电脑，搜索相关的网页看看能否找到客户线索。一连浏览了几家网站，一条不起眼的信息引起了我的注意：上石化金山扩建项目正式启动，投资300多亿再建500万吨生产线。我想起我有一个远房叔叔在上石化工作，300多亿的投资项目对变频器的采购量无疑不会小，这位远房叔叔可以为我提供信息等方面的支持。我就从上石化扩建项目入手，或许能挖到个金矿。

"我连忙与公司销售管理部进行核实，确认上石化这个项目目前无人跟踪。于是，我决定就从上石化项目开始我在M公司的销售历程。"

小赵忙问道："后来这个项目搞定了吗？"

王大嘴喝了口酒说："自然搞定了，否则怎么会有我的今天呢？"

（案例下文续）

| 招式要领 |

销售新人如果有个台阶或引路人就能顺利地跨出第一步，这个所谓的台阶和引路人就是人脉关系。比尔·盖茨创立微软之初签订的第一份订单就是通过他在IBM公司做市场总监的母亲而签订的。销售新人难免人脉关系比较薄弱，最佳的途径就是从身边人开始，找到一个台阶和引路人。通过这个基本点，然后向四周延伸，逐步建立起自己的人脉关系网。建立人脉关系应掌握如下八项法则。

（1）就近原则：从身边的人（亲人、朋友、同事）开始发展自己的人脉关系。

（2）黑白珠原则：准备两只瓶子，一只放黑珠子，一只放白珠子，你为别人付出就放入一个白珠子在瓶中，别人为你付出就放入一个黑珠子在另一个瓶中，记得要保持白珠比黑珠多一倍。

（3）蚂蚁原则：今天为未来储存粮食；有好处，尽量与同伴分享，与伙伴分享，让更多的蚂蚁享受到美食，利用团队精神，可以把美食搬回家。

（4）赞美原则：每天用真挚的言辞赞美你身边所有的人。每一句赞誉之词，都在积累你的人气。

（5）广泛原则：这个世界的每个角落都有你需结交的朋友。每个人总是在不断开发自己的人脉网络，区别在于成功人士总是比你的人脉网络庞大。

（6）用心原则：结交的人越年轻，越要用心记住他的名字。某些人或许不具备帮助你的能力，但或许他们具有破坏力。记住：少一个反对者，往往胜过多一个支持者。

（7）串联原则：对于积累起来的人脉关系需要用不同的线条将之串联起来，散落在记忆中的人脉往往是不具备实用价值的。

（8）更新原则：人脉关系的价值是有时效性的，需要不断更新。

| 启示 |

（1）积累人脉是销售工作的起点。

（2）人脉管理是门课程，应当学习领悟。

（3）人脉来源于日常的积累。

（4）人脉关系是工作的重要内容。

| 第八招 |

将漫长的工作分阶段去做，将复杂的工作简单化去做

核心要点

(1) 分步骤做事，每行必果。

(2) 分阶段做事，回顾总结。

(3) 有次序做事，调理清晰。

(4) 有目标做事，方向明确。

| 案例 |

（接第七招案例）

学长王大嘴办完事，临行时与小赵告别。小赵还惦记着他那段上石化项目的始末，一再央求晚上再小聚一番。王大嘴推辞不过便推迟了行程。当晚小赵与王大嘴又聚在一起。酒过三巡，就进入话题。王大嘴便讲述起那段经历。

王大嘴从手机里翻出了远方表叔的电话，简单寒暄了一番后，便开口询问道："我从网上看到你们公司投资300多亿元在扩建新的生产基地，该项目采购情况您了解吗？"表叔稍停顿了一下回答道："我也只是略有耳闻，细节不太清楚。这个项目应该有专门的项目部。"王大嘴又问道："你知道这个项目归谁负责吗？"

表叔抱歉地回答道："虽同属上石化的部门，你也知道我们公司有几万人、几十个部门，我还真不知道。这样吧，我帮你打听一下！"

王大嘴连说几声感谢，便挂掉了电话。半个小时之后，表叔打来了电话："我帮你打听了，负责这个项目的是公司的总工刘总。刘总工虽有耳闻，但我未接触过。"王大嘴连忙问："您有刘总的手机号吗？"表叔问答道："我没与他接触过，没他的电话。"王大嘴急迫地说："没手机号码，办公室电话也行！"表叔笑道："这个容易，我帮你查一下吧。一会儿发到你的手机里。"

十分钟后，表叔果然将刘总的办公室电话发了过来。王大嘴立马就拨通了刘总办公室电话，响了半天，却传来一位女士的声音："你好！这里是101项目部，请问你找谁？"王大嘴客气地答道："你好，我找刘总！""刘总出差了，请问你

是谁？""我是刘总的一位朋友，请问刘总什么时候回来？""这我不太清楚，你打刘总的手机吧！"王大嘴灵机一动说："前几天我手机不巧遗失了，没了刘总的手机号码。你能将刘总的手机号码告诉我吗？"该女士稍想了想说："先生，抱歉，我也不知道刘总的手机号码，过段时间再打来吧！"这位女士无疑识破了王大嘴的伎俩，挂断了电话。

出师不利，但王大嘴还是不甘心。冥想了半天，突然醒悟道：这么大的项目，肯定会经过设计院，上石化有自己的设计院。于是王大嘴在网上查了地址后决定上门去跑一趟。

吃过午饭，王大嘴开车来到上石化设计院。还没到下午上班时间，办公室的门都紧闭着。王大嘴不敢乱闯，走到楼道旁，看到一位20多岁的小伙子边抽着烟边摆弄着手机。王大嘴凑了过去搭讪道："你们中午休息呀？下午几点上班？"小伙子说道："你找人呀？两点上班，还有半小时呢！"他们闲聊了会儿，知道小伙子叫陈明。王大嘴看时机差不多了，便问道："上石化最近新上了一个300多亿的扩建项目，你知道是哪个部门设计的吗？"小陈顺口回答道："知道呀！就是我们科负责设计的！"王大嘴顿时喜出望外说："太好了，我总算找对了呀！我是M公司的大客户经理，就为了这个项目而来！"边说边递上名片。小陈不好意思地说："我来设计院才一年多，也就是打打杂的角色。这个项目是我们主任亲自负责的！"王大嘴说："兄弟，你我一样都是新兵。我进M公司才第一天呢！"小陈开心地笑了笑："我也帮不了你什么忙。"王大嘴拉着陈明在楼梯上肩并肩地坐着询问道："上石化那个扩建项目进展得怎么样了？"小陈回答道："这个项目在两个月前前段设计已经结束了。项目设计已经审批通过，已进入了开工建设阶段。总投资315亿，三年内建成。"王大嘴随口问道："你跟他们项目的人熟悉吗？"小陈答道："项目部负责后勤的小杨经常来我们设计部拿图纸，我们俩年龄相仿，经常在一起聊聊天。"王大嘴说道："太好了，你帮我约一下，我们找个时间聚聚？"小陈爽快地答应了。

两点到了，陈明帮王大嘴引荐了设计部刘主任，沟通了半小时，从刘主任的口中证实了陈明提供的信息的准确性。

两天后的周末，陈明约好了小杨，王大嘴找了一间较幽静的包厢。小杨二十五六岁，河南人，戴着眼镜，一身的书卷气。王大嘴举起杯与两人碰了碰一饮而尽后说："我们都是外地人，要在大上海占得一席之地都挺不容易的，既然有缘聚在一起，当相互照应。"

小杨不善饮酒，有点被王大嘴的话触动了，频频点头说："是！是！"王大嘴问道："小杨，能给透露点贵公司新扩建项目的一些情况吗？"

小杨抽了口烟道："这个项目由刘总全权负责，重大的事都得由刘总拍板。项目部一共有五个人。潘工负责项目规划，李工负责现场监督，钱工负责设备采购。不过王哥，你们公司可能没戏，我们公司的变频器一直是选用ABB公司的，这段时间ABB的销售员跑得挺勤的！"

王大嘴心一惊，可能已经晚了一步。他依然不动声色地说道："我做事一向尽人事、听天命。吃我们这碗饭的，遭遇失败是常有的事。刘总与钱工的关系怎么样？"

小杨摇摇头说："钱工平时架子挺大，与刘总的关系一般。"

王大嘴给小杨倒上酒说道："小杨，你给我说说刘总是什么性格的人。"

小杨吃了口菜说："刘总58岁，在公司德高望重，挺受人尊重的。做事一丝不苟，原则性很强。在技术上属于绝对性权威。等做完这个项目也算到点退休了。"

王大嘴点点头说："你能将刘总的手机号码给我吗？"

小杨笑道："那还不是小事一桩！"

王大嘴讲到这里喝了酒道："我费了九牛二虎之力，总算搞到了刘总的电话号码，总算是小有收获！"

（案例下文续）

| 招式要领 |

销售人员永远都在接受新的挑战，这种挑战一方面来自外界环境，激烈的市场竞争使得每一份订单都会来之不易。销售人员必须明白：我们是在别人的饭碗里抢饭吃。另一方面来自自己的内心。面对挫折和客户的冷漠拒绝，我们是否有坚持到底的决心。销售人员必须有正面的心态，将订单的争夺看成一场马拉松赛跑，只有跑好每一步，并坚持到底才有可能成为成功者。在日常的销售工作中，销售人员必须明白以下三点。

没有问题，就没有商机

每个企业／产品都有问题（面对现实）。

商机来自能够克服别人所无法克服的问题。

不是卖最好的产品，而是卖最合适的产品。

没有拒绝，就没有销售

拒绝和挫折是销售生涯的一部分。

最大差异是将"No"转化为"Yes"。

因为有拒绝，才会留下更多的机会给我们。

没有需求，就没有价值

只有客户需要时，才有机会创造更高价值。

客户最急迫时，也是最能展现价值的时候。

| 启示 |

（1）做事贵在坚持，不达目的誓不罢休。

（2）做事不怕挫折，方法总比困难多。

（3）做事勇对阻碍，初生牛犊不畏虎。

（4）做事善用头脑，用脑方能决胜千里。

| 第九招 |

将老客户作为敲门砖，将身边人作为引路人

核心要点

（1）做生不如做熟。

（2）简单的方法往往是最有效的。

（3）求助身边的人，是成功的起点。

| 案例 |

（接第八招案例）

王大嘴见小赵听得津津有味，便卖起了关子："俗话说，万事开头难。对销售新人而言，如何起步尤为关键。小赵，当初与我一同进公司的有五个人，但留下

的只有我一个，你知道为什么吗？"

小赵不假思索地恭维道："那是你王哥脑子好，做事勤奋。"

王大嘴一撇嘴说道："你小子少恭维我，其实那四个人脑子都不比我差，做事也都很勤奋。但最后都被淘汰了！"

小赵疑惑地问："那是为什么？"

王大嘴神秘地笑了笑道："那是工作初始，方向选择出现了偏差。能进入像我们这类跨国企业的，哪个不是过五关斩六将的？每个人都自恃很高，不愿意依靠家庭关系、公司资源，都希望凭个人能力闯出一片天地。但事实上哪有这么容易？企业发给你工资是让你创造业绩的。如果你接连几个月都没有业绩，自然就得被淘汰掉。因此，新人要在企业站住脚跟，短时间内产生业绩，最佳的途径就是从老客户入手，从熟人着眼。先别顾及自己的面子，活下来才是最重要的。"

王大嘴的一席话让小赵深受启发，便诚恳地问道："王哥，我目前的状况，又该如何入手呢？"

王大嘴想了想说："最佳的方法是从身边的人脉关系入手，看看你的亲朋好友当中有没有现成的人脉关系能帮助到你，就像我从远房叔叔入手上石化那样。"

小赵笑说："我的家人都在农村，同学也刚刚毕业，也只有你能帮得上我了！"

王大嘴呵呵笑道："你是赖上我了，那我告诉你一个最简单、最有效的方法。那就是千方百计与公司专门接销售热线电话的人搞好关系。"

小赵没明白，问道："为什么？"

王大嘴笑骂道："你反应真迟钝，有新客户上门，第一时间知道的自然是接销售热线的人了，如果他能在第一时间里告诉你，对你而言不就是现成的销售机会吗？"

小赵顿时恍然大悟。

（案例下文续）

| 招式要领 |

要成为一个优秀的销售人员，必须学会两件事。一是发挥自身的优势，包括知识、能力、社会关系、家庭背景等。上天既然赐予你，就要充分利用。二是要调集一切可以调集的资源，包括个人资源和公司资源。一个人 100% 的努力永远不如 100 个人 1% 的努力之和。销售新人要站住脚跟，短时间内有所发展，必须能创造出销售业绩。企业不是学校，不会给你太多的时间。要在短时间内有所建树，最佳途径就是：从老客户入手，从熟人着眼。老客户已经有积累的基础，成交的时间周期会缩短；熟人已经有过情感上的铺垫，更易于获得对方的信任和支持。在实际运作中应当注意以下四点。

（1）从有人脉关系的客户入手：发挥自己的优势为第一要素。

（2）从容易的事情入手：尽快让自己小有成果。

（3）从老客户入手：尽快让自己进入工作状态。

（4）从公司关注的客户入手：易获得公司的支持。

| 启示 |

新人也不是一张白纸，要尽可能将拥有的资源发挥到极致。如果确实没有资源，要设法借助公司或上级领导的资源。销售业绩绝对体现销售人员的价值，这是销售人员的铁律。

别轻易接受他人搞不定的客户，吃别人的"剩饭"，啃难啃的骨头，这是自己为难自己。

| 第十招 |

用心做事方能有所进步，敢于求助方能获得帮助

核心要点

（1）别单枪匹马做事，让自己融入团队。

（2）别埋头苦干做事，善于总结和反省。

（3）别争强好胜做事，懂得向他人求助。

（4）别斤斤计较做事，乐于给别人援手。

| 案例 |

（接第九招案例）

王大嘴喝了酒兴致勃勃地继续讲着他的故事。

千辛万苦拿到了刘总的手机号码，王大嘴倒是心中没底了，不知道这个电话如何打。王大嘴想了半天，翻来覆去打了几遍腹稿还是没底，就去问拓展部的张经理。张经理听了王大嘴的汇报后笑道："初次电话，简明扼要地讲明来意就行，不要啰嗦。"王大嘴忐忑地问："如果对方拒绝了怎么办？"张经理自信地说："刘总作为项目的最高领导，通常不会直接拒绝的，他会让你与分管人员联系，你的目的也就达到了。"

张经理的一席话让王大嘴吃了定心丸，打通了刘总的电话后，果然他让王大嘴与分管采购的钱工联系。王大嘴顿时对张经理佩服得五体投地，通完电话，王大嘴来到了张经理的办公室，汇报道："张经理，果然如你所料，刘总让我找分管采购的钱工。接下来我该怎么办？"张经理胸有成竹地说道："恭喜你，你开始入门了。接下来你就可以大张旗鼓地打着刘总的旗号，预约钱工了。你有钱工的手机号码吗？"王大嘴忙回答道："我现在没有，但我能搞得到！"张经理笑道："那你还等什么，快去打电话呀！"王大嘴通过项目部内勤小杨搞到了钱工的电话，拨通了他的电话。王大嘴作了简短的自我介绍后，便开门见山地说："钱工，我刚与刘总通过电话，他正在北京出差有点忙，让我与您联系一下。您看，明天上午还是下午有空？我上门拜访您一下。"钱工想了想说："你明天下午1点过来吧！"王大嘴忙说："好，谢谢钱工！"

打完电话王大嘴再次来到张经理办公室，他看王大嘴满脸轻松地走了进来，便说道："与钱工约定好面谈的时间了吗？"王大嘴点点说："约定明天下午1点，张经理，我第一次拜访客户，心中没底，你能不能陪我一起去？"张经理看了看明天的时间安排，爽快地答应道："明天下午我正好有空，就陪你跑一趟吧！"

王大嘴口风一转，问道："小赵，你说我三番五次去叨扰领导，他会不会厌烦？"

小赵犹豫不决地说："我想不会吧！"

王大嘴大声地说道："领导不但不会烦，而且心里欢喜得很。你记住，遇到困难要懂得向你的领导求助，你的领导是乐于帮助你的。这既能满足其心理上的优越感，又能让你的领导看到你工作上的努力。何乐而不为呢？寻求帮助不会让别人看轻你，反而会让人感觉到你的可亲。"

（案例下文续）

| 招式要领 |

销售工作不是单枪匹马的个人战争，单凭个人的力量很难在竞争激烈的市场占得先机。销售人员千万别忘了在你的身后还有坚强的后盾，那就是你的团队和随时都会为你提供帮助的领导。关键在于是否会寻求帮助。勤于思考，做事要有悟性，在领导的指点下要有举一反三的能力。乐于求助是遇到困惑时要寻求帮助。应掌握以下四个要领。

(1) 在领导的指点下独立工作。领导只能给你建议，不要让领导替代你工作。

(2) 自己先思考，再疑问。别在意自己的疑问幼稚，勇于说出来。

(3) 及时向领导请教。心中有疑问，就及时提出来，领导是愿意为你答疑的。

(4) 让领导为你压阵。有领导为你压阵，你不必担心自己会说错话。

| 启示 |

学问，一是在于学，二是勇于问。只要你放下身段，人人都是良师益友。

| 第十一招 |

做别人想做的事，做他人不愿意做的事

核心要点

(1) 善做大事者得先从小事做起。

(2) 做好助手，是新人的必修课。

(3) 善于向前辈学习，有助于自我提升。

| 案例 |

(接第十招案例)

王大嘴继续回忆道："小赵，你想象不到，那天我与我们张经理一同拜访项目部的钱工，我哪是销售人员，分明就是一个马仔。"那天，王大嘴一手拿着公司资料，另一手拎着张经理的包，紧跟在他的身后，敲开了钱工的办公室。钱工四十开外，

圆乎乎的脑袋，一双眼睛透着精明气。听完他们的自我介绍后便客气地招呼他们坐下，还从抽屉里拿出一包精致的茶叶，王大嘴连忙站起身来说道："钱工，您坐。我来泡茶。"王大嘴接过钱工手中的纸杯泡上茶，放在张经理桌前，又拿过钱工桌前的紫砂壶添上水。

张经理看钱工手上端着一把紫砂壶，便赞美道："钱工，你手中的紫砂壶蛮别致的，看得出是正宗的宜兴紫茶壶。现在这个东西可不好买！"钱工眼睛一亮说："张经理，好眼光。这把紫砂壶有点年头了。好的紫砂壶不仅制作工艺要精湛，关键得会养，好东西是通人性的。"于是他俩聊了近半小时的紫砂壶，王大嘴静静地在一旁坐着，不时给他们添水。

张经理见钱工兴致很高，趁机说道："今天我们过来就是给钱工送点公司的资料。刘总特意吩咐了，钱工是这方面的行家，选用哪个公司的产品，得由您来把关！"王大嘴连忙将手中的资料递了过去，钱工接过资料随手翻了翻说："那是刘总在高抬我，我就是一个办事的，选用哪家公司的产品，得由领导拍板！你与刘总关系很熟嘛！"张经理道："小王与刘总有过几次接触，我问过他几次，他还不愿意说。"王大嘴在一旁尴尬地笑了笑说："刘总是大人物，我也就是跑跑腿、倒倒茶的角色。"钱工看了看笑了笑道："小王，蛮勤快的，年轻人脑子活络，有前途！"王大嘴趁机说道："还得请两位领导多多提携！"张经理、钱工哈哈笑了起来。

（案例下文续）

| 招式要领 |

销售人员要博得客户和领导的钟爱，最佳的手段就是心灵手快，眼中有活。主动做事所体现出的不仅仅是做事的能力，更能表现出做事的态度。一个积极向上、思维敏捷的人能迅速博得客户和领导的认同。在实际运用中应做到以下五点。

（1）做不起眼的事。拿资料，帮领导拎包，做一个勤快的人。

（2）做领导想做的事。领导未交待，把事情做在前头。

（3）做原本该客户做的事。抢在客户前头做原本他该做的事。

（4）做力所能及的事。在自己的能力范围内尽可能多做事，如安排拜访时间，做会谈记录等。

（5）做与职务对等的事。与客户的助理、前台等保持沟通和联系。

| 启示 |

主动做事是新人成长的第一要素，事无大小，处处皆有学问。

| 第十二招 |

将大事分解成一个个小事去做，将小事当做大事大张旗鼓去做

核心要点

（1）将复杂的事分解成一件件简单的事情去做。

（2）每一件小事要全力以赴地去做。

（3）让你的客户和领导知道你在尽心做事。

| 案例 |

（接第十一招案例）

小赵听得入了迷，对王大嘴敬佩得五体投地，殷勤地给王大嘴倒上了酒问道："王哥，接下来你又是如何去做的呢？"王大嘴喝了一口酒说道："不久我就从小杨的口中得知刘总出差回来了，我明白这次拜访意义重大，我作了充分的准备，并邀请公司产品技术工程师杨工陪同我一起拜访。我清楚地知道：初次拜访，在刘总的办公室里待的时间越长效果就越佳。我给自己设定的标准是不低于半个小时。由于准备充分，我们在刘总办公室里足足待了两个多小时。他对变频器的性能和技术标准表现出浓厚的兴趣。杨工作了详细的说明。我见沟通气氛很融洽，便向刘总发出邀请：请他参观公司。刘总愉快地答应了，约定两天后到我公司参观。我回到公司便与其他部门商量，拟定了详细的参观日程表。"

参观日程表

时　间	日程安排	参加人员	目标达成
上午9点	会议室高层会谈	公司总经理、技术部经理、大客户部经理	高层互动，关系推进
9点半至10点半	工厂参观	公司总经理、技术部经理、大客户部经理、生产部经理	对我公司产品产生良好印象
10点半至11点半	产品展示厅参观	公司总经理、技术部经理、大客户部经理、生产部经理	对我公司的产品技术产生倾向性
12点午餐	安排在公司食堂贵宾厅	公司总经理、技术部经理、大客户部经理等	对我公司工作效率留下深刻印象
下午1点至3点	听取我公司样板工程介绍(中午休息10分钟)	公司总经理、技术部经理、市场部专员	认同我公司产品能满足该项目的需求
3点至5点	高层互动	公司总经理、技术总工等	加深高层间的关系
5点半	贵宾楼晚宴	公司一干领导五人	基本达成合作意向

　　王大嘴稍加停顿看了看小赵问道："这次参观很成功，其中有一个细节起到了很大的作用。你知道是什么吗？"小赵忙问道："什么细节？"王大嘴得意地说道："刘总到公司参观时，闲聊到他有位大学的同学也在我公司服务，我仔细一了解，他的同学在我公司天津一家工厂担任技术总工。刘总略有遗憾地表示这位老同学有近十年不见了。我得知了这个情况之后，立刻与刘总的同学联系上了，并通过总部协调，让他坐下午的飞机赶到上海。晚上招待宴会时，刘总的老同学出现在现场，刘总甚为惊喜。两人大谈同学之情，现场气氛非常融洽，效果也很好。"

　　小赵连连赞叹道："王哥，你太厉害了。"王大嘴摇摇头说："要想成为一位优秀的销售人员，就需培养做大事的性格。而一个能成大事的人，就得擅长做好每一件细小的事。正所谓大事小做，小事大做！"

　　（案例下文续）

｜招式要领｜

　　所谓的大事小做就是将复杂重大的事情分解成每一个细小的子任务，在规定时间内按标准完成。销售项目往往是一个系统、复杂的过程，销售人员就要学会规划清晰的路径图，并罗列出达成目标需完成的单个任务。通过一个个细小任务的完成来实现最终的目标。

所谓小事大做是指工作中每一个细小事情都应该大张旗鼓地去做，确保每一段工作的质量才能提升销售工作的成功概率。做好细小的工作能让你的领导看到你做事的认真态度，也能让你的客户认识到你对他的忠实程度。这会为你的销售生涯增添光彩。

在实际运用中，当注重以下四点要素。

（1）任务的分解得具体到工作行为，并明确需达成的目标。每一项销售行为都是有明确的目标的，销售人员应关注的不是做了什么，而是真正做到了什么。

（2）任务的分解得具体到人，即这项任务该由谁去完成。充分利用公司资源，调动周围人的力量，发挥每个人的特长和优势，确保任务完成的质量。

（3）每一项子任务都有明确的时间界定。销售工作是有时效性的，必须在规定的时间内完成每一项工作。

（4）让你的领导和客户感觉到你在努力做事。做事所体现出的不仅仅是做事的能力，更是做事的态度。有时候态度比能力更重要。

| 启示 |

善做事者，懂得化大为小，化繁为简，以心换心，以情感人。

| 第十三招 |

客户关系由下往上延伸，由外向里推进

核心要点

（1）将人脉关系作为人生的重点工程去打造。

（2）规划人脉积累的步骤，设立人脉银行。

（3）掌握必要的人脉经营技巧，设定目标。

| 案例 |

（接第十二招案例）

王大嘴面对小赵满脸的敬佩之色，兴致更高了。他抽着烟问道："小赵，你说，

要搞定客户，拿到订单，凭借的是什么？"

小赵想了想回答道："一是公司的综合实力，二是销售人员的个人努力。"

王大嘴笑道："你小子有点入门了。销售人员要掌握住两点：一要善于利用公司的资源，让客户认识、认同、认可公司的产品；二要学会将客户关系由下而上、由外围到核心逐步推进。"

小赵想了想说："我明白了，你从结识陈明开始，再认识小杨，再联络上刘总，这就是由外到里；先接触小杨，再到钱工，最后拜访刘总，这就是由下而上。"

王大嘴点头说道："是的。做大单有个秘诀：扩大支持者，拉拢中立者，消除反对者。在客户内部站在你的阵营的力量越是强大，那你成功的概率就越高。到了最关键的时刻，还别忘了高层领导的一锤定音。"

小赵脱口而出道："那就是刘总的最后拍板了。"

王大嘴神秘地摇摇头道："仅仅靠刘总还是拍不了板，还得摆出更高的领导！"

小赵惊讶地道："还有更高领导，那是谁呀？"

王大嘴喝了口酒开玩笑说道："你一顿酒就把我打发了？便宜你了！"

（案例下文续）

| 招式要领 |

销售人员创造佳绩，离不开人脉关系的积累和管理；对每一位销售人员而言，良好、广泛的人脉关系是自身最大的资源。它不但能有助于拿到订单，也能为自己的职业生涯开拓更广泛的前景。积累人脉是一个由下到上的过程，应做好以下七点。

（1）为发展人际关系设定计划。打造交际网络是有过程的，你的计划应当包括以下三个方面：①你三年的目标及每三个月的进度；②列出可以帮你实现每个目标的人；③如何与第二点中列出的人联系。一旦你设立了目标，就贴在你经常看到的地方。

（2）打造你个人的"智囊团"，找到愿意尽力帮助你的有识之士。他们就是你的"智囊团"。

（3）在你需要前，打造好人际网络。在发现要用到别人之前，就尽早地保持联系。重要的是把这些人当做朋友，而不是潜在的客户。

（4）与你认识的人保持好联系。刚开始时，要关注你当前人际网络中的人。

（5）"厚脸皮"。才能相似的两个人发展不同，可能仅仅因为脸皮的厚薄不同。

（6）乐于求助于别人。乐于索取可以创造出机遇。你应当像乐于帮助别人一样，乐于向他人索取。记住，要做好别人说"不"的最坏打算。

（7）在畏惧面前考虑到收获。厚着脸皮和不认识的人说话，自然会害怕可能失败的窘境。这是件有风险的事，要有收获、有成就，就必须冒风险。而什么也不做就只有平庸。

| 启示 |

人脉不但是积累的过程，也是经营的过程。懂得经营的人，人脉关系会越来越广。调整好自己的心态，人还是很容易相处的。

| 第十四招 |

说到的事就一定要做到，在做的事情一定要做出结果

核心要点

（1）言出必行，承诺的事就要兑现。

（2）慎言重行。不轻易承诺，未承诺的事也要努力去做。

（3）资源互换。承诺客户，也需让客户做出承诺。

| 案例 |

（接第十三招案例）

小赵没再纠缠，换了个话题说道："王哥，接下来你的工作就容易多了。"王大嘴呵呵一笑道："事情没你想象的那么简单，时间过得很快，一晃一个月过去了。这期间我数次拜访了刘总，谈论到选用哪家公司的变频器的问题时，刘总的态度总是含糊其辞。我从小李那里了解到，项目部开了几次研讨会，会议上钱工竭力推荐ABB的产品，李工和潘工倒是倾向于选用我公司的产品。"

一次，刚走进潘工的办公室，就看到潘工在打电话，声音很大："这家公司的维修人员到现在还没到，怎么搞的，都三天了。你告诉他们如果明天还不到，以后我们就不要再合作了。"潘工是一个性情很温和的人，从来没见他发这么大的火。王大嘴连忙凑过去，递上一根烟问道："潘工，消消气。什么事让你发这么大的火呀？"

潘工依然火气未消，愤愤地说："现在真是店大欺客，ABB也是家大公司了，效率这么低下。我们的一台变频器坏了，三天前就通知他们过来修了，到现在也没有来。一条生产线已经停工三天了。再这样下去这个月的生产指标肯定完成不了！"真是天助我也。王大嘴压制住内心的激动："售后服务可是大事，一条生产线停工一天得损失好几十万呢。这件事得向上级好好反映反映！"潘工点点头说："是的，不向上反映，出了问题谁也承担不了这个责任。这个公司的产品真是不能用了！"

这件事在王大嘴推波助澜之下被捅到了高层。在项目部的会议上一致讨论决定：新扩建项目的变频器选用其他外资企业的产品，ABB被排除在外。

讲到此，王大嘴感慨地说："最终拿下这个项目，也是对手帮了我一个忙。关键时刻，对手踢了个乌龙球。其实我也能理解，为了取悦于客户，往往在与客户谈判阶段，对客户万般承诺，但真正兑现的时候却会打个折扣。小赵，你要记住：你答应客户时要慎重，一旦答应的事就得做到。一个不守信用的人，是难以在行业中立足的！"

（案例下文续）

┃招式要领┃

讲究诚信、履行承诺是销售人员必备的品质和信条。大客户销售重在信任。信任是合作的基础，也是与客户建立良好关系的起点。一个言而有信、行而必果的人，方能获得客户的信任，否则，再稳固的客户总有飞走的那一天。要做到言而有信、行而必果，应当注意以下四点。

（1）别轻易承诺客户。即使客户提出的要求合乎情理，你做到也很简单，也要加以仔细斟酌。你承诺了客户的要求，得让客户感觉到你付出了很大的努力。

（2）用承诺换承诺。满足客户的任何一项承诺都是有条件的，你必须知道，兑现承诺是需要付出代价的，那自然需要客户为你做出某些承诺。

（3）即使未加承诺，也需尽力去做。客户提出的某种要求，你即使未承诺，也要尽力去满足。如果你做到了未承诺的事，客户会感到惊喜。

（4）事情一旦承诺，一定要让客户满意。承诺的事提前做，超出其预期去做，能加深客户对你的良好印象。

| 启示 |

做 100 件对的事情抵不过 1 件错的事。失信于客户，就会丢失掉客户。做对事不难，难就难在少做错事，尤其是少做失信于人的事。

| 第十五招 |

将人脉关系进行价值化分类，实行等级化管理

核心要点

（1）商场永远是功利的，付出与回报是同等的。

（2）你才是人脉的主导，串联出人脉才有价值。

| 案例 |

（接第十四招案例）

小赵觉得这顿酒喝得受益匪浅，忙追问到："后来怎么样？王哥你接着说！"

王大嘴狡黠地说道："你小子一顿酒就想拜师学艺，太便宜你了。后面的故事留着下次说。"

故事的结尾是这样的。合同签订 10 天后，M 公司准时收到了上石化 30% 的预付款；公司相关部门紧锣密鼓地安排产品的生产，依据合同三个月后交付。这是个大项目，公司领导很重视，其他各部门自然不敢怠慢。

刘总在上飞机前拍了拍王大嘴肩膀说："王经理不愧是个人才呀！"

项目到此，仅仅是个开端，上石化是一个挖不完的金矿。只要王大嘴精耕好这块土地，王大嘴相信会给自己带来丰硕的果实。王大嘴做市场的信念是客户不

在多，而在于精。将工作的主要精力放在大客户上，就能达到事半功倍的效果。

王大嘴结束了他的故事，拍着小赵的肩膀说："老弟，你记住：在商言商，这个世界一切都是以价值来界定的，包括人脉关系，而界定标准却是由自己所制订的！这不是功利，而是生存之道！"

| 招式要领 |

建立并扩展人脉关系是服务于销售工作的，随着项目的推进和销售工作的累积，所结识的人脉关系越来越广，就有必要将人脉关系进行等级化管理。并且根据不同等级的人脉关系投入相对应的资源。

建立评分体系可以让维护关系变得容易。

比如：

(1) "1级"，一个月至少联系一次。

(2) "2级"，每个季度至少要打个电话或是发封邮件。

(3) "3级"，每年至少要联系一次。

将相关人脉关系定期整理，制订出定期联络时间表。发展人脉关系要未雨绸缪，事前多做必要功课，胜过临时抱佛脚。

| 启示 |

及时梳理人脉关系并分等级管理，能有效分配资源和精力，做好关系的维护。

| 第十六招 |
建立良好宽松的内部关系，为自己营造广阔的平台

核心要点

(1) 给自己创造宽松的环境，就能给自己创造更大的平台。

(2) 获得公司内部的支持，就能为销售工作创造更大的便利。

(3) 获得领导和同事的认可，就能创造出更佳的销售业绩。

| 案例 |

三个月的实习期刚过，与小赵同时加入公司的小王被公司辞退了。小赵对小王的印象非常好：见了本部门的同事就跟见了亲人似的。大家每天一块儿上班，说着笑着就把活儿干了；中午一起到食堂吃饭，其乐融融就像一家人；晚上一干人等时而泡吧，时而喝酒。

临分别时，小赵给小王送行。小王见小赵恋恋不舍的，便感慨道："我们还是道行太浅，过于天真幼稚了。"小赵纳闷地问道："你在公司里人缘很好呀，大家都喜欢你。我一直以为领导会重用你呢，偏偏就你没有留下来。"

小王苦笑道："这就是我的单纯幼稚呀。本以为初到一个单位就得与同事们搞好关系。把周围的人都当成了好朋友。平时吃饭、喝酒的时候无话不谈，免不了会与大家一起发发牢骚。什么变态的大老板、偏心的二老板、马屁的他、无知的她。大家都在说，我也跟着大家一起说。谁人背后无人说，谁人背后不说人？可偏偏这些牢骚话都传到了领导的耳朵里了。你想想，我这个新人有什么资格去评论别人。自然落得个卷铺盖走人的下场。"

小赵恍然大悟道："原来是这样！"

| 招式要领 |

销售人员的成功首先来自良好的工作环境和宽松的工作氛围，获得公司内部的资源和周围人的支持。为此，必须养成以下五个良好的工作习惯。

习惯一：将你的成绩归功于你的领导

你之所以取得优异的成绩，大部分原因是你的领导给你提供了宽松而融洽的环境，并给你提供了相应的帮助。你如果认为你取得的成绩部分就是你的领导的成绩，那么你就会获得你的领导更大的支持和帮助。

习惯二：为你的同事取得的成绩而欢呼

你的同事不是你的对手，而是你的战友。为你的同事取得的成绩而欢呼，就能让你的同事与你共同享受欢乐。多一位朋友总比多一个对手强。

习惯三：求大同、存小异，不在非原则问题上争执

团队内部免不了有异议、有矛盾。本着求大同、存小异的原则，对一些非原则的问题，不要过于争执。

习惯四：善于寻求帮助，尤其是向你的领导寻求帮助

仅仅凭借个人的力量想取得事业上的成功，不但周期长、难度高，而且面对强悍的对手显得势单力孤。勇于求得他人帮助，尤其是领导的帮助，并不会降低你在别人心中的威望，反而容易获得周围人的认同。

习惯五：走进你的领导，让他认识你、了解你

要想让领导提拔你、重用你，就必须靠近你的领导。多在领导面前亮相，是获得事业成功的一个捷径。

| 启示 |

公司内部的人脉关系也是重中之重，人脉的积累应当从公司内部开始。公司的每一个人、每一个部门对你都很重要。

第二章

市场拓展的两大导向：
产品价值延伸、客户关系推进

市场开拓是一个系统化的工程，难以一劳永逸，更不可能手到擒来。它需要销售人员精心谋划，精心布局，巧妙布阵，步步为营。销售的章法和推进的技巧能力尤为关键。决定销售工作成败的不仅仅是销售人员的努力程度，还包括能否超越对手，比对手做得更好。

市场开拓的核心能力包括洞察力、分析力、谋划力、突破力和执行力等。

孙子云："见胜不过众人之所知，非善之善者也；战胜而天下曰善，非善之善者也。故举秋毫不为多力，见日月不为明目，闻雷霆不为聪耳。古之所谓善战者，胜于易胜者也。故善战者之胜也，无智名，无勇功。故其战胜不忒，不忒者，其所措必胜，胜已败者也。故善战者，立于不败之地，而不失敌之败也。是故胜兵先胜而后求战，败兵先战而后求胜。善用兵者，修道而保法，故能为胜败之政。"

销售人员进入市场的首要任务就是开疆辟土，拓展新的市场和区域。从某种角度上来讲就是从竞争对手饭碗里抢饭吃。这就必然面临着短兵相接，硝烟弥漫。人们常说，市场竞争就是一场没有硝烟的战争。当今的市场是勇者的市场、智者的市场。攻城拔寨，不可谓不勇；运筹帷幄，不可谓不智。只有立足于不败，方能取胜于股掌之间。

市场拓展是一个系统化的工程，难以一劳永逸，更不可能手到擒来。它需要销售人员精心谋划，精心布局，巧妙布阵，步步为营。销售的章法和推进的技巧能力尤为关键。决定成败的往往不仅仅是销售人员的努力程度，还包括能否超越对手取得最终的成果。

市场拓展应把握好如下四点。

（1）市场拓展的关键核心点。新市场的拓展比如从信息收集开始，经历了初步接触、技术交流、方案确定、商务活动、招投标等环节。在每一个环节中都有具体的工作内容及可能遭遇的障碍点。依据每一个关键节点，本章阐述了运营策略和操作技能。

（2）市场拓展的入门功夫和基本技能。新市场、新客户的开发首先得有一个切入点，方能步步深入。销售工作的始点都是从最基础、最简单的工作入手的。这就是市场拓展的入门功夫，也是为后期的工作找到一个合适的支点。本章重点论述了市场拓展中每个环节的基本方法和工作流程，以便于销售人员能理清工作思路。

（3）市场拓展的基本策略和竞争手段。销售人员要睁大自己的眼睛，一只眼睛盯着客户，另一只眼睛盯住你的对手。新市场、新客户的开发过程是不断提升自己的过程，需要销售人员精心谋划。在提升产品价值、推进客户关系的同时，不断有效超越竞争对手。本章从实战的角度诠释了各种竞争方略，以便销售人员能活学活用。

（4）以产品价值和客户关系两条脉络规划销售行为。新市场、新客户拓展的所有内容都是以加大客户对公司产品价值的认知、认同以及与客户关系的推进来展开的。其终极目标是在产品价值和人脉关系上超越对手、拿到订单。本章的所有内容契合了产品价值和客户关系这两条主脉络。

| 第十七招 |

从多渠道收集信息，分类别加以归纳整理

核心要点

（1）多渠道收集信息。

（2）汇集整理所收集到的相关信息。

（3）不轻信每一条信息。

| 案例 |

小张新加盟某生产外墙砖的建材企业，某日外出扫场跑了一天，回到经营部情绪不高。经营部王经理忙将小张叫过来关切地问道："怎么，今天没有收获？"

小张无精打采地说："今天跑了五家工地，四家工地都不用外墙砖。好不容易有一家用，而且量还不小，却晚了一步，已经选用了其他公司的外墙砖了。"

小张进公司不久，是个新人。王经理明白新人当以激励为主，不能泄了他的斗志。于是便鼓励道："小张，这很正常。做销售工作讲究的就是一个韧性，受点小挫折总是难免的。不是还有一家工地用吗？你说说这家工地的情况。"

小张想了想有点不情愿地说道："这是惠众置业有限公司新投资的一个项目——西城一品。用砖量在9万平方米左右。惠众置业有限公司是惠众实业股份有限公司旗下全资子公司，集团多元化发展，是房地产行业的先驱，该公司在当地还是相当有影响力的。"

王经理点点头表扬道："小张，表现不错。了解得很详细嘛！你再说说怎么晚了一步了！"

小张不好意思地笑了笑说："我找了该项目的虞经理，他告诉我已经定好了外

墙砖的供应商，也是我们的老对手H陶瓷。"

王经理继续问道："你有没有再找其他人核实一下？"

小张疑惑地摇摇头说："我看这个项目没有希望了，也就没找其他人。"

王经理没责怪小张，拍拍他的肩膀说："小张，今天辛苦了。别泄气，你再系统收集一下西城一品项目的相关信息，尤其是惠众公司曾经做过的房产项目的背景资料。明天我与你一起拜访一下这家工地！"

小张为难地说："都这么晚了，我该如何收集？"王经理脱口而出："从网上收集呀！"小张不好意思地笑了笑道："好的，我马上就去做！"

（案例下文续）

| 招式要领 |

销售人员应从多个渠道采取各种方法，收集如下信息：

（1）了解信息中项目客户的情况。

（2）了解该客户的采购与公司相匹配的产品数量、品质技术要求等。

（3）了解该客户的采购流程、采购的方式、时间及竞争对手的情况。

（4）了解该客户的组织结构图及采购流程。

（5）信息可以从多渠道收集，将收集来的信息进行比对、分析，形成完整、清晰的线路图。

信息收集的主要方法与优缺点对比

信息收集的通路	优势	弊端
通过已积累起来的人脉关系获得	收集信息及时、准确，并且能了解到一些核心信息	个人的人脉关系毕竟是有限的，只能作为通路之一
通过现有的老客户转介绍获得	老客户关系的维护所带来的附带价值，老客户的转介绍能有效推进后续工作	利用客户的人脉关系获得的有效信息，属于二手信息
通过客户内部的内部教练获得	利用内部教练来获得信息往往准确度高、及时性强	通过在客户内部的熟人，能在第一时间里获得一手信息
通过公共媒体、网站来获得信息	既然是公共信息，竞争对手依然知道，时效性较低，需快速跟进	公共信息获得成本低，但难以获得真正有价值的信息，需进一步收集
通过上门拜访来获得信息	上门拜访去收集信息更加客观具体、针对性强	上门拜访收集到的信息更直观明了，但付出成本高

| 启示 |

不是收集到的所有信息都是准确的，销售人员要多问几个为什么，学会溯本求源，就能对信息进行准确判断。

| 第十八招 |

比对信息，辨别真伪，掌握真相

核心要点

(1) 不被表象所迷惑，以防信息污染。

(2) 将收集到的信息进行相互比对，方能验证出真假。

(3) 将信息串联起来，形成信息链。

| 案例 |

（接第十七招案例）

第二天，王经理与小张拜访了西城一品项目部。来到项目部后直接去拜访虞经理。虞经理看到他们，态度很冷淡地说："你们怎么又来了？不是告诉你们，我们已经选好供应商了吗？"

王经理脸上堆满笑容地说道："虞经理，今天来就想拜访你。这个项目我们没有希望，下次还是有机会合作的，你说是吗？虞经理，你可是行业中的名人，早就想认识你，今天总算有机会了。"

虞经理听了王经理的话，冷冷的脸上挤出一丝笑容说："你客气了。我也是给人跑腿的角色。一切都得听领导的。用哪家公司的产品，都得领导说了算，我也就是办点具体的事！"

王经理继续恭维道："虞经理，你谦虚了。看得出，虞经理也是行业内的前辈了，能认识你就是我最大的幸事。以后有机会一定向虞经理多多学习！"

虞经理态度缓和了许多，招呼他们坐下说道："你们这些做销售的，嘴巴就是甜，会说话。"

大家正闲聊着，外面走进了一个20多岁的年青人，虞经理问道："刘工，有什么事吗？"

刘工说："工地上的钢筋不多了，你得赶紧要货了！"虞经理站起身来与刘工商讨了一会儿。刘工离开办公室时冲着王经理与小张笑了笑。

与虞经理又闲聊了一会儿就告辞了。走出虞经理办公室，又到工地转了转。看到刘工在施工现场与施工人员交谈着什么，王经理走上前去与刘工打了声招呼。

刘工问道："你们与虞经理谈得怎么样？"

王经理摇摇头说："没什么结果，虞经理说外墙砖已经定好了，我们晚了一步！"

刘工神秘地笑了笑。

王经理立刻感觉到其中或许另有隐情，便给刘工递上名片说："刘工，我们认识一下。我是X公司河南经营部的经理。你能给我留个电话吗？"

刘工也没犹豫，告诉了他的手机号码。

晚上趁热打铁，王经理约了刘工一起吃晚饭。酒过三巡之后，谈起这个项目情况，刘工笑道："你别被老虞糊弄了，外墙砖选用哪家公司的还没定呢。老虞与H公司的业务员关系密切，他不过是不想你们加入进来故意这么说罢了。"

王经理故意苦着脸说："有老虞在前面挡道，我再怎么努力也白搭！"

刘工摇着头说："你可以找找白总，这个工程由他全权负责。白总也是我们公司的股东，他要是点了头，你们就有戏！"

王经理一拍大腿说："那太好了，刘工！太感谢你了，我敬你一杯！"

那顿饭大家吃得很开心，刘工将白总的手机号码告诉了我。

（案例下文续）

| 招式要领 |

今天人类社会已进入一个信息时代，人们为了决策需要收集各种信息，信息的来源渠道众多，销售人员不能听风就是雨，不加辩驳就轻易下结论。例如，上文案例中虞经理说已经选定了供应商，小张他们来晚了一步，虞经理的话背后就隐藏着个人的目的，小张轻信了就放弃了这个销售机会。王经理深入一步，通过刘工获得相反的信息，从而峰回路转，最终拿下了这个项目。销售员必须要有一竿子到底的精神，绝不能以"也许"、"可能"来推测。在对信息对比印证、去伪存真过程中应做到以下三点。

（1）信息需要多渠道验证，对收集到信息未加印证不能轻易相信。信息提供者出于个人目的，往往会有意误导。

（2）对相互矛盾的信息别轻易凭自己的经验来判断，力求进一步验证，用事实说话。

（3）在处理相关信息中别带有个人感情色彩，杜绝报喜不报忧的做法，如听到对公司不利信息就加以屏蔽等。

| 启示 |

对收集到的信息进行对比印证，能判断信息的准确性。信息决定工作的方向，如果信息出现偏差，就会将工作方向引入歧途。

| 第十九招 |

层层推进了解内幕，下级引荐结识高层

核心要点

（1）如没有高层关系做支撑，客户关系的推进应遵循由下向上的原则。

（2）如果客户对本公司了解不深，可遵循由粗到细、逐步细化的原则。

（3）项目的运作过程，需遵循步步为营、逐渐深入的原则。

| 案例 |

（接第十八招案例）

第二天一早，王经理立刻拨通了白总的手机。在电话里聊得很愉快，并约定下午去他办公室面谈。

王经理立刻准备好公司的各项资料，下午带着小张如约来到了白总的办公室。

白总三十出头，板寸头，胖乎乎的脸，说话语速快，为人豪爽。

白总仰靠在沙发上说："西城一品是我们今年重点开发的高档住宅项目。对材料供应商的选择可谓精益求精。我们要求与一流的企业合作，这样才能造出一流的房子来。"

王经理忙恭维道："白总，你真有战略性眼光。现在人们的生活水平越来越高，对生活的品质追求也越来越高。贵公司能从未来着眼于现在，一定会有广阔的未来！"

白总点点头说："确实如此，公司要发展就得走品质的道路，只有具备过硬的品质才能立足于市场。我们不做黑心商人，要对得起自己的良心！"

王经理一竖大拇指说："白总，你真了不起，是一个做大事的人。坚守产品的质量也是我公司一贯的宗旨，这在行业中是被公认的。与贵公司相邻的中原新城、锦艺国际花都都选用了我公司的外墙砖。"

白总顿时来了兴趣问道："是吗？这可是城西地区最大的两个楼盘呀。我能不能去看看现场？"

王经理不假思索地说："没问题呀！白总，你什么时候去都行！"

王经理想了想说："我得叫上陈总和老虞！"说罢，便给陈总和虞经理打了电话，约定两日后去参观中原新城、锦艺国际花都。

小张趁机将准备好的资料递给白总，详细介绍了公司及产品的情况，给白总留下了良好的印象。

聊了近两个小时，然后愉快地告辞了。

两日后，王经理与小张早早地来到了中原新城工地，上午10点左右白总带着陈总、虞经理来到工地现场。王经理与小张将他们带到正在粘贴瓷砖的现场，并现场演练，从技术层面重点介绍了公司产品的优越性（陈总是项目现场总负责人，对产品的质量技术尤为关注）。

参观结束后，陈总微笑着说："小张，你们这么大的工程都拿下了，产品质量、品牌、技术、供货能力应该是没问题。"

白总爽快地接话道："我们就需要像你们这样的供应商。"

| 招式要领 |

销售工作的推进，一方面是客户对公司产品价值的推进，一方面是客户内部人脉关系的推进。人脉关系推进的主要手段是由客户内部人员不断引荐其他决策人。一般情况下，客户人脉关系的累积都是由粗到细、由里到外的过程。人脉关系的推进有五种策略。

顺藤摸瓜：依据客户的采购决策流程，步步深入

客户选择经销商，其内部总会有一个基本流程。一般客户会扩大选择范围，储备更多的供应商进行筛选，然后会对后备供应商依据企业规模、供货能力、产品品质、服务能力等进行评估，最终再选择出合作的供应商。在这个过程中涉及采购、技术、生产（工程）等相关部门。销售人员开始切入新的客户时，就可以顺着这条线，先接触采购部门力求获得后备供应商的资格，再通过技术部门开始技术交流，进行样品试用，以求获得技术决策人的认同，最后还得通过高层公关等获得客户高层的支持。销售工作过程也就是依据客户采购决策流程步步深入的过程。

层层引荐：通过基层人员层层向上引荐上级领导

销售人员与客户的初步接触通常都是从基层人员开始的。随着与基层人员的关系推进逐步能接触到其上级领导，再通过部门经理的推进接触到更高层的领导。因为销售工作的过程也是一级级关系向上推进的过程，如果关系只是停留在低层级上，是很难获得最终的成果的。

巧用聚会：通过有威望的人召集、宴请相关人员

与客户相关人员拉近距离、联络感情，通常的方法是通过聚会来进行。聚会能打开对方的心扉，消除彼此的陌生感。聚会也能有效地加速彼此的感情，获得对方的认同。通过有威望的人召集、宴请客户的相关人员能有效推进销售工作的进展。

技术会议：参加客户组织的技术会议，结识相关人员

企业借助新品发布或产品展销会的机会邀请潜在客户的相关人员参加。这样能起到一箭三雕的效果：一是向客户生动形象地展示公司产品，加深客户对公司产品的印象；二是能借此机会联络感情；三是能听取客户的建议，获得第一手信息。

参观考察：组织样板工程考察，邀请相关人员参加

俗话说，耳听为虚，眼见为实。样板工程就是一个活广告，可以让我们用事实说话，能有效地打消客户的疑虑，获得客户的信任。

| 启示 |

客户关系是逐步推进的过程，搞定一个，再引荐一个，将客户关系形成利益链，相互影响，相互推动。

| 第二十招 |

勾画客户决策流程，寻找销售工作成功路径

核心要点

(1) 客户的决策流程就是我们的工作流程。

(2) 从客户决策流程中找到关键核心点。

(3) 规划工作线路图，做好内部人员分工。

| 案例 |

东亚富友种业公司在农业大学旁新建一个小区，小区面积为 20 万平方米。用砖面积为 7 万平方米左右。这是东亚富友种业公司第一次涉足房地产开发。这个项目是农业大学出地、富友公司出钱承建的。购买对象主要是大学老师。这个项目一出炉，一大批竞争对手就围了过去。参与这个项目的同类企业有 20 多家。这个项目是一块难啃的骨头。

A 瓷砖公司小吴整理了手头收集到的信息，列出了人脉关系表：

人员	职务	角色
徐总	董事长	关键决策人
石总	总经理、合伙人	重要决策人

续表

人员	职务	角色
戴总	总工程师	技术关键人
冀工	预算员	影响者
林院长	设计院院长	影响者

（案例下文续）

| 招式要领 |

客户决策小组内部组织分析图应包括以下几个部分。

（1）客户决策小组的组织结构图。如果有关联机构或部门的话，应该把关联机构或部门也体现出来，还应体现重要决策小组成员的立场、角色、性格，以及客户决策小组内部的派系分析等。

（2）采购决策小组成员在项目决策中扮演的角色分析。决策成员在项目决策中扮演着不同的角色，详细定义如下：

决策者：对项目进行拍板定夺，如项目总指挥；

技术评估者：对项目决策具有技术评估权，如客户设备科、技术工程师；

商务评估者：对项目决策具有商务评估权，如采购经理；

使用者：实际使用部门。

（3）采购决策小组成员的立场分析：

客户方采购小组决策成员与我方关系的广度和深度分析如下：

中立者：做事不偏不倚；

良师益友：从感情上和行动上坚定支持我们；

支持者：从产品角度支持我方方案；

反对者：从产品角度反对我方方案；

死敌：从感情上和行动上坚定支持竞争对手。

（4）采购决策小组成员性格分析模型：

S型：优柔寡断，好的倾听者，不愿承担风险；

D型：果断、强势，不愿被别人左右；

Ⅰ型：友好、开放，愿意与人交往；

Ｃ型：怀疑、不相信感情、相信数据，不愿意与人交往。

| 启示 |

将收集到的信息串联起来，就能形成清晰的工作线路图。搞定客户要对人、对事；讲究的是天时、地利、人和。

销售项目的争夺会演变成客户内部力量的争夺。只有获得客户内部相关决策人和影响人的支持，在综合力量上超越对手方能战胜对手，拿下项目。

| 第二十一招 |

突破客户的心理防线，让客户成为我的知己

核心要点

(1) 客户关系的建立从寒暄开始。

(2) 赢得客户信任是合作的基础。

(3) 要客户为你做什么，你先得为客户做点什么。

| 案例 |

（接第二十招案例）

因为工作关系，小吴与设计院的林院长打过几次交道。这天小吴来到了设计院林院长的办公室。

进门小吴寒暄道："林院长，好久没见了。想您了，过来看看您！"

林院长50多岁，和蔼可亲，没什么架子，见小吴进来，便笑呵呵地招呼他坐下说："你是无事不登三宝殿，肯定又有什么企图了，否则，也不会来看我这个老头！"

小吴不好意思地笑笑道："听说东亚公司新投建的农业大学附近的那个小区项目是你们院设计的。我想看看您能否提供点支持！"

林院长打趣道："我说嘛，你小子怎么会想起我这个老头，又闻到什么腥味了。这个项目的设计工作还未完成。好像是小刘负责的！"

小吴叹了口气说："我在沈阳人生地不熟的，想混口饭吃还不得依仗您嘛！"

林院长摇摇头说："我们设计院也就是出点建议，发挥不了多大的作用。一会儿我把小刘叫过来问问！"

小吴连忙感激地说："太谢谢您了，您老就是我的衣食父母呀！"

林院长笑着骂道："油嘴滑舌的！"说罢就打通了小刘的电话，让他来趟办公室。

小吴与林院长聊得正欢，小刘敲门进来。林院长介绍到："这是设计部的小刘，新上任的设计部主任，年轻有为。这是X公司的吴经理，你叫他小吴就可以。他想了解一下东亚农业大学的那个项目情况，你给他介绍一下！"

刘主任点点头说："好的，一会吴经理到我办公室找我呗！"

小吴连忙感谢道："谢谢刘主任，有劳你了！"

与林院长闲聊了一会儿，小吴就告辞了，直接来到刘主任的办公室。刘主任正忙碌着，看小吴进来，放下手边的工作，招呼小吴坐下。

小吴连连抱歉道："刘主任，真是不好意思，打扰你了！"

刘主任客气地说："没什么，你是林院长介绍的嘛！他是我的恩师！"

小吴"哦"了一声，就直奔主题："东亚农业大学的那个项目的设计完工了吗？"

刘主任谨慎地回答道："这个项目的设计已经到收尾阶段了，这个月底能结尾吧！"

小吴不加隐瞒地说道："刘主任，我就开门见山了。我公司是生产中高档外墙砖的，你在项目的设计过程中，能否提高外墙砖的标准，并指定使用我公司的产品？"

刘主任想了想说："这个有点难，外墙砖毕竟是主建筑材料，就算我标注上去，对方也未必采纳。"

小吴立刻退一步说："刘主任，这样好不好，你将外墙砖的选择标准标注上去。这个项目能否成，就靠您的帮忙了！"

刘主任点点头说："这个可以，如何标注，你到时候提供给我！"

小吴连忙谢道："谢谢刘主任！"

小吴当即将公司相匹配的外墙砖标准交给了刘主任。刘主任也没食言，将这个标准写在了项目设计的图表中。

（案例下文续）

| 招式要领 |

客户关系的推进一般经历如下五个层次：

五个层次	特征	标准	举例
寒暄	基本的礼仪、打招呼、交换名片等	只是瞬间拉进距离的手段，增加亲和力的方式	听你口音是广东人吧？正巧我们是老乡哦
表述事实	介绍公司的资料，表述一些客观存在的事情	只是互换信息，达到交流的目的，不会产生来电的感觉，时间越长越没有味道	我们是××公司的××……
观念认同	双方产生感觉，来电反应，有共同的话题	可以让彼此产生相见恨晚的感觉，有谈不完的话、说不完的故事	你说得太对了，我也认为公司不在乎规模大，而是在于是否有专业度，是否能够解决问题，这才是最重要的！
兴趣爱好	投其所好，有共同的兴趣、爱好等	因为大家有共同的志向，可以维持相对较长的关系，达到志同道合的境界	听说你喜欢荷兰的足球，我也喜欢，同时，我感觉荷兰的足球全攻全守，场面非常有气势，而且可看性强！
价值观、信仰	相同的价值观、理念、行为动机等	因为有明显的爱憎分明的感觉，大家心往一处	佛家讲，仁慈、因果，其实，我与你一样，我也相信

客户关系推进的五个层次是环环相扣、步步推进的过程。寒暄的目的在于打破对方的戒备心理，创造一个愉快的环境。表达事实的核心要旨是告诉对方自己来访的目的，阐述自己内心的期盼。观念认同的核心要旨在于让自己成为对方所喜欢的人，在行为举止、语言表达、思想观念等方面能达成一致，让对方有惺惺相惜的感觉。兴趣爱好的关键点在于针对彼此共同的爱好，使得沟通交流更加融洽，激发对方说话的兴致，让自己成为对方的同道中人。价值观、信仰的核心目的是成为对方的同道中人，让对方有志同道合的感觉。

关系推进的五个层次也是与客户相关人员由远到近、由疏到亲的过程。与客户相关人员关系密切，方能使其提供有效的帮助和支持。

| 启示 |

销售的功力并不在产品推销的技巧，而在于拉近与客户距离的能力。让客户先认同你这个人，才能让客户接受你销售的产品。

| 第二十二招 |
引导客户提高采购标准，有效屏蔽竞争对手

核心要点

(1) 要打败对手，最有效的手段是将对手踢出局。

(2) 引导客户提高标准，使我方能占得先机。

| 案例 |

（接第二十一招案例）

看到竞争对手的优势，小吴不免倒吸一口凉气。果然一个个都来路不凡。如何才能在重围中杀出一条血路呢？

竞争对手	优劣分析
A	公司规模大，质量好，是国家免检产品，在沈阳地区形象工程多，对该项目是志在必得
B	公司规模、质量一般，不是国家免检产品。但是和总经理石总关系非常好
C	公司规模、产品质量一般，不是国家免检产品
D	公司规模、产品质量一般，不是国家免检产品，但是样品调试得非常像，而且价格很有优势

小吴盯着表格看了半天，眼睛一亮：给对手设置障碍。五家企业只有小吴公司和A公司（腾达）是国家免检产品。何不以这个为门槛，先将B、C、D这三家屏蔽出去，回过头来与腾达拼价格。

那怎么才能屏蔽掉这三家对手呢？小吴将眼光盯在董事长徐总的身上。

不久在沈阳召开了辽宁省房地产峰会。小吴借着林院长的光也挤了进去。峰会上重点谈到了房地产的质量问题，省领导也讲了话，要求各房地产商要造信得过的房子，让老百姓满意的房子。

会议空隙，林院长给小吴介绍了东亚房产的徐总。小吴趁机说道："徐总，农业大学那个项目可是贵公司第一个房产项目，也是贵公司建立品牌地位的最大机

会。可马虎不得啊！"

徐总点点头说："是呀！现在市场上各建材商鱼龙混杂，我们是这个行业的新兵，得睁大眼睛好好辨别。老林，你是这个行业的前辈，得替我公司好好把关！"

小吴立刻建议道："其实辨别的最简单方法是：选用国家免检的建筑材料。这都是质量过硬的产品，否则国家也不会认同的！"

林院长说："我看这个方法可行！"

徐总思考了一下说："这个办法好，我立刻通知下去！具体由杨经理负责吧。"

有了徐总的尚方宝剑，很快另三家非国家免检的企业被成功地屏蔽出去。

| 招式要领 |

《孙子兵法》曰：善战者，不战而屈人之兵。短兵相接难免杀敌一百、自损五十。与其自身受损，不如将对手排除在外，让其丧失掉与我方争斗的资格。这就是制造瓶颈、设置障碍。其基本策略有如下四种。

将我公司产品的技术标准转化为客户的采购标准

客户在采购之前，都会有一些自己对产品或技术的理解和认识，这些认识将直接影响客户的最终采购决策，甚至会成为客户的采购标准。如果通过技术交流能够使客户最终按照己方的技术参数制订采购标准，销售就已经成功了一大半。

让客户关注我公司产品的技术优势，缩小客户的选择范围

并不是每个项目都能做到通过技术交流主导客户的决策标准，一旦最高目标无法实现，我们可以退而求其次，引导客户关注那些我们在技术方面有优势的价值，帮助客户缩小选择范围。

宣传我方产品的差异化，向客户宣传采用我公司产品的理由

如果不能影响客户的决策标准，我们还有最后一招杀手锏：宣传己方产品的优势和特点，制造差异化。

这招对后续商务的推动作用不容小觑。因为只有产生了产品差异化，到了商务阶段，你的支持者才可以帮到你，即使你的产品在技术方面处于劣势也无碍大局，但你必须给你的支持者一个支持你的充分理由。

推出我方产品的价格优势，以低价取胜

如果我们在技术交流时连第三个目标都没能实现，那么这种技术交流基本可以认为是失败的。如果我们的技术支持工程师和销售工程师始终在进行走过场式的技术交流，那么投标时就只能面对残酷的价格竞争。

| 启示 |

屏蔽对手，不战而屈人之兵。引导客户的选择标准，会让我方占得先机。

| 第二十三招 |

在客户内部发展内部教练，为后续工作埋下"奇兵"

核心要点

(1) 发展内部教练，方能及时了解客户内部信息。

(2) 利用内部教练，能穿针引线有效地推进客户关系。

(3) 通过内部教练，能为对手设置障碍，为我方出谋划策。

| 案例 |

某瓷砖公司业务员小李经朋友介绍认识了某房产公司的杨经理，得知该公司正在上康城房产项目。小李电话预约了杨经理，一早就来到康城项目部，见到了杨经理，他简单询问了小李公司产品的基本情况后，就叫来采购部专员小刘吩咐道："你带李经理到工地转转，顺便将情况向李经理介绍一下。我还有一个会，就不陪你了！"

小李连忙说："杨经理，你有事先忙着，不要管我了！"

小刘带小李参观了工地，小李特意询问了工程进度，得知两个月后就会用到外墙砖。

参观完工地，小刘带小李去了工程部，并向小李介绍工程部的高工。通过高工，了解清楚了该项目对外墙砖的颜色、规格等要求。

临近中午，小李拉着小刘在项目部附近的小饭店吃饭。小刘告诉小李：H公司的样品已经在一月前送到了，H公司是工程部的高工竭力推荐的，公司对H公司的认同度较高。

小刘接着说："具体选用哪家公司的产品，还得杨经理说了算！"

回到办公室之后，小李立刻与公司联系，并将这个项目对外墙砖的基本要求写成书面报告，传真给公司。

七天之后，公司就寄来了样品。小李马不停蹄地将样品送到了杨经理手中。杨经理仔细看了看样品说："不错，还需要各部门集体评议一下！"

| 招式要领 |

所谓"内部教练"，就是我们隐藏在客户内部的"信息员"，能帮助我们及时掌握第一手信息。内部教练是我们与客户内部决策人建立关系的纽带，内部教练为我们牵线搭桥。内部教练也是我们了解对手、超越对手的利器。内部教练在销售工作过程中作用巨大。

发展内部教练的基本策略如下。

内部教练可能出现在以下地方

（1）决策小组成员中那些对公司产品或销售员认同的人。

（2）决策小组成员之外的其他部门，但是可以影响技术决策者的人（同学、同事、邻居、战友、上级领导、志趣相投者、圈内成员）。

（3）与客户合作多年的其他产品的销售员。

（4）与客户合作多年的代理商。

内部教练必须具备以下特点

（1）熟知企业内部和项目部情况。

（2）愿意帮助我们。

（3）内部教练大多是操作层的人。

多内部教练原则

内部教练不宜只发展一个，可能的话至少发展两个。一方面，可以保证了解的信息全面；另一方面，也可以进行信息的相互验证，验证信息的真实性。

搞定内部教练三板斧

下面我们从公司利益、个人利益、差异化的人情三方面，做一个阶梯似的分析。

第一板斧：公司利益的满足是基础。

公司在委托一个项目小组采购某种产品或某项服务的过程中，公司层面考虑的主要是满足生产需要。这就需要对供应商销售产品系统方案的整体把握，包括产品本身的质量保证、服务项目的全面实施与兑现、意外事件的可控点等。能够满足客户的需求是销售活动的基础。

第二板斧：个人利益的满足是重点。

客户个人利益包括个人在公司内部得到的重视或升迁，以及在公司外部的名气等。满足客户决策人的个人利益，能让其产生倾向性。

第三板斧：差异化人情满足是点缀。

差异化人情就是在满足企业、个人利益的全部过程中，体现出来的与众不同的人情味，也就是你比竞争对手更加了解客户内在的需求。客户内在的需求是关键，也就是你比竞争对手更加职业化，或者更加了解客户隐含的信息，或者你更懂得客户内心的想法。

搞定内部教练的原则：了解内部教练内在的需求是关键中的关键！

让内部教练发挥作用的基本策略

（1）让内部教练帮助了解所需的重要信息，如关键决策人对我方的态度、决策人间的相互关系、竞争对手的动态及招标评判标准等。

（2）在内部教练的协助下将客户关系向高层推进。让内部教练引荐高层领导，创造沟通的机会等。

启示

要了解到准确的第一手内幕信息，最佳的办法就是发展信息员。信息员是你的引路人，信息员是你的信息提供者，信息员是暗中相助你的贵人。

| 第二十四招 |

包装产品激发客户的购买欲望，引导客户需求，建立竞争优势

核心要点

(1) 包装产品，能突出企业产品的优势。

(2) 包装产品，能满足客户的个性化需求。

(3) 引导客户，能充分挖掘客户的潜在需求。

(4) 引导客户，能使我方在竞争中占得先机。

| 案例 |

美国某出版商新出了一本书，为使该书获得更多读者的青睐，他特意给在任的美国总统邮寄了一本，并打电话给总统："总统先生，看了我邮寄给你的书后，感受如何？"总统公事繁忙，根本没时间看那本书，只是敷衍道："这是一本有趣的书。"于是该出版商登出了广告："这是一本让总统感到有趣的书！"这本书一周销售量突破了10万本。美国总统看到广告后非常生气，有被利用的感觉。

过了数月，该出版商又出版了一本书，他故伎重演再次向美国总统寄去一本，几日后打电话给总统："总统先生，看了我邮寄给你的书后，感受如何？"总统见出版商又来利用他，便故意说道："这是一本很糟糕的书。"于是出版商登出了广告："这是一本让总统感到很糟糕的书。"这本书一周的销量突破了20万本。

又过了两个月，出版商出版了第三本书。他再次给美国总统寄去了一本。几日后他打电话给总统："总统先生，看了我邮寄给你的书后，感受如何？"总统这次变乖了，什么话都没说就将电话挂断了。于是出版商再次登出了广告："这是一本让总统无话可说的书。"这本书一周的销量突破了30万本。

| 招式要领 |

随着同质化竞争的加剧，要吸引客户的眼球，让客户对公司产品产生倾向性，就需要对企业产品的个性化元素加以提炼，清晰地告诉客户公司产品的与众不

同之处，能给客户带来哪些其他竞争对手不能给予的价值。

包装产品在于凸显出企业产品的竞争优势，并弥补其不足之处。包装产品在于抓住客户的眼球，让其产生好感，并激发客户的购买欲望。

包装产品的三种武器如下。

武器一：核心优势的包装

可视化、文件化，以数据和客观事实表达，而不是形容词等。

武器二：卖点及差异化特色包装

针对个别客户需求之卖点，针对个别竞争者之差异化特色，将卖点及特色转换为客户价值，亦即对客户代表什么意义。量化数据表达，最好能将差异转换为利润或成本。

武器三：成功案例的包装

成功合作的客户是我们最有威力的销售团队，它们能成为我们的一块活广告，为我们赢得对方的信任。

客户管理过程要有计划地追踪、记录及整理帮客户所创造的价值。通过具体的事件／故事及量化的数据来包装成功案例；以客户的见证、推荐函或录像作为呈现的工具，专业地设计与安排"实地参观"及"演示"流程等。

| 启示 |

向客户所展示的是契合客户需求的个性化元素和特有的竞争优势。客户需要的是产品展示的导向，客户价值是产品竞争的核心。想要得到什么，就需给予什么，给对方越多，得到的就越多。

| 第二十五招 |

用问题去刺激客户，用方案来欢愉客户

核心要点

(1) 站在客户的角度，了解现状。

(2) 探索存在的问题，找出不足。

(3) 挖掘问题带来的危害，激发痛楚。

(4) 给予最佳的解决方法，给予快乐。

| 案例 |

在美国有一个普林斯顿营销大奖，组委会每年都会出一些比较习钻的题目，向全国征集最有价值的创意，评定出当年度的获奖人。2002年组委会提出的题目是：向小布什总统卖斧头。其中有一位营销精英给布什总统写了一封信，并成功将斧头卖给了布什总统，获得营销大奖。他的信是这样写的：

"尊敬的布什总统，前不久我到过您的庄园，看到您的庄园的树木已有多年没有修理了，杂草丛生，枯枝纵横。您经常在您的庄园内接待各国政要和贵宾，如不尽快修理您庄园的树木，将有损于您的形象。您的形象直接代表着美国的形象。

您修理这些枯枝，一定需要一把合适的斧头，而市场上卖的斧头不是过轻就是过重，都不适合您。我这里正好有一把老式的斧头，是我爷爷留给您的。为了让您的贵宾对您和美国有一个好的印象，我决定将这把斧头转让给您。如果您同意我的话，请按以下地址寄上25美元，我收到您的钱后会在三日内将斧头寄到您的府上。

爱您的 ××"

| 招式要领 |

随着当今的市场已经成为买方的市场，客户就有了选择权和主导权。当销售人员在开发新客户时，客户通常已经有了合作供应商。此时，我们充当的往

往是第三者的角色，只有先拆散客户原来的合作机会，才能为自己创造条件。采取的步骤是：第一步，获得客户的信任；第二步，了解客户的现状，询问客户对现状不满的地方；第三步，站在客户的角度阐述这些不满的地方会给客户带来的隐患和损失，加剧客户的痛苦感和紧迫感；第四步，提供给客户一个完美的解决方案，并向客户阐述如果采取这个方案会带来的实际利益：

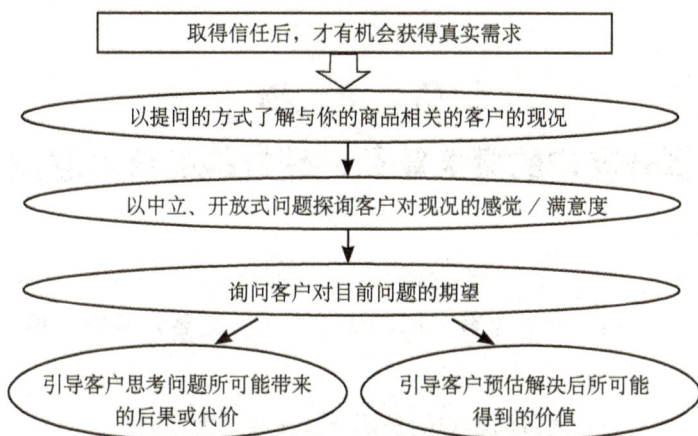

```
┌─────────────────────────────────┐
│   取得信任后，才有机会获得真实需求   │
└─────────────────────────────────┘
              ⬇
   以提问的方式了解与你的商品相关的客户的现况
              ⬇
   以中立、开放式问题探询客户对现况的感觉／满意度
              ⬇
        询问客户对目前问题的期望
         ↙              ↘
 引导客户思考问题所可能带来     引导客户预估解决后所可能
     的后果或代价              得到的价值
```

挖掘需求提问一般有如下步骤：

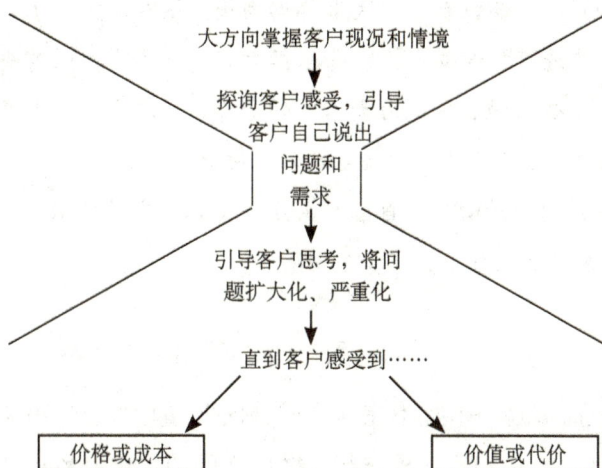

大方向掌握客户现况和情境

探询客户感受，引导
客户自己说出
问题和
需求

引导客户思考，将问
题扩大化、严重化
              ⬇
      直到客户感受到……
         ↙   ↘
┌──────────┐   ┌──────────┐
│ 价格或成本 │   │ 价值或代价 │
└──────────┘   └──────────┘

| 启示 |

站在客户的角度探究客户遭遇到的困惑、难题，并不失时机地给客户提供解决方案，通过帮助客户解决难题来提升产品的价值。产品的价值不是由生产企业决定的，而是由客户的实际状况所决定的。大客户销售就是在恰当的时间里将恰当的产品销售给恰当的客户。

| 第二十六招 |

提升客户的服务等级，建立战略合作联盟

核心要点

(1) 通过与客户间的优势互补，与客户建立战略联盟。

(2) 通过与客户的长期合作获取最大利益。

| 案例 |

某电脑配件生产企业为加强与联想、华硕等国内知名 IT 制造企业的合作，将公司的研发团队和产品仓库设在这些大客户的周围。这起到了如下作用：研发团队协同和参与大客户进行的新品研发，并根据大客户新品生产的需要及时调整自己的产品结构；让本公司的仓库成为大客户的仓库，实现大客户零库存管理，有效地减小了客户的资金压力，为客户提供及时、便捷的服务。

该公司通过一系列的举动，使自己的企业与大客户有效地捆绑在一起，伴随着这些大客户的发展而共同发展。

| 招式要领 |

大客户对企业而言是一个挖不完的金矿。依据二八原则，20% 的客户为企业带来 80% 的利润。维护和不断提升与大客户之间的合作关系，是企业销售工作的核心内容。与客户建立战略型合作关系应把握住以下四个要领。

形成一种团队对团队的互动机制

企业与大客户间的关系不能仅仅停留在供与销的关系上，而应成为双方为了一个共同的目标而建立起来的利益团体。这就需要在双方企业内部各个团体间建立互动机制，如案例中的双方技术团队共同研发新品。当双方团队互动起来时，一能发挥双方资源共享、优势互补的作用；二能使双方信息互通，提高彼此的工作效率，降低成本。

善用企业标准化服务流程，提供规范化的售后服务

企业的资源毕竟是有限的，既然20%的客户为企业带来了80%的利润，那么企业就应该将80%的服务资源花在20%的客户身上。这就需要企业建立自己的服务等级和服务标准，为客户提供标准化的售后服务。标准化的服务流程包含了四方面的内容。①各部门所承担的服务职责。服务不仅仅是售后服务部门的事，也是所有部门共同的责任，应当建立全员服务的意识。②反应速度。企业快速的服务反应能力直接体现出企业的服务质量，能快速地给客户提供有效服务，降低客户可能的损失，增强客户的忠诚度。③服务承诺。企业针对不同类型的客户有不同等级的承诺标准。向客户发出明确的服务承诺，能增强客户的安全感。④服务质量标准。企业建立服务质量标准，能规范服务人员的服务行为，确保在服务过程中工作不走形，质量到位。

规划关系营销策略

包含了四方面的内容。①关系的目的和价值。客户内部相关部门和人员的职位、影响力、决策力等不同，为企业带来的价值也会有所差异。针对价值的高低制订相对应的公关策略和资源投入策略。②关系的影响力分析。每个企业都有自身的特征和管理机制，就必须系统分析每个企业内部哪个部门影响力大，哪个部门影响力低。比如，有的企业对供应商的选择是以采购部门为主导的，而有的企业是技术部门或者使用部门说了算，因此，关系维护和提升就必须有针对性。③关系培养策略，客户关系的维护是一个长期的行为，企业应建立关系培养策略和关系管理计划，逐步提升和稳固客户关系，方能与客户建立起长久的合作。④建立高层互动常态机制。高层互动能从战略和宏观的角度来规划双方合作的前景，并不断调整合作模式，让双方建立起利益共同体。

| 启示 |

大客户是一座挖不完的金矿。维护和提升与大客户间的关系能为你带来源源不断的订单。大客户是企业和销售人员真正的衣食父母，必须制订系统的规划和完善的服务体系。

| 第二十七招 |

借国家政策之力，解客户忧患之难

核心要点

(1) 顺应当前形势，把握商机。

(2) 善用国家政策，循势而行。

(3) 利用企业资源，确立优势。

| 案例 |

建筑领域降噪需求主要是在室外的空调压缩机，当初的工程设计都忽略了降噪环节，一旦遇到居民投诉，环保局、环境监测站的现场督察大队就会去检测，如果超标，就要整改。

A公司在此技术上有较大优势，充分利用此契机加速扩展市场。这类项目虽然金额仅仅几十万，但市场面广、利润较高，给企业带来了很好的回报。另外，这类项目金额较小，一般不需要经过招标程序，运作起来比较简单快捷。

通过民用项目的大力推广，A公司产品在西南地区有了较大的知名度和影响力。与此同时，A公司也加大了对大型工矿企业降噪设备的推广；有了先期的铺垫，市场份额也节节攀升。仅用了三年多时间，A公司产品便在西南地区一枝独秀，年销售额突破了亿万大关。

| 招式要领 |

市场拓展需懂得占天时，取地利，拥人和。顺当地之潮流，应政策之导向。

借政府之力、政策之力、环境之力去开疆辟土、攻城拔寨，方能所向披靡、战无不胜。任何一家企业在全球一体化的市场之中都是渺小的、微不足道的。借力打力、顺势而为才能取得快速的发展。在实际运用中当注意以下四个要领。

要领一：营销战略与国家政策相合拍

在中国，国家政策的变化是市场变化的风向标。一项国家政策的出台会给某些企业带来危机，也会给某些企业带来新的商机。企业营销战略的转换要契合国家政策的变化。

要领二：产品策略应跟随时代的变化

新技术、新材料、新工艺层出不穷，都会使得行业发生巨大的变化。墨守成规的企业往往会跌落于万丈深渊。企业产品应随时代而变，走在行业的最前沿。

要领三：营销导向与客户需求相匹配

客户的需求也在不断变化之中，客户需求在变，企业的营销导向也得变。不断挖掘潜在的客户，才能找到新的机会点。

要领四：竞争手段与企业资源相融合

充分利用企业拥有的资金实力、品牌影响力、人脉关系等提升竞争力，将企业的优势发挥到极致，方能实现企业的快速扩张。

| 启示 |

有势者用势，无势者借势。所谓的"势"指的是：天时、地利、人和。借助外部资源为我所用，审时度势，方能一马平川，所向披靡。

| 第二十八招 |

信任是合作的基础，安全是合作的保障

核心要点

(1) 信任是合作的前提。

(2) 安心是合作的保障。

(3) 安全是合作的根基。

| 案例 |

项目背景

本项目为学校电脑采购项目，于2010年8月23日下达采购中心，被列入政府采购范围。这次联合集中采购计算机3120台，涉及120所学校，分布在浦东新区的各个地方，计算机的配置要求高，尤其是120台教师机的采购机型为当前最先进配置。学生用机的规模也前所未有。

招标文件

招标文件编制的具体做法是将计算机分为A、B和C三个包，A包为2000台学生机，B包为1000台学生机，C包为120台教师机，这样分主要考虑到两个因素，其一是要求制造供应商供货时间短，可能的话3000台计算机由两家供应商提供，缩短制造周期；其二是教师机要求配置高，性能稳定可靠，兼顾到中高档国内外品牌的投标、中标机会。

2010年8月27日开始出售标书，共有15家公司购买了招标文件。

招标结果

评标小组决定将3000台学生电脑项目授予L公司，120台教师电脑项目授予T公司。

T公司合同履行情况

T公司进行用户情况调查，组织人员对120所学校逐一进行实地调查，邀请学校老师参加培训，调查学校计算机机房情况、电源情况等。

中标的机器虽然不多，仅仅120台，但这120台电脑必须送到遍布浦东新

区各个角落的120所小学，搬运到指定楼层的电脑教室，并安装调试。合同签订后，即开始按单生产（生产周期在十天左右）。由于10月1号到7号为国庆长假，浦东很多路段封路，为了按时履约，T公司按紧急情况处理。在这批电脑到达上海的第二天开始，T公司每天用五辆车，每车随行三人，以不同路线送到每个学校，三天内把120台电脑送到位，有时送往一所学校要走一个多小时。在电脑全部送到位后，T公司派出六名工程师，用五天时间，到每一个学校进行安装调试，为学校安装必备软件，并请校方亲临验收与盖章确认。校方验收的满意率达到100%，其中非常满意的用户达到80%。T公司服务人员为每一个学校留下了名片，记录下了学校总务老师和使用电脑的老师的联系电话，以便今后的服务和联系。

由于本次招标提供的教师机的配置很高（CDRW刻录机、DVD驱动器及128位创新声卡等），部分学校在使用中遇到了不少问题，T公司都一一上门解决，个别学校在教师机内安装了视频卡，引起资源冲突，T公司也上门帮助解决问题。从严格意义上来说，这些都不是机器本身的问题，并不在服务范围内，但为了浦东新区教学活动的正常开展，为了创出公司的信誉，T公司把这一切"分外事"都当自身的工作给予解决，受到了很多学校的好评。

T公司被教育局评定为优质供应商，在后续的招标中连连中标，绩效显著。

| 招式要领 |

大客户销售往往金额大、周期长，客户选择供应商都非常理性。因此，大客户销售赢在信任。信任是与客户建立合作关系的前提。要获得客户的信任，销售人员就必须成为客户的四种人。一是客户的知己，与客户关系人在个人爱好、价值取向、行为方式等方面寻找到共同点，彼此相互认同、相互欣赏。二是客户的教练，当客户遭遇到难题和困惑时，能给予客户必要的指导，让客户觉得你是一个对他的事业有所帮助的人。三是客户的贵人，客户在事业和生活上遭遇到阻碍和瓶颈时，能帮助其有所突破。四是行业内的专家，在行业内的某个领域有独到的见解和特殊的技能，让客户敬佩。

让客户安心，亦即保证产品质量和售后服务符合客户的要求。要让客户安心，就要成为如下四种人。一是遵守承诺的人，对客户的承诺要及时兑现；二是做事仔细认真的人，将每件事办得漂亮，让客户满意；三是敢于承担责任的人，出现了问题不推卸责任，勇于承担；四是坚守秘密的人，不该说的话坚持不说。

建立信任的四大要领如下。

要领一：自信自重，以帮客户创造价值为首要目标

客户价值是双方合作的基础，客户关系固然重要，但必须建立在为客户创造价值的基础之上。所谓帮客户创造价值包括了三方面内容：一是企业产品的技术优势、产品品质以及售后服务等能给客户带来实实在在的利益，如节能、缩短工期等；二是企业产品品牌优势能让客户得到心理上的满足；三是有助于客户产品价值的提升。

要领二：以客户为中心，融入其境，获得共鸣

销售人员应站在客户的角度来思考客户的核心利益点，诠释产品的价值。客户所需要的，就是我们应满足的。与客户需求匹配度越高，客户的认同度就越高。

要领三：专业形象，展现自我管理能力

销售团队所展现出的专业形象能给客户留下良好的印象。销售团队的自我管理能力包含了三方面的内容：一是专业度，专业度体现了销售团队的业务能力和专业知识的掌握和运用能力；二是工作态度，销售团队严谨、积极的工作态度能折射出企业的发展潜力和美好的未来；三是个人形象，客户对企业的认知来自销售人员的个人形象。销售人员所表现出的个人形象直接代表着企业形象。

要领四：注重细节，创造差异化的效益

面对同质化的市场竞争，应向客户展示出企业产品优于竞争对手的个性化元素。让客户选择你，就必须给客户一个足够的理由。你给客户带来哪些超越了对手的价值。个性化价值越高，企业产品的竞争力就越强。

让客户安心的四大秘诀如下。

秘诀一：避免给予客户"不确定"的感觉

对客户进行承诺必须是清晰明了的，不带有任何的含糊其辞。表述越具体，就越能坚定客户选择你的决心。

秘诀二：有凭有据，以数据及文件说话

在介绍公司产品的性能、特征和品质时，空口说难免无法取信于人，应拿出具体的数据，以事实来说服对方，比如，通过视频资料、样板工程、老客户的介绍等都能取得良好的效果。

秘诀三：一致性与标准化的服务

建立标准化的服务，为客户提供始终如一的服务，会给客户留下良好的印象。企业服务标准的一致性也能体现出企业内部的管理能力和员工的综合素养。

秘诀四：信守承诺，积累客户对你的信用

客户对你的信用来自你每一次都能主动兑现你的承诺。让自己成为一诺千金的人，就能获得客户的认同，让客户真正安心。

| 启示 |

销售工作的起点从与客户建立信任关系开始，逐步让客户安心，并增强客户的安全感，这样才能与客户建立起长久稳固的合作关系。

| 第二十九招 |

抢在对手前面展示产品，让客户先入为主加深印象

核心要点

(1) 给客户的第一印象是最重要的。

(2) 抢在对手之前展示产品会让客户印象深刻。

(3) 让高层领导认识我们会有利于工作的开展。

| 案例 |

几年前，G市要建一个机场航站楼，总投资达200亿元，工程甲方当时的定位是要把新航站楼建成国内一流的，所以选定进口品牌玻璃的概率很大。但考虑到国内品牌可能会因此产生不满，就有意拉上南玻和耀玻。

接到邀请之后，业务员小王第一时间就赶过去了。小王首先去拜访该项目的

总指挥——黄总。当时黄总没在办公室，他就决定到其他部门转转，正好就转到了成本部，里面只有一个小女孩，非常热情，小王在里面和她攀谈起来，她给小王介绍了很多关于项目组织和项目进展方面的信息，临走之前他们还互留了电话。

回去之后，小王就给这个女孩打电话，谈得很投机，成功把这个女孩发展成为了"内部教练"。

后来，小王了解到当时甲方准备选用的是灰绿色镀膜夹胶玻璃，国外的品牌邀请两家——圣戈班和戈兰威宝，国内邀请了南玻和耀玻，国外那两家都是生产在线镀膜玻璃的厂家。

半个月后，甲方准备开一个技术交流会，邀请几个玻璃厂家一起去介绍一下产品和技术，项目总指挥黄总亲自参加，交流会一共进行两天，小王他们被安排在第二天的下午。接到通知后，小王想进一步了解一下有关技术交流会的信息，就给小女孩打了个电话，她在电话中告诉小王，总指挥只有第一天上午在场，其余时间都不参加，而总指挥在场的那天上午安排的是戈兰威宝作产品介绍。

这样的安排，岂不无法影响总指挥了？

经过考虑，小王公司决定调换一下出场顺序，于是就到甲方项目部找到负责安排这件事的人，说技术总工要出国，只有第一天上午有时间，又说第一个出场并不好，只是没有办法。那个负责人马上与戈兰威宝的销售经理取得了联系，那个经理表示可以调，这样，小王公司就被调到了第一天的上午介绍，赢得了引导甲方决策者的一次宝贵的机会。

| 招式要领 |

人往往会先入为主，对第一印象往往是最深刻的。当公司产品亮相于客户面前的时候，让其留下良好的深刻印象，就会占据有利的态势。在实际运作中，有如下三种手段。

手段一：先入为主。在样品展示时力争率先出场，给客户第一印象。第一印象往往是最深刻的。

手段二：釜底抽薪。让项目高层领导看完我公司产品展示且当竞争对手开始展示其样品时，找个借口支开客户高层领导，给对手设置障碍。

手段三：因势利导。当与客户高层领导进行沟通时，趁高层领导心情愉悦的时候，问其对我公司产品的印象。高层领导说些客套的赞誉，就将其向其他项目决策人宣传，以高层领导的态度去影响其他决策人。

| 启示 |

客户面前是我们最好的表演舞台，如果没有足够实力压轴，就第一个出场。人的第一感觉往往是最深刻的。

| 第三十招 |
打动客户从真诚赞美开始

核 心 要 点

（1）与客户的交流从赞美开始。

（2）赞美是打开客户心扉的一把钥匙。

（3）人人都喜欢被别人赞美，关键是赞美方法要恰当。

| 案例 |

某公司业务员小王从经销商处得知客户的电话，便拿出手机拨了过去。在电话里沟通了一番，方知该客户姓吴，在宿迁的沭阳新投资了一座热电厂，需求外墙砖。现在客户人在邳州。他们约定三日后面谈。

小王心中暗自纳闷，这个吴总到底是什么人，工地在沭阳，却到徐州来购货？小王也不愿多想，就权当试试运气吧！

三日后，小王按时来到了吴总公司。一走进公司让小王眼睛一亮。整个公司装修格调非凡，色调搭配错落有致、清新自然。想不到这位吴总还是蛮有品位的人。

小王敲开了吴总的办公室，作了简单的自我介绍。吴总客气地招呼小王在沙发上坐下，并招呼手下给小王泡了杯茶。

等吴总在小王对面沙发上坐定，小王由衷地赞赏道："吴总，你公司的装修简约而不简单，富贵而不奢华。你真是一个有品位的人呀！"

吴总得意地笑了笑道："想当初，我就是做装修起家的，如果连自己的公司都弄不好，又怎能混到今天！"

小王惊讶地说到："怪不得呢，你是行业内的专家呀！那以后我得向你多多学习了。"

吴总感慨地说："搞装修搞了十多年，大大小小的工程不下几百个。我们市政府大楼就是我装修的，在装修行业我还是小有名气的。"

小王连忙问道："你现在还做装修吗？"

吴总摇摇头说："早就不做了。现在这个行业太杂了，几个人就能凑一个装修公司，利润越来越低。前几年在做煤炭生意，现在准备新上个热电厂项目。这不就找上你了嘛。"

（案例下文续）

┃招式要领┃

喜欢别人赞美是人的一大本质特点。赞美之于人心，犹如阳光之于万物。

美国哲学家约翰·杜威说："人类最深刻的动力是做一位重要人物，因为重要的人物常常能得到别人的赞美。真正的赞美大师，非常懂得在赞美时控制好火候，将强弱分寸都拿捏得很得当，张弛有度，收发自如。物以稀为贵，就像一道人间美味，如果你给对方一些品尝品尝，他会觉得味道美得难忘。但是，给多了，让他吃撑了，他也会难忘，只不过是想吐的难忘。"

赞美的三个步骤：

（1）说出对方的闪光点；

（2）描绘那些闪光点能给现状带来什么；

（3）闪光点给你或他人带来的感觉。

赞美他人的基本技巧如下。

赞美一定是真诚的

赞美他人可以愉悦自己，他人的一份微笑、一份认同，会让我们感觉到世界的美丽和灿烂。

赞美事实而不是人

我们把赞美的焦点放在别人所做的事情上，而不是他们本身，他们就会更容易接受你的称赞，而不会引起尴尬。

赞美要具体

当赞美的对象是针对某一件事情时，赞美会更有力量。称赞得越广泛越庞杂，它的力量就越弱。

掌握赞美的"快乐习惯"

每一次赞美别人时，不但对方快乐，同时也会使你获得满足。这里有一个人性规律：若你不能为任何人增加快乐，那么，你就不能为自己增加快乐！因此，每天至少赞美三个人，那么，你将感受到自己的快乐指数也在不断上升。

| 启示 |

嘴巴要甜是销售人员的基本要求。说对方想听的话、对方喜欢听的话，能获得客户的欢心。赞美不要简单理解为"拍马屁"，由衷地赞美对手，既能取悦他人，又能使自己欢乐，这才是真正的双赢。

| 第三十一招 |
取悦客户从感兴趣的话题入手

核心要点

(1) 从客户感兴趣的话题入手，方能激发客户的兴致。

(2) 与客户交流时间越长，效果越佳。

(3) 与客户交流不仅仅是让客户了解你公司的产品，更是为了读懂客户。

| 案例 |

（接第三十招案例）

小王眼睛盯着放在茶几上的一套功夫茶具问道："吴总，你喜欢喝功夫茶呀！"

吴总道："现在公司大了，事情难免多。空闲的时候喜欢与朋友喝喝茶、聊聊天，也算让自己放松一下！"

小王开心地笑道："太好了，下次我给吴总带我们老家的铁观音来，绝对的原汁原味。"

吴总答应道："好呀！铁观音就来自你们福建嘛！"

几日后，公司的样板如期寄到。小王马上联系了吴总，约定下午在他办公室面谈。小王特意准备好一盒铁观音，算是为洽谈做点铺垫。

下午小王来到了吴总的办公室，简单寒暄之后。小王便拿出了铁观音说道："吴总，你来品尝一下我家乡的茶。你是行家，看看是否合你的口味！"

吴总顿时来了兴致，在沙发上坐定。拿起茶壶添上水。不一会儿水开了，小王拿起水壶熟练地泡起了功夫茶，倒上一杯递给了吴总。吴总品尝了一下，脸上赞道："不错，不错！"

小王赞赏道："吴总果然是有品位的人，一口就能喝出好坏来！"

吴总坐在沙发上自得地说："喝茶分三类人：一类人用嘴品，这叫牛饮，属于下品；二类人用舌头品，这叫味饮，属于中品；三类人用心去品，这叫心饮，方属上品。"

小王惊叹道："喝茶还有这么多讲究？吴总你自然算是上品了。我最多也就是个中品，只能体会到舌尖上的醇香和甘甜。"

吴总点点头说："你能做到这一点已经挺不简单了。小王，我考考你，你能说说功夫茶有哪些讲究吗？"

小王想了想面带羞涩地说道："我也说不好，只知道点皮毛。我若说错了你别见笑哦！"

吴总笑道："没关系，你尽管说！"

小王舔了舔了嘴唇说道："所谓功夫茶，除了茶叶的优劣之外，功夫在于一个沏泡。功夫二字，要在水、火、冲工三者中求之。水、火都讲究一个活字，活水活火，是煮茶要诀。《茶经》里说：'山水为上，江水为中，井水其下。'煮茶要诀为'水常先求，火亦不后'。活火，就是炭有焰，其势生猛。功夫茶以浓度高著称，初喝似嫌其苦，习惯后则嫌其他茶不够滋味儿。品茶，往往品的不仅仅是茶，更能品出人生的哲理来！"

吴总连连点头说："小王，想不到你对功夫茶了解如此之深。今天你别走了，我们得好好聊聊！"

小王开心地说："那好呀！能有机会向吴总多多学习了！"

（案例下文续）

| 招式要领 |

销售人员应记住一个定律：对客户的初次拜访，交谈的时间越长，所获得的效果就越佳，因此，激发客户的交谈欲望能有效地拉近与客户的距离。人的性格有内外向之分，但不管何种性格的人都有说话的欲望。据统计，每个人平均每天会说 18000 句话，关键在于对方是否有说话的冲动。俗话说：话不投机半句多。如果能找到其兴趣点，并从对方的专长入题就能激发对方交谈的兴趣。在实际工作中当把握以下四个要领。

注意观察

观察周围的环境、对方的穿着打扮、年龄性别等，发现特别之处。人往往刻意做的事就是他最在意的事。比如，对方穿着很潮，代表对方是一个追求时尚的人。

巧妙引导

在不经意间引出对方感兴趣的话题，如果对方顿时情绪大震，或眼睛一亮，或语言突然加速，说明点到了对方的穴位。如果对方只是轻描淡写，那还需重找话题。

少说多听

当对方兴趣盎然时，不要轻易去打断对方的话题，你只要保持浓厚的兴趣认真倾听就行，两眼注视着对方，身体微微向对方倾斜，鼓励对方继续说下去。

连声赞叹

表演者需要掌声，听众的赞叹就是对叙述者最大的鼓励。你不时发出赞叹声能让对方有满足感，能被对方引为知己。

| 启示 |

客户才是交流的主角，千万别喧宾夺主。让客户有充分发挥的机会。当客户有满足感和成就感时，交流的目的就达到了。

| 第三十二招 |

异议是客户合作的信号，巧言善对打消客户疑虑

核心要点

(1) 面对客户的异议，不能回避，学会善于化解。

(2) 客户异议越多，说明客户对产品兴趣越大。

(3) 不要反驳客户，善用客户沟通技巧。

| 案例 |

（接第三十一招案例）

他们以茶为引子，聊起了吴总的创业发家史，谈到其中的辛酸事，吴总感叹不已。在小王的引导下，又开始谈到正在施工的沭阳电热项目。这个项目经三次易手才落到吴总手里。当地市政府领导非常关注，吴总自然不敢怠慢。项目中大大小小的事都由他亲自定。小王心中暗自窃喜，看来只要说服这个吴总，这个项目就大功告成了。

小王伺机拿出了新调试出来的样品递给吴总说："我公司对这个项目非常重视，连夜组织技术人员调试出了样品。你看看是否满意。"

吴总站起身来拿过以前那块便宜的样板细致地比较了一下说："不错，不错！这个系列产品的价格是多少？"

小王故意将价格拉高，以便有回旋的余地，回答道："这个系列产品每平方米28元左右。"

吴总一吐舌头说："这么贵。这个产品价格才每平方米15元。你们的价格高出了近一倍！"

小王笑道："吴总，我们喝茶，不同档次的产品价格是没有可比性的，就像这铁观音，有几十元一斤的，也有几千元一斤的。"小王看吴总随手将手中的样品放在茶几上。小王灵机一动，将泡好的茶递给吴总时装出烫手的样子故意将那块普通砖碰落在地上，顿时摔成了两瓣。

小王连连说："对不起，真不好意思！"边说边从地上捡起了摔碎的外墙砖。

小王凑到吴总面前说道："吴总，你看。这块砖里有夹层和黑心。用了这样的砖，用不了多长时间就会出现渗水和变色。原本很漂亮的外墙就成了五花脸了。这让外人看到，还以为吴总是个小老板。"

吴总点点头说："这种劣质产品是不能用的，我把设计师找过来，听听他的意见。"边说边打电话叫来了设计师。

设计师过来后，将两家的产品做了比较后，很自然地选择了小王公司的产品。

吴总拿起茶壶亲自给小王泡了杯茶说："我也知道你们协进公司的产品不错，但价格确实高了点！老弟，能否优惠点？将来我投资新的项目，就选用你们公司的产品了。"

小王笑道："我与吴总一见如故，更何况我们还都是茶道中人。吴总，你说个价，只要你别太为难我，我一定积极向公司争取。"

吴总想了想说："那23元怎么样？"

小王感慨地说："吴总真不愧是生意场的前辈呀，杀得真狠。如果吴总能现货交易，就依据你的价格，我向公司争取一下。"

吴总高兴地说："放心吧！我不差这么点钱。老弟真爽快，一会儿我们将协议签了，晚上我们一起吃饭。"

| 招式要领 |

客户有异议是合作前的征兆，异议越多，说明客户购买欲望越强烈。销售人员应不为所动，巧妙化解。基本策略如下：

缘由	异议的主要内容	应对之策
想杀你的价	你公司产品价格过高，其他公司的产品便宜多了	多强调一分价钱一分货，适当降价换取有利于我方的付款条件
对公司产品不够信任	担心产品质量或交货周期出现偏差，影响到他目前的地位	让老客户现场说法，打消顾虑
弄不清楚领导的意图	领导的态度含糊，担心得罪上级领导	当着客户的面故意装出与其领导非常熟悉，关系不一般

| 启示 |

化解客户的异议得对症下药。首先得搞清客户提出异议的动机和真实原因，不被表象所迷惑，如果能深入一步，就能找到恰当的化解手段。

| 第三十三招 |
不到最后一分钟绝不松懈，不达最终目标绝不放弃

核心要点

(1) 坚定的毅力，方能面对重重挑战。

(2) 胜利来源于不懈的坚持，不到最后一刻成败难定。

(3) 离成功越近，困难就越大，必须力战到底。

| 案例 |

项目背景

这个工程比较小，是当地政府的一个项目，总共约2万平方米，工地地点也比较偏，小李当时是从同事手中接到这个项目的，接触时间相对晚。

运作过程

得到项目信息之后，小李就去现场了解情况。幕墙现场工程队的人告诉他：工程基本定了，是上面领导定的。他们当时还让小李看了施工图纸，上面已经有了指定品牌，写的是台玻原片，甚至还有加工地点、时间等信息。

小李问他们为什么定这些东西，业主方的负责人是谁，他们都说不上来。后来小李就去找工地上的总监，他也是对小李敷衍了事。在这种情况下，小李觉得再耽误下去没有意义，应该马上去找业主。

小李找到负责这个项目的主管副局长。与副局长沟通过几次之后，发现他基本上不大赞同使用小李公司的玻璃。至于为什么，也说不上来，总之，是给小李一堆推辞的理由。

回到办事处之后，小李就想：这个主管副局长这么吞吞吐吐、遮遮掩掩的，

依靠他看来肯定是不行，自己必须想办法。思考之后，他决定用"拦路喊冤"的招数，直接拜访业主最高决策者——局长。因为他毕竟是一把手，而且对于质量应该是比较关注的。

小李选了个时间，直接拜访局长。刚开始局长不肯见小李，小李在电话中跟他说明只是希望给他们一些事关工程质量的建议，他同意了。

进了局长办公室，简单的寒暄之后，小李就直奔主题。

小李从以下三个角度阐述了想法和思路。

第一，小李公司产品是国内第一品牌，像这种工程肯定应该是被选品牌之一，可是却没有接到通知，中间估计会有些什么问题。

第二，目前采用的是台玻原片，然后拿到小厂去加工，在质量方面肯定是没有任何保证的，而且这种操作完全是违规的，如果出了问题，真的是很难去对质，特别是以后补片的问题也很难解决。

第三，这个项目是政府工程，如果局长觉得这个项目很重要，需要用到品牌玻璃的话，小李觉得还是要慎重一些，如果觉得无所谓，随便一家什么小厂玻璃都可以，小李也没有话说。

局长一直认真听小李讲话，其间不断点头表示赞同。

经过半个多小时的谈话，局长认可了小李的观点，当场直接把主任叫来，说："关于这个工程的事情，你们去查查看，看是不是有什么问题，N公司是个很好的工程玻璃企业嘛，怎么连通知都没有接到？"

后来小李就走了。过了一段时间，小李又和局长沟通，局长告诉小李说："办公室主任已经到工地上调查过，下面确实存在一些不规范操作的问题，这件事情需要重新考虑。"

几天后，局长终于倾向于小李公司，直接跳过副局长命令幕墙公司与小李公司签订合同。小李公司的价格确实比台玻高一些，但为了此项目小李也做了很大的让步，基本上是在正常的市场价位接下了此项目。

| 招式要领 |

有多年销售经验的销售员都知道一分钟原则：所有生意的成交都是在最后一分钟敲定的。前文说过，大客户销售周期长，涉及部门和人员多，金额大，客户选择都很慎重和理性。经历了一个较漫长的过程，客户这块肉即将烤熟了，就差最后一度，如果此时松懈就可能前功尽弃。因此，销售人员在没看到最终结果之前，都要坚持不懈，力争到底。在实际工作中当注意以下要领。

集中所有资源，作最后的冲刺

当进入最后的时刻，往往是变数最大、与对手交锋最激烈的时候。这时候要集中所有资源放手一搏。即使胜算再大，都不能有丝毫放松。

继续加温客户关系，预防出现变数

经过一系列的公关活动，销售人员会出现松懈心理，认为客户关系已经很好了，疏于与客户的沟通与交流。这就给对手可乘之机。越是到关键时间，越是要不断升华客户关系，确保目标的达成。

不轻易退让，守住自己的底线

越是到关键时刻，越要勇于坚持。因为你每一次退让，会引来客户更多苛刻的要求。勇于坚持是心中有底气和自信的表现。

不拿到订金或订单，都不算是最终的成果

合同签订后，也可能出现变数。只有收到客户订金或要货订单后，方算尘埃落定。

| 启示 |

销售工作往往考验着销售人员的意志力和坚韧度。黎明前往往是最黑暗的一刻。大客户销售是一场马拉松赛跑，跑到终点的就是赢家。

| 第三十四招 |
用情感去感动客户，用真诚来取信客户

核心要点

(1) 以真情换真心，赢得客户得先赢得客户的心。

(2) 关心客户，从关心他身边的人开始。

| 案例 |

小吴几次与负责采购的杨经理接触，总感觉他的态度比较暧昧。要想拿下这个项目，还得在杨经理身上做做文章。小吴思考再三，突然想起了杨经理说起他儿子在学校里打网球的事。小吴决定对杨经理做一次家中拜访。

星期天，小吴专门去了趟百货公司，买了一副网球拍，另外还买了许多保健用品。小吴敲开了杨经理的家门，杨经理见是小吴，一愣说："你怎么来了？"

小吴笑道："今天休息，也没什么事，就来叨扰杨哥你来了！"

杨经理一本正经地说："来就来呗，还拎着这么多东西。东西你得拿回去，我可不能收哦！"

小吴嬉皮笑脸道："我知道杨哥你廉洁，都是些不值钱的东西，给孩子和伯父伯母的！"

杨经理将他让进了客厅，杨经理的儿子好奇地从房间里跑了出来，小吴由衷夸奖道："杨哥，这是你儿子呀？这孩子长得眉清目秀的，未来的大帅哥。"

小吴边说边拿过网球拍对孩子说道："我给你带了一副网球拍，也不知道你是不是喜欢？"

孩子接过小吴手中的网球拍兴奋地说："这正是我要的网球拍，还是叔叔好，我让我爸给我买，他就是不肯！"

杨经理笑道："那你还不谢谢叔叔？"

孩子站在小吴面前一鞠躬道："谢谢叔叔！"便拿着网球拍跑进房间里去了。

杨经理的爱人给小吴泡好了茶，小吴连连道："谢谢嫂子！"

杨经理责备道："让你破费了，下次再来家里，可不能这样了。"

小吴不好意思点点头说："不敢坏了杨哥的规矩，下不为例！"

中午，小吴在杨经理家吃了午饭便告辞了。

几天以后，杨经理就把小吴引荐给了他们的董事长，在和董事长交流的过程中，小吴将公司的产品和公司实力向他进行了比较系统的介绍，他对公司的能力也很满意，会谈快结束时，董事长郑重其事地说："我们选择供应商就得选像小吴公司这样有实力的供应商，才能保证工程的质量。"

| 招式要领 |

销售人员在与客户的交往和接触中用一份真心和真情去打动客户以获得客户的支持，这是常用的手法。在实际运用中应掌握以下要领。

关心客户从他身边的亲人开始

每个人都会在乎身边的亲人，尤其在乎自己在亲人心中的地位。关心客户身边的亲人，一能让客户体会到你的真情和心意，二能让其在亲人面前有自豪感。关心客户身边的亲人，会让其亲人感觉到他是一个受人尊重、有地位的人。

走入客户的生活圈，别让客户将你当外人

走进客户的生活圈，无疑能拉近与客户的距离。与客户分享家庭生活的甜蜜，就能成为亲近和值得信赖的人。与客户分享的事情越多，关系就越密切。

留心客户不经意间的话，客户想做的事正是你需做的事

客户不经意的话语中流露出的让其烦恼的事，就是需要你去化解的事。成为客户的"及时雨"，你就能成为值得客户托付的人。

别给客户还"人情债"的机会，这需留在关键时刻

为客户做的事无论大小，都别给对方回报的机会。让这份感情债留在客户的心里，等到关键时刻，让其发挥作用。

有恩于人别挂在嘴上，让客户记在心中

任何为客户的付出都是心甘情愿的，别让对方觉得欠你什么，更不要挂在嘴边上。你真心付出了，对方一定会记得。请相信：这个世界上大多数人都是懂得感恩的人。

学会站在客户的角度去思考问题，不让客户做超越其能力范围的事

己所不欲，勿施于人，千万别让客户做其不愿意做的事或超越其能力的事。

让客户觉得为难，其心中就有负担，客户会有意识与你保持距离。

| 启示 |

做事先做人，做一个让人喜欢的人，就得练就良好的习惯、高尚的品德、优雅的举止以及一颗与人为善的心灵。

| 第三十五招 |

集中所有的资源，攻克最后的堡垒

核心要点

(1) 最后的决战，得放手一搏。

(2) 过程不重要，结果是第一。

(3) 集中所有炮弹，攻克最后堡垒。

| 案例 |

经过几轮角逐，现在只剩下小王公司和A公司两家了，材料使用者东亚房产开始要求报价，并进行价格说明，第一轮报价，小王公司报的是23元／平方米，A公司是24元／平方米。虽然小王公司价格有优势，出乎意料的却是选择了A公司进行最后的谈判。

于是小王了解到，这是戴总做出的决定。小王决定先从戴总身上入手。

据小王了解，戴总是一个做事谨慎的人。小王打电话约他，估计很难达到目的。于是小王叫来经营部的小美，让她约戴总一起吃饭，小美头脑灵活，能说会道。果然在她的软磨硬泡之下，戴总答应明天晚上一起吃饭。

这场晚宴小王做了精心准备，小美围着戴总一番恭维，相互之间关系融洽起来。戴总向他们透露了其中的玄机："考察组对A公司的印象比较好。综合评分排在第一。这次你们两家的价格相差不大，自然选择了A公司作为供应商。"

小王立刻意识到了其中的问题，分析道："我们报的是153片／平方米，而对方是132片／平方米。这其中差了十几个点呢！他们也就是欺负你们是行业的新手，糊弄你们罢了!"

戴总果然警觉起来说道:"是吗?那我得重新考虑一下,明天重新报价。"

小王提醒道:"这件事是不是需要向贵公司董事长徐总汇报一下,上次我在房地产峰会上遇见他,徐总对我们这个项目很重视的!"

戴总惊讶地说:"你认识徐总?这件事当然得向徐总汇报了!"

有了这段小小的铺垫,戴总的态度变得亲近了许多。晚宴快结束的时候,他偷偷向小王泄露:如果他们的价格能降到20.5元/平方米,会优先考虑他们。

第二天小王和公司商量后,同意按照20.5元/平方米进行第二轮报价,因为这是小王公司进军沈阳的第一单,而且影响力也比较大。最终A公司因为没有办法向董事长解释132片和153片的缘由,被筛选了出来,不久小王公司就与东亚房产成功签约了。

| 招式要领 |

销售人员所有工作的唯一目标就是:达成共识,拿到订单。当项目进入关键阶段,就必须下定决心,做出决断。可采取如下五种策略。

策略一:借更高领导之力

当某些领导迟迟难以做出决定,一般有如下三方面的原因。①该领导谨小慎微,担心自己做出决定出现问题,会承担责任,影响到他在企业中的位置。②内部有不同的意见,担心自己贸然决断会招致下属的异议。③内心仍有顾虑和疑问。这时候有一个更高的领导发话能让他减轻压力,促其做出决断。

策略二:借下属之口

领导尚在犹豫之中,这时候其下属表示出明确的倾向性,会让领导心中的杠杆发生倾斜,做出有利于我方的决断。客户基层人员虽没有决策权,但具有影响力,尤其是在客户内部有特长或有背景的人员,会左右领导的决定。

策略三:借榜样之光

如果领导心中尚有顾虑,可以通过让客户领导参观样板工程或者让老客户现场介绍来打消其顾虑。既然同类型企业或工程项目都选用了我公司的产品,并且都能达到预期的要求,那他选用我公司产品也不会有错。

策略四：用合纵之术

当高层领导倾向于竞争对手，有可能做出不利于我方的决定时，可借基层人员的力量向高层施压。职务越高的领导往往决断越慎重。面对下属的意见，他不敢独自承担责任，因此，联合基层人员集体向高层领导施压，会改变高层领导的决心。

策略五：人情化点缀

在满足客户价值利益的基础上，再加上人情化的点缀，能让客户领导做出有利于我方的决定。

| 启示 |

客户即将做出选择，是最后的战斗。应当集中所有资源和力量放手一搏，成败往往取决于销售人员破釜沉舟的勇气，置之死地而后生。

| 第三十六招 |

获得客户高层的支持，扫清最后的障碍

核心要点

(1) 说服高层是销售工作的关键一环，决定着最终的成果。

(2) 说服高层是系统化的工程，得谋定而后动。

(3) 说服高层需要团队的配合和努力，需整合企业的资源和力量。

| 案例 |

N变电站项目由广西电网公司投资，由N市供电局负责具体项目实施，N市供电局在新建变电站中的户内变电站均采用了防火降噪大门和通风消声的作法。项目标的为100万元左右。

同业主方（供电局）进行接触，A公司了解到项目具体的一些情况。同业主

方的设计单位及评审部门进行接触，A公司了解到关于项目的设计方案情况，项目要求情况等信息。同初步接触的情况进行比对分析，A公司进一步对项目情况有了系统了解。双方之间进行了基本沟通后，A公司找到了该项目的关键决策者，并对该决策人的主要情况如个人背景、性格爱好、家庭情况等作了全面了解，制订出下一步的进攻策略。

在与业主方接触过程中，A公司得知有一家竞争对手已与N市电力局有长期的合作，并且该对手与供电局上层领导关系不一般。该竞争对手对本项目志在必得。A公司对该竞争对手已经进行了全面了解，其业务员故意问项目负责人："该公司的产品你们使用下来，感觉如何？"

该负责人回答："还可以，只是有时会出现故障。在产品质量稳定率上还需改进。"

A公司业务员关切地说道："供电部门是民生部门，关系到企业与百姓的大事，容不得出一点偏差。您作为这次招标的负责人，责任重大，市领导都非常关注！"该负责人默认。

于是，A公司与项目负责人进行系统沟通和交流。双方之间建立了融洽的信任关系，成功地将项目负责人发展成为A公司坚定的支持者。

在项目运作关键阶段，竞争对手通过供电局副局长的内部关系进行施压，希望选用该公司的产品。A公司事前已料到对手有此一招，准备好该竞争对手产品技术上的缺陷导致设备运作经常出故障的案例，通过内部关系直接找了供电局的局长，局长听取了A公司的汇报分析之后拍板选用A公司产品。

| 招式要领 |

选择哪家合作商或者供应商，最终的拍板权往往来自客户的高层。客户高层领导充当着掌舵人的角色。当销售工作进入最后的阶段，高层的态度直接决定了最终的成果，说服高层能起到一锤定音的效果。说服高层有如下六种武器。

借用资源，借力打力

人有一个心理上的特点，即通过内部的介绍：第一，他会对你放松警惕；第二，他也要照顾同事的面子。所以，如果你没有内部人员的介绍，为了成功起见，你也要制造一个这样的人。这个人可以是其公司内部的中层干部，也可以是外部人士，是亲戚、朋友，等等。因此，我们可以借用中间人资源（通常其公司内部的中层干部是中间人，也就是内部教练），进行借力打力，达成与高层互动的机会。

细节决定成败

大客户营销中，微不足道的细节往往能起到四两拨千斤的作用，从细微处让对方感动，从而对你的人及产品建立好感。

风格矩阵图了解关键人物风格

在销售过程中，对关键客户的拜访与分析相当重要，然而，关键客户即决策者有四种主要风格：领导型、施加影响型、检查型和跟随型。

关键决策者的四种风格往往会导致如下四种情形。

（1）领导型风格。性格强势的领导的决策权力一般不会低于他的职位，当他同时又在专业方面非常精通时，他的决策权往往高过他的职位所应该具有的权力。性格弱势或不愿意承担风险的领导的决策权力会部分转移给下属，如果他同时还不懂技术，那么负责技术的下属的决策权就会更高。

（2）施加影响型风格。这类风格的领导为了避贤，都会在表面上授权给下属决策，声称不参与项目，可实际上却在背后操纵着整个决策过程。另一些同风格的领导在项目前期并不参与项目决策，似乎已经授权给下属，却可能突然在后期介入项目。

（3）检查型风格。这类风格的领导会掌握关键设备或原材料的采购，而把一些不关键的设备或原材料的采购授权给下属，以实现利益平衡，这时的决策者就变成了他的下属。

（4）跟随型风格。领导为了避嫌，很多情况下都会通过集体决策的方式进行决策，在这种情况下成功需要满足以下三条原则之一：强势领导全力支持；弱势领导不发表意见的情况下获得大多数在场者的支持，支持的声音淹没反对的声音；弱势力量支持但没有任何反对的声音。

高层互动

客户向公司高层提出建议和想法，就是客户真实的需求，通过高层拜访，了解真实情况后，回去立刻作调整，同时运用一些服务策略，提高我们的服务品质，这样，客户的满意度和未来合作的概率就会提高，合作空间就会扩大。

参观考察

邀请客户的高层领导参观考察样板工程或生产工厂，一能打消客户高层领导的顾虑，促其做出有利于我方的决定；二能借助参观考察的机会，进一步融洽彼此的关系。

商务活动

商务活动一般能够增进双方的沟通，进而影响高层。目前，公司与客户间的商务活动有很多种，常见的有赠送礼品、开展各种联谊活动、VIP 客户俱乐部及客户见面会等。

| 启示 |

搞定高层是场攻坚战，应当聚集力量，系统规划，进行安排，多管齐下。

第三章

销售人员的看家本领：
心态、技能和毅力

市场竞争是一场没有硝烟的战争，决定这场战争成败的因素除了企业自身的资源和实力之外，还有销售人员的综合素养和技能。常言道，没有卖不出去的产品，只有不合格的销售员。销售人员的综合实力也直接决定了企业的销售能力。

大客户销售人员的必备技能包括如下五个方面：

(1) 客户关系的发展能力；

(2) 销售进度的推进能力；

(3) 客户成果的促成能力；

(4) 危机的化解能力；

(5) 客户服务的能力。

孙子曰："善用兵者，屈人之兵而非战也，拔人之城而非攻也，毁人之国而非久也，必以全争于天下。故兵不顿而利可全，此谋攻之法也。故用兵之法，十则围之，五则攻之，倍则分之，敌则能战之，少则能逃之，不若则能避之。故小敌之坚，大敌之擒也。"

掌握必备的销售技能，方能成为一个合格的销售人员。

企业间的竞争延伸到具体的客户上就转换为企业销售团队间的战争。企业间的扩张说到底就是从对手那里抢地盘，从对手口中抢饭吃。当市场容量已处于饱和状态时，同类企业间的竞争就成了此消彼长的搏杀。市场竞争是一场没有硝烟的战争，决定这场战争胜负的因素除了企业自身的资源和实力之外，还有销售人员的综合素养和技能。常言道，没有卖不出去的产品，只有不合格的销售员。销售人员的综合实力也直接决定了企业的销售能力。

大客户销售人员的必备技能包括如下五个方面。

客户关系的发展能力

在大客户销售工作中，产品价值与客户关系缺一不可。有时候，客户关系比产品价值更为重要。客户拓展的过程其实就是客户关系的发展过程。客户关系的发展能力包括沟通能力、公关能力、人脉管理能力等。

销售进度的推进能力

大客户销售往往周期较长，经历了初步接触、技术交流、产品测试、商务公关、招投标、商务谈判等阶段。其中，任何一个环节出现偏差都会导致前功尽弃。因此，销售进度的推进就要求销售人员在每个环节都能尽善尽美、占得优势。销售进度的推进能力也就是将销售工作步步推进、建立优势的能力。它包括了化解客户异议的能力、解决问题的能力、资源调集和管理的能力等。

客户成果的促成能力

销售工作是以结果论成败的，销售工作的目标是拿到最终的成果——客户订单。客户成果的促成也就是将企业的产品和人脉优势转化为竞争优势，获得最终的胜利。成果的促成能力包括市场的分析能力、销售工作的规划能力、关键节点的控制能力及排兵布阵能力等。

危机的化解能力

销售工作不会是一帆风顺的。当有意外事件发生，对企业产生不利的影响时，销售人员需会将大事化小、小事化了，减少被对手攻击的机会。危机的化解能力包括应变能力、反应能力、决策能力、公关能力等。

客户服务的能力

服务永远是销售工作的核心内容，树立服务意识能建立起客户的信任感和依赖感，维护好与客户的良好关系。客户服务能力包括专业技能能力、时间管理能力、执行能力等。

切记：销售技能不能停留在"术"的层面，"术"应与"道"相辅相成，"术"无"道"不久，"道"无"术"不成。

第三十七招

拉近客户距离的"三把斧"

核 心 要 点

(1) 自我介绍是让对方记住你。

(2) 寒暄能有效打消对方的戒备心理。

(3) 找到共同点，为下一步的交往寻找到机会点。

案例

张经理热情地介绍道："这位是××公司天津经理部的王经理，这位是天津××房地产公司的杨经理！你们是福建老乡！"

王经理忙掏出名片，递上去说道："王向东，也就是领导说向东，不敢朝西的那个向东！"

王经理说得大家哈哈笑了起来。

杨经理乐道："王经理真风趣！"

王经理握着杨经理的手说："人们常说，老乡见老乡，两眼泪汪汪。今天见到老乡，就是备感亲切。今天我们得好好喝两杯！"

杨经理点点头道："能在天津见到老乡真是不容易呀！是得喝两杯！"

王经理用力握了下杨经理的手高兴嚷道："老乡就是老乡，说到我心坎里了。

今天我们不谈生意，就叙老乡之情！"

| 招式要领 |

第一把斧：自我介绍

自我介绍的重点是让对方记住你。有三个手法：一是强调你特殊的背景，比如，是 ×× 推荐而来；二是强调你与对方关系不一般，比如，你是 ×× 人的朋友，而 ×× 人与对方关系密切；三是述说自己的名字的联想之意，比如，王向东，领导向东，不敢向西。

第二把斧：寒暄

寒暄的目的在于找到彼此的共同点，拉近彼此的距离，打消对方的戒备心理，为进入正题进行铺垫。在寒暄时，应掌握几点要领：

(1) 找到对方感兴趣的话题；

(2) 掌握住寒暄的时间；

(3) 尽量活跃一下气氛，不要过于严肃。

第三把斧：找到共同点

所谓共同点，就是共同的经历、共同的兴趣爱好、共同的价值观等。从相互的共同点入题，能有人逢知己之感。

| 启示 |

与客户交往的每一个步骤都需要有精妙的设计及恰如其分的表演。优秀的销售人员与客户初次接触就能让对方喜欢你、认同你。

| 第三十八招 |
不断重复客户说过的话

核心要点

（1）客户对我有利的话，就将其固化下来。

（2）重复客户的话，目的是引导出有利于我方的结论。

（3）通过客户的嘴巴说出我想说的话，效果最佳。

| 案例 |

某次，张三出去推销书籍，遇到了一位非常有气质的女士。那时候，张三刚刚开始运用赞美这个法宝。当那位女士听到张三是推销员时，脸一下子阴了下来："我知道你们这些推销员很会奉承人，专挑好听的说，不过，我不会听你的鬼话的。你还是节省点时间吧。"

张三微笑着说："是的，您说得很对，推销员是专挑那些好听的词来讲，说得别人昏头昏脑的，但那只是糊弄一般的顾客。像你这样有气质、有主见的女士，是绝不会被他人支配的，是吗？"

女士的脸由阴转晴了，回答道："那是当然，我管理着上千人的公司，如果轻易被他人支配，那不乱了套了！"

张三高声赞美道："您的形象给了您很高贵的个性，您的语言反映了您有敏锐的头脑，而您的冷静又衬出了您的气质。认识您是我的幸事。您能告诉我，像您这类成功的女士一般会购买什么类型的书籍呢？"

女士听后开心得笑出声来，给了张三许多建议。

张三接着说："我手上有一个书单，您能帮我把你觉得值得购买的书勾出来吗？"

女士很爽快地接过书单，勾出了她认为值得购买的书。

张三笑道："您平时工作一定很忙，也没时间到书店去买书。如果我把您认为值得购买的书给您送到办公室里，您不会反对吧？"

那位女士果然从张三手中买了许多书。

招式要领

人最难做的事就是自己推翻自己，在与客户交谈中不断重复对方说过的话，能快速在一些关键问题上达成一致。在实际运作中需掌握以下四个策略。

不间断地重复

如果对方的某句话对我方有利，可以有意加以肯定以加深对方的印象。比如，王总，你刚才说选择产品质量是第一位的，这句太对了。重复对方说过的话的背后必然寓意着我公司产品在产品质量上有优势。

用疑问的方法向对方重复自己说过的话

如果对方的某句话很重要，可以用疑问的方式让对方再说一遍。比如，王总，刚才那句话我没听清，您能再说一遍吗？

再次确认对手说过的话

如果对方的某句话很关键，可以再次确认一下。比如，王总，你的意思是说，如果我公司的报价能再低点，贵公司就会确定选用我公司的产品，是这样吗？

将有利于我方的话记录下来

如果对方的某句话很有价值，可以当场记录在案。比如，王总，你说，要合作就得找我们这样的世界一流公司合作。你说得太对了，我得记录下来。

启示

对于说服客户，用自己的嘴巴难有成效，让客户自己说服自己能收到奇效。人人都认为自己不凡，既然如此，何不借对方的嘴巴说我想说的话。

| 第三十九招 |

抓住交谈的"缰绳"，围绕交谈的主题

核心要点

（1）与客户沟通是有明确的目的的，别偏离了沟通的主题。

（2）抓住沟通的方向，方能达到预定的成果。

（3）明了客户话语背后的意思，方能引导交流的方向。

| 案例 |

临下班前，兰新电机公司张君接到了一个陌生的电话。一听才知道是一个安徽的企业打过来的。该公司是一家新投产微电子设备的外资企业。打电话的是该公司采购部基层人员小王。小王从其他厂家那里知道了张君的电话。

张君问道："我公司的产品型号及价格单，你们知道吗？"

小王回答道："我这儿都有，贵公司已经传真给我们了。"

张君又问道："你们采购这一块由谁具体负责？"

小王答道："采购部由刘经理负责，但最终得由公司杨副总审核决定。"

张君道："小王，谢谢你给我打电话，下次有机会我们一起聚聚。听得出，你到该公司时间也不长，对机电方面或许也不精通。你看这样好不好，你把你们杨副总的电话告诉我，我直接与他沟通一下，看看我们能否合作？"

小王把杨副总的电话告诉了张君。

张君迅速拨通了杨副总的电话。寒暄后，张君说道："杨总！听得出你也是机电方面的专家，对国内的机电行情也是非常清楚了。我公司的情况，我不说你也知道。现在我们公司订单已经排到三年后了，贵公司虽是一个新企业，但我感觉前途无限，我们能建立起长期的合作关系。杨总！你能不能抽个时间，到我公司来指导指导？"

杨总很爽快地答应了邀请。两周后，微电子公司的杨总如约造访了兰新电机

公司。公司安排了技术人员对产品性能进行演示，并带杨总参观了公司现代化的全自动生产车间。晚上张君陪同公司总经理宴请了杨总。第二天，杨总签订了500万的订货协议。

| 招式要领 |

我们习惯于绕着弯子说话，言此道彼。销售人员要学会快速领悟对方话语背后的真正目的，迅速引入正题，而不是纠缠于话语的细节。与客户的交流不能流于宽泛的层面，而是切入主题，这样才能达成自己的目的。因此，销售人员在与客户交流中须把握住沟通的方向，始终围绕着自己设定的主题。如果偏离主题，要能及时拉回。这就是所谓的抓住交谈的"缰绳"。在实际运作中应把握以下四大要领。

要领一：用疑问的形式引导主题

与客户交流，对方理当是主角，不能喧宾夺主。我们可以时时发出疑问来引导主题。比如，贵公司对供应商的选择有哪些具体标准呢？贵公司除了认为我公司的报价有点高，还有哪些异议呢？

要领二：用肯定的话语主导主题

不断肯定对手的观点来主导交谈的主题。比如，您刚才说产品的质量很重要，但贵公司对产品的质量有哪些基本要求呢？

要领三：搬出更高的领导来转换主题

如果交谈主题出现偏离，可以搬出更高的领导来转换主题。比如，王总，您觉得我们的工作还有哪些做得不到位而需要改进的呢？

要领四：以关心对方来强化主题

如果交谈已达到基本目的，不妨以关心对方的角度来强化主题。比如，王总，您很忙，占用了很多时间，真不好意思，我们下一步该如何去做呢？请您指点一下。

| 启示 |

要充当与客户交谈的主导人物，不被客户的言语所左右，要始终把握交谈的方向，引导客户达成共识。

| 第四十招 |

消除客户疑问，用事实说话

核心要点

(1) 哪怕你能说会道，也别想仅凭一张嘴巴就说服客户。

(2) 让事实说话，这是化解客户异议的最佳方法。

(3) 针对客户的异议，需要精心准备，巧妙应对。

(4) 客户疑问越多，说明客户对你公司产品的兴趣越大。

| 案例 |

2009年，A公司在得知天山云化项目信息后立即意识到商机来了，于是，迅速做好启动准备，第一时间跟业主方相关负责人取得联系。初次沟通后，项目部相关负责人了解了A公司的企业规模、技术力量及产品系统等情况后，提出了如下异议：A公司是一家民营企业，规模实力在行业中并非首屈一指，是否有能力完成这个庞大的项目？产品质量能否保证？A公司离客户距离较远，后期服务能否跟得上？面对客户的这些疑问，A公司业务员并未从正面去回答，而是信心满满地说："我公司能力及产品质量究竟如何，只要贵公司能给我们机会，我们就会给你们一个惊喜。"

于是，A公司立刻召开了项目研讨会议，并拟定了运作策略。一方面，派技术人员到现场勘测，提出技术方案；另一方面，组成了销售团队与云化项目部进行全方位的沟通工作。A公司拿出的技术方案详尽具体，尤其是关键数据准确周全，给天山云化项目部的相关领导留下了深刻印象。

为了打消云化项目部领导的顾虑，A公司又做了两件事。一是带领云化项目部的相关领导参观了相距不远的青山石化降噪项目，青山石化选用的是A公司的降噪设备，满意度很高。青山石化相关人员的介绍，顿时提升了A公司产品在云化领导心目中的信任度。二是邀请云化项目领导参观了A公司，由A公司技术部经理介绍了产品采用的新型技术和特殊工艺，并进行了现场演示，起到了良好的效果。

不久双方就签订了协议，A公司拿下了这个1000多万的项目。

▎招式要领 ▎

我们常常发现，在产品的推广中，无论你如何去介绍和解释，客户的疑问总是没完没了。你想让客户完全满意是件非常困难的事，甚至你越解释，客户的疑问越多。某些经验不足的销售人员会认为：这家客户对我公司产品信心不足，纯粹是鸡蛋里挑骨头，还是趁早放弃吧！别浪费时间。如果这样想，你就错了。客户异议越多，说明他的购买欲望越强烈。客户不断提出异议，目的只有一个：为自己占据有利位置进行铺垫。

既然客户的疑问是免不了的，那我们如何去应对呢？许多销售新手采取的方法有三种：一是反驳客户的疑问，自以为通过自己的反驳能让客户改变现在的观念，但结果是与客户发生争执，甚至让客户不悦；二是拼命解释，但越解释疑问越多，最后弄得自己疲于应付，元气大伤；三是回避，面对客户的疑问，尽量回避，转移话题，结果让客户的疑点更大。

消除异议的最佳方法是用事实说话。基本手段有以下五种。

现场演示

客户对产品的性能、功效、使用寿命等产生疑问，当着客户的面现场演示产品，让客户直观了解产品的各项性能、功效等，能有效地消除客户的疑问。

参观考察

如果客户对企业的规模、实力、交付能力等产生疑问，就邀请客户到公司参观，充分展示公司的整体实力，让客户对企业的各项能力有清楚的认识。

样板工程展示

企业将成功的案例进行包装，转换为样板公司。通过视频资料、邀请客户参观等形式向客户展示，能消除客户的疑虑。

老客户现场演讲

让老客户作为第三方的代表介绍使用公司产品的感受，能够博得客户的信任，消除客户的疑问。

权威机构证明

向客户出示国家权威机构的证明，如政府职能部门颁发的推荐产品证书、优质产品证书、畅销产品证书等，能让客户放心和安心。

| 启示 |

坦然面对客户的疑问，既不能回避，也不能一味去解释。最佳的方法是用事实来说服客户。客户可以不相信耳朵，但不能不相信自己的眼睛。

| 第四十一招 |
量化客户关系，调整竞争策略

核心要点

(1) 客户关系亲疏，不能单靠销售员的主观判断，而需有衡量的标准。

(2) 不能准确界定客户关系的推进程度，就难以找到下一步的工作方向。

| 案例 |

某涂料公司华东营销中心召开销售分析会，中心经理吴伟打开近期项目的报备情况询问道："小刘，嘉善绿城项目的进展如何？"

小刘想了想信心满满地说："上个星期，我陪同嘉善经销商对绿城项目部进行了拜访，与采购部杨经理进行了沟通，效果非常好。这个项目应该没有问题！"

什么叫应该没问题？没有问题往往最容易出现问题。吴伟皱了皱眉问道："你与杨经理的关系如何？"小刘自豪地说："关系很好！杨经理私下向我打了保票，这个项目选用我公司的真石漆。"听了小刘的话，吴伟心中更没底了，继续问道："你知道杨经理家里的电话吗？"

小刘嘟囔道："现在都用手机，哪还有打固定电话的？"吴伟继续问："杨经理有没有向你推荐过公司领导？"小刘有点慌了，解释道："我曾提过几次，杨经理说公司领导很忙，有机会就帮忙解释。"吴伟再问："杨经理有没有帮你出出主意，下一步该怎么做？"小刘眨了眨眼说："那倒没有。"吴伟毫不客气地说："那你还说杨经理与你关系很好？"

吴伟没再纠缠，开始询问另一个项目："小张，无锡那个保障房项目进展如何？"小张谨慎地说："昨天刚与项目负责人钱总进行了私下沟通，钱总说这个项目选用哪家涂料，内部尚有争议。他是倾向于选用我公司产品的！"吴伟继续问："那钱总有没有提供什么建议？"小张毫不犹豫地回答道："有！钱总说现在负责最终拍板的是公司的董事长，建议我们做做董事长的工作！"吴伟继续问："你昨天有没有与钱总一起吃饭？"小张说："昨天就在他们公司一家小饭店吃的饭，还是钱总付的钱。钱总说我们关系很熟了，也就不讲究场面了，随便一点为好！"

吴伟高兴地说："小张，进展不错。抓住钱总这条线，不要放松。这个项目还是有戏的！"

| 招式要领 |

客户的关系一般经历五个层次：从陌生人至熟人，至朋友，至合作伙伴，再至死党。熟人是与客户关系的的第一层级。熟人的概念是双方相互熟悉，并且愿意与你交往，但停留在君子之交淡如水的层面上。熟人始终处于中立者的角色，不会给你实实在在的支持。朋友关系已经上升到志同道合、相互欣赏的层面上，上升到情感的层次上，能真诚地关心和帮助你，愿意成为你有力的支持者。合作伙伴的关系是双方有了共同的利益基础，合作伙伴为你摇旗呐喊、出谋划策，鼎力相助。死党级的关系是客户关系的最高等级，死党级的关系可以超越经济利益，为你两肋插刀，拼死相助。

熟人、朋友、合作伙伴、死党级关系的推进方式和评定标准如下：

关系等级	推进方式	评定标准
熟人	定期拜访 巧送礼物 找到共同点	1. 能够记得住你的名字和服务的企业； 2. 约见时不推脱，较乐意见到你； 3. 向他索要上司或其他同事的电话，他可以告诉你； 4. 你给他一条短信，他能及时回复你

续表

关系等级	推进方式	评定标准
朋友	餐桌上聚聚 成为他想见的人 能帮到对方的忙	1. 他能把家中的电话告诉你，并能邀请你到他家中做客； 2. 当你在工作中遇到问题时，能主动给你找解决办法； 3. 乐意向你推荐上司或其他部门的同事； 4. 吃饭时，他也能主动买单
合作伙伴	建立利益共同体 成为信息员 获得对方信任	1. 两人在利益上达成一致； 2. 两人共同制订进攻策略，并主动扮演重要角色； 3. 与你共同承担风险
死党	达成长期合作的意向 情感关系取代利益关系	1. 相互间无话不谈，不回避自己的私生活； 2. 相互间家庭定期聚会，轮流做东； 3. 在利益上彼此关联，事业上相互帮助

| 启示 |

客户关系是层层推进的过程，不同等级的客户关系为你提供的帮助和支持力度都有所不同，根据客户关系的推进程度来制订相对应的竞争策略。

| 第四十二招 |

界定阶段性成果，总结工作得失

核心要点

（1）定期对阶段性成果进行评估，以检查工作中的不足和差距。

（2）通过界定阶段性成果，来重新审定下一步的工作规划。

（3）完成某一阶段的任务，必须有评估标准。

（4）对销售工作过程应定期界定，方能不偏离工作方向。

| 案例 |

H涂料公司的月度销售会议在会议室举行，销售总监张伟亲自主持。今天会议的重点是分析正在运作的重点项目的推进情况。

张伟严肃地说道："我们闲话少说。老姚，你说说国贸大厦的项目情况。"

老姚已六十出头了，退休后被返聘到公司，担任重大项目部的顾问，属于销售元老级的人物。老姚打开笔记本，慢条斯理地说道："国贸大厦昨天刚刚完成奠基仪式，项目周期为三年左右。进入外墙施工尚有一年半的时间。我昨天与项目部的王经理进行了沟通，外墙涂料的招标大约在今年10月份进行。标书在9月20日之前会下达相关单位。这个项目为市政重点工程，因此，招标将委托专业机构进行。该项目主要选用隔热反射涂料、防水涂料和真石漆。这个项目的基本情况就是这样。"

张伟点点头说："项目信息了解得还是蛮细的。下一步你准备如何入手？"

老姚胸有成竹地说道："下一步我准备从三方面入手。一是通过项目部的王经理与该项目的技术部、成控部等相关部门进行沟通交流，获得他们对我公司产品的认同。二是走高层路线，通过高层关系对项目施加影响。三是与总包方的相关部门进行联络。三方面齐头并进，力争进入招标阶段时我们能占得先机。"

张伟满意地道："不愧是老销售，果然思维缜密。"

| 招式要领 |

界定阶段性成果是销售管理的核心内容，界定阶段性成果就是对每个阶段的工作进行总结和反省；审视这一阶段取得了哪些实质性的进展以及在这个时间段里是否完成了预定的任务。同时，检查这一阶段的工作存在着哪些缺陷和漏洞。界定阶段性成果包括以下四个方面。

对每阶段的工作成果进行量化，利用测评工具进行有效测评

不要用主观臆断去界定阶段成果。个人的主观臆断难免会因个人的喜好和判断标准而有失公允。而应利用评测工具客观界定阶段性成果方能准确客观。测评工具包括产品价值的评估工具图表、产品价值模型评定级别表等。

产品价值的评估工具图表

项目	客户价值						产品价值						服务价值						总计
分值分布	客户收益	企业匹配度	质量保障	品牌影响力	成功案例	合作能力	技术领先度	产品匹配度	产品性能	方案设计	供货价格	付款周期	供货速度	免费服务周期	信任度	响应速度	服务保障	不良记录	总计
10																			
8																			
6																			
4																			
2																			
评价得分																			
权数	7	4	5	4	2	7	6	4	3	4	9	5	7	4	7	7	9	6	100
加权值																			
最大值	70	40	50	40	20	70	60	40	30	40	90	50	70	40	70	70	90	60	1000
百分率/%																			

产品价值模型评定级别表

加权百分率/%	等级	价值评定	成功系数
65.1 以上	A	产品价值高，已被客户充分认可，并在竞争中占据较大优势	较高
45.1 ~ 65	B	产品价值较高，客户具有较强的兴趣，被作为候选对象	一般
20.1 ~ 45	C	产品缺乏特点，与同类产品相比无竞争优势，客户兴趣一般	较低
0 ~ 20	D	产品不符合客户需求，被客户排除出局，无成功希望	无
备 注		加权值 = 评价得分 × 权数　　最大值 = 最高得分 × 权数 百分率 = 加权值 / 最大值　　加权评分率 =（客户价值百分率 + 产品价值评分率 + 服务价值评分率）/3	

阶段性的成果是有时效性的，每一阶段的工作必须在有效时间内完成

所有的销售工作都有时效性，必须在预定的时间内完成预定的工作任务，方能获得效果。定期界定工作成果就是检查这一阶段的工作任务是否如期完成，是否达到预定的成果。只有圆满完成每一个阶段的工作内容，方能确保销售目标的最终实现。

界定阶段性成果应尽力剔除人为的因素

界定阶段性成果是对事不对人，不能因为个人的情感而影响到界定的真实性。界定阶段性成果的目的是重新调整和制订下一步的工作计划。界定不准会影响到下一阶段的工作方向。

项目进行中对阶段性成果要定期评估，每周至少评估一次

将评估阶段性成果转化为常态化的行为。评估工作的频率越高，越能及时发现问题和解决问题。问题发现得越早，解决起来就越容易。

界定阶段性成果的步骤如下：

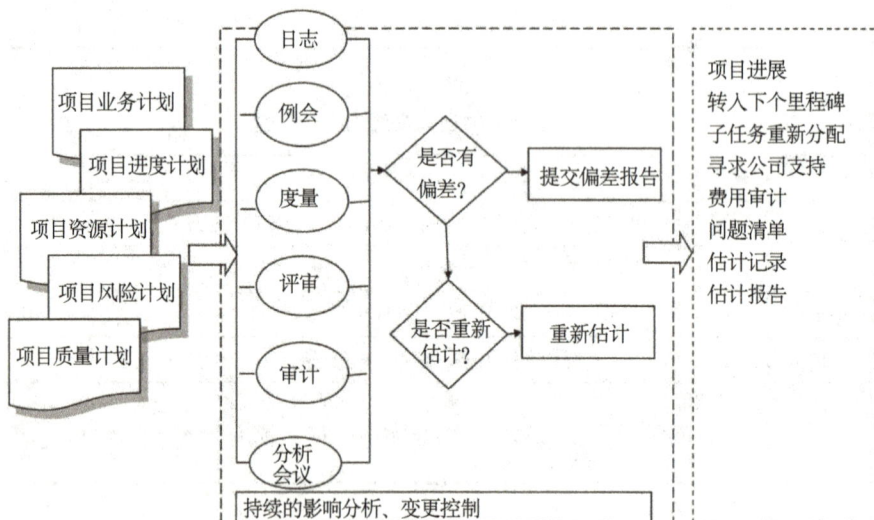

| 启示 |

阶段性成果的界定要客观准确，减少人为的因素。善用测试工具，方能得出正确的结论。阶段性成果界定的目的是为进行下一阶段的工作提供依据。

| 第四十三招 |

加强亲和力，成为受客户欢迎的销售人员

核心要点

（1）善待所接触到的客户内部所有人员。即使帮不了你，也别让他坏你的事。

（2）真诚待人，投之以李，报之以桃。有付出方能有回报。

（3）真心去帮助别人，方能获得他人的帮助。

| 案例 |

情景：地点门卫室

K公司八点半上班，戴总八点就来到K公司的大门口。上班时间未到，门口还是冷清清的。今天是门卫小张值班。戴总一头钻进了门卫室，与小张打起了招呼。

"小张，今天轮到你值班呀？也够辛苦的了。"

"我们也习惯了，也就是这个命了。怎么能与你戴哥比呢。"

戴总递了根烟给小张说道："话也不是这么说的，我在你这个年龄还在车站上给人扛大包呢。扛一包五毛钱。现在的腰伤就是那时扛大包扛出来的。所以人不要看轻自己。未来的路还得自己去走。"

小张点点头："以后还得靠戴哥多指点了。现在的人多势利，也就你戴哥把我们当人看。"

戴总摇摇头："别人怎么看你不重要，关键是自己不要看轻自己。"

| 招式要领 |

让自己成为受客户欢迎的销售人员的"十大秘诀"如下。

学会利用非语言的沟通

别人见到你，只要10秒钟就会下意识地决定是否喜欢你。这样的判断是基于非语言的沟通。

准备谈论的材料

准备好可以谈论的东西。关注时事，培养出一些兴趣爱好。

学会倾听

先要理解别人，才能被理解。

一定要记住别人的名字

没有什么比自己的名字听起来更舒服的了。

真诚

要想被别人看做是特别的人，你要让别人觉得他在你眼里很值得信赖。

试着找出他人的动力

你初次与别人交流时，就可以找到对方的动力。他们的动力一般基于三种：赚钱、找到爱情、改变世界。

帮助别人

实现他们心灵深处的渴望，主动去帮助别人解决他们的关键问题，可以让相互间的关系非常紧密。

让自己成为别人不可缺少的人

不可或缺性非常重要。要想不可或缺，就需要你不断把自己的信息、社会关系、善意传达给尽可能多的人。

去想想你如何才能让自己身边的每个人都取得成功

当有人告诉你他遇到了点问题，你要想想有什么办法。解决办法源自你的经验、你的知识，还有你的朋友、你的帮手。

主动提供帮忙

不要等别人提出了才帮助，要主动。

| 启示 |

热情豁达、乐于付出的人就容易获得别人的喜欢。要成为客户所欢迎的销售人员，你就需将所接触到的客户内部人员都装在心里。以他人的快乐作为自己最大的快乐。

| 第四十四招 |

创建个人品牌，提升个人价值

核心要点

（1）个人的品牌是销售人员最大的资本，也是开疆拓土的利器。

（2）个人品牌的建立来自日常的行为，超越他人、优于他人方是创建个人品牌的重要途径。

（3）个人品牌的创建要懂得自我包装，时时维护。

| 案例 |

某公司的销售员张大强是个热心肠的人。平时喜欢广交朋友，与同行各厂家销售人员之间建立了非常融洽的关系。他创立了销售联盟QQ群，定期在群里发布各类工程信息，在群里组织大家相互讨论销售工作的心得和经验，在行业中建立了很好的人际关系。张大强参与项目的招标，如果遇到胜算不大的，主动退出竞争，为自己赚足了人气。

时间长了，张大强成了行业内大名鼎鼎的人物。只要他倾心运作的项目，大多数对手都会为他穿针引线、出谋划策，甚至主动陪标。张大强在销售工作中顺风顺水，投标的成功率极高。

| 招式要领 |

创建个人品牌的八大绝招如下。

建立个人品牌

强大的品牌非常有竞争力，但它永远是基于提供产品的价值而不是描述的方式。好的个人品牌能够做到三件事：让别人觉得真实可信、与众不同、可以被信赖。

让自己独一无二

你的品牌表达了你能提供的东西，表达了为什么你很特别，告诉了别人他们为什么要与你保持联系。

不断增加价值在自己的品牌上

你需要专注于你所做的事并不断增加价值，这意味着你需要不断超越。

建立个人品牌的标志

当别人听到或者读到你的名字时，你想让别人想到什么？你的品牌标志应当包括别人提到你时会用的所有的词。

包装你的品牌

要看上去有价值，你的品牌就要看上去光亮而又专业。

推广你的品牌

如果你自己不推广自己，其他人也不会。你的成功取决于其他人如何认可你的工作，这还依赖于你的工作质量。

和媒体保持联系

从现在开始你就要和媒体保持联系，而不是等你真有故事时才去找他们。

极力推广信息内容

你推广给众人的应当是你心中的使命感，而不是你的自傲。

｜启示｜

将个人品牌作为人生最伟大的作品来进行塑造，能给你带来无穷的财富。个人品牌是事业成功的铺路石，也是获得财富的一把利器。

| 第四十五招 |

用故事来讲解"产品"，用情感去感化客户

核心要点

(1) 人喜欢听故事，学会用生动的故事来讲解产品。

(2) 产品讲解给客户时令其印象深刻，方能激发起其购买欲望。

(3) 故事人人会讲，关键是讲得恰到好处。

| 案例 |

某公司新产品发布会上，市场部的陆经理在讲解公司对客户的服务管理体系时，深情地讲了一段故事："我公司客服部有位司机王师傅，前几天，我们接到了客户的紧急订单，要求我们将某一型号的轴承尽快送至该公司。大家都知道，轴承虽小，但缺了它机器就难以运转。这家公司刚接到一张海外订单，时间紧，任务重。在这关键时刻，机器出现故障，这家公司领导的着急程度可想而知。我们得知情况之后，立刻查询公司库存。还算幸运，公司仓库里正好有库存，于是我们立刻安排王师傅赶紧给客户送过去。"

陆经理稍加停顿，继续说道："正赶上下班高峰时间，王师傅心急火燎地赶时间，可天不如愿，王师傅的车在转弯时碰倒了一个老大爷。王师傅停下车，看到老大爷摔得挺重，便招过来一辆出租车，对出租车司机说：'这位老大爷是我不小心碰倒的，麻烦你送他到医院。我现在有急事，我把身份证押在你这儿。我办完事就赶到医院来！'边说边将口袋里的钱和名片递给了出租车司机。那司机看王师傅说得诚恳，就答应了。

王师傅终于在预定的时间将轴承送达客户工厂，之后便马不停蹄地赶到医院。这时候警察已经在医院等候了，说王师傅涉嫌事故逃逸，要追究其法律责任！事后我问王师傅，为什么不先将老大爷送到医院，再给客户送货？王师傅说：'公司给客户的承诺，也就是我们每一名员工对客户的承诺。既然作出了承诺就得一诺千金。'"

故事讲到这里，下面的听众有点入迷了，又问："这位王师傅后来怎么样？被警察处罚了吗？"

陆经理卖着关子说："我们的王师傅也来到了会场，让他来回答你的问题吧！"

一个忠厚淳朴的中年男人走上台说道："我相信好人总是有好报的，那位出租车司机出面为我作证，我留下了身份证和名片，没有逃逸。但警察还是扣了我三分，罚了100元钱！"

下面的听众如释重负地哈哈笑了起来，并响起了热烈的掌声。

┃ 招式要领 ┃

向客户宣讲公司产品，如果方法不当，难免会给人"王婆卖瓜，自卖自夸"之感。宣讲者情绪激昂，而听者索然无味。人都喜欢听故事，不是说教。如果巧用故事来宣讲公司产品，一能使宣讲内容的可信度增强，并能激发听众的共鸣；二能加深听众的记忆，激发客户的购买欲望。在实际运用中当注意以下四个要领。

要领一：讲述的故事得来源于真实的事件，不能胡编乱造。

假的东西即使包装得再好，都难免出现破绽。同样，讲述的故事不能是虚构的，否则会有欺骗之嫌。

要领二：宣讲的故事要加以演绎方能精彩，不能平铺直叙。

故事虽然是真实的，但还得进行加工，使得故事有跌宕起伏的情节，方能抓住客户。故事过于平淡，很难激发听众的兴趣。

要领三：讲故事的人与其身份相匹配。

一个人自己讲自己的英雄事迹，难免会遭致他人反感。因此，讲他人的故事，表达自己想表达的内容，方能收到效果。

要领四：故事情节与会议内容相匹配。

故事只是道具，要宣讲的是产品。千万不能是故事讲得很精彩，偏离了主题。

┃ 启示 ┃

一个生动的故事往往比系统的介绍效果更佳。讲解产品不只是想告诉客户什么，而是让客户记住什么。

| 第四十六招 |
迅速与客户打成一片，建立与客户的零距离

核心要点

(1) 不要把自己当外人，见过面的就是熟人。

(2) 多说知己的话，先向对方敞开心扉。

| 案例 |

忙碌了一天，武军有点疲惫不堪。正准备休息了，手机铃声突然想起，武军以为是小惠打来的，一看号码却发现是公司刘总。

刘总："广东 M 石化的项目进展如何？小武。"

武军："这次和我们竞争的有两家，都是国外的公司，一家是 A 公司，一家是 B 公司，我昨天去拜访了负责技术的黄总，黄总说集团的领导倾向于国外厂商，而且 A 公司几年来一直为 M 石化供货，现在我们的前景不容乐观。"

刘总："哦，那你打算怎么办？"

武军："我明天再去找黄总了解一些情况吧，暂时也没有太好的办法。"

刘总："需不需要公司这边的支持？"

武军："肯定需要。我先了解一下情况，然后再向您汇报吧。"

刘总："好的，我知道你肯定有办法。你就是我们港湾公司的赵子龙啊。"

武军："什么赵子龙啊，我看这次要变恐龙了，要被灭了，哈哈。"

第二天晚上，武军与同事小惠在越秀花园大酒店请黄总吃饭。武军与小惠搭档多年，两人配合默契。小惠虽是技术出身，对生意场上的事不甚了解，但小惠是个聪明细致的女人，在与客户洽谈中，总是静静坐在一旁，微笑着倾听，偶然插上几句，却能取得意外的效果。小惠另一优势在于对技术精通，涉及技术环节，小惠能用最简单的语言，解答客户的疑问。

黄总是 M 石化的设备副总，毕业于清华大学，还到美国读过书，技术方面在 M 石化非常有权威。武军几年前就通过一个做其他产品的销售经理与黄总相识，虽然几年来 M 石化都一直采用国外品牌，没有机会合作，但武军始终保持着与黄总

的朋友关系，逢年过节总是要去黄总家里拜访一下，隔三差五还约黄总出来吃吃饭。

吃得差不多了，武军说："黄总，这个项目我们还是希望能参与，但现在困难重重。你说我下一步该怎么办呢？"

黄总说："与Ａ公司合作是集团领导的意思，我们也没办法，而且一期项目就是Ａ厂家供货的。但国外的月亮也不比我们中国的圆多少。前天我们开会，一期项目的电气负责人说Ａ厂家的产品软件有些问题，经常死机。这新生产线试车在即，Ａ厂家的人说软件要他们本国过来的工程师才能调，而本国工程师要20天才能过来，你说急不急人？领导都发火了。"

武军突然来了灵感："小惠回国前在Ａ公司工作过三年。这点问题或许小惠就能解决。"

黄总眼睛一亮："是吗？今天我是出门遇贵人了。小惠解决问题，可是帮我大忙了。"

小惠微微一笑："我也不知道能否解决，可以试试吧！"

黄总开心地举起杯："那我先敬惠小姐一杯了，以表谢意！"

（案例下文续）

| 招式要领 |

通常与陌生人的第一次相处都会有本能的戒备心理，习惯与对方保持一定的距离。如果能打破对方的戒备心理，给对方带来亲近感和舒适感，就为后期的接触做好了良好的铺垫。要迅速与客户建立亲和力，可以掌握以下五个要领。

要领一： 只要见过面，就不是陌生人，秘诀是在需要他们的帮助之前先认识他们。

要领二： 在与客户工作沟通之前，先通过其他途径认识他。先做朋友，再做生意。

要领三： 在穿着、言辞、兴趣及生活经历中与对方找到共同点，在宽松的环境中，确定双方利益的共同点。

要领四： 在对方的工作场所或家中，不要把自己当客人；主动为对方倒杯水，能迅速拉近彼此的距离。

要领五：私下场合称兄道弟，能解除对方的戒备心理。

| 启示 |

不把自己当外人，别人就不会将你当外人。人是群居的动物，交朋友是人的天性。只有表现出足够的诚意，他人就会接纳你。

| 第四十七招 |
提升自我价值，成为客户离不开的人

核心要点

(1) 有求于客户，最好也能让客户有求于你。

(2) 帮助客户能提升你在对方心目中的价值。

(3) 多为客户做分外的事，就能让你成为他离不开的人。

| 案例 |

（接第四十六招案例）

第二天，小惠在M石化很快找出了A公司软件的问题所在，完成了重新调试，在调试中向M石化公司的技术人员演示了其软件之不足，并作了必要的修补。

因为这件事情的影响较大，几天后黄总和一期项目的技术人员一起向集团领导汇报，要求在二期项目中慎重采用国外厂商的产品和技术方案。集团领导经过讨论，决定在二期项目中采用国产产品，A厂家和B厂家彻底出局。

周末的晚上，武军给黄总打电话，了解项目的进展，黄总说："上周定下来用国产的产品之后，马上就有领导把我找过去，暗示上海华科公司的产品不错，希望让华科入围参与竞争，你们可不要掉以轻心啊。"

武军说："黄总，谢谢您的支持。我们会抓紧运作的，这个2000多万元的大项目对我们可是至关重要啊。"

上海华科公司的突然介入，让武军感到危险正步步逼近。从了解到的情况看，由于介入时间极短，华科应该只是做了上层领导的工作，招标小组这边还没有找到合适的内部教练，如果时间足够，华科会马上把上层领导的影响力向下渗透，这样就比较麻烦了。

（案例下文续）

▎招式要领 ▎

要成为客户离不开的人，就必须做到以下三点。

做一些他人不愿做的事

他人不愿做，而你心甘情愿去做，所表现出的是你的诚意和态度。事无巨细，关键是帮助客户做事能尽心尽力、全力以赴，让客户觉得你是一个勇于付出、不计得失的人。

做他人做不到的事

他人做不到，而你能做得到，所表现出的是你的能力和专业水平。面对客户遭遇到的难题，你能及时化解，让客户认识到你的价值，从而会让客户倾向于你。

做他人做不好的事

他人做不好，而你能做得好，所表现出的是你的细致和对客户的认知能力。能够精确地了解客户个性化的需求，给客户留下深刻的印象。

因此，销售工作最重要的是满足客户的需要，实现客户的梦想。帮助客户实现梦想，就能实现你自己的梦想。先予之于人，再求之于人，方能达成预定的目标。与客户的交往所展示给客户的不仅仅是常态化、别的竞争对手都能实现的价值，而更应展示超越竞争对手、超出客户期望值的价值。要达到出奇制胜，可采取如下两种策略。

故意给客户设置一些障碍，等客户束手无策时再出手

借助各种外力为客户有意制造障碍，这些障碍只有你能化解。当客户焦急万分时，你再及时出手，能让客户觉得你是一个让他离不开、值得依靠的人。

在关键时刻抛出你特殊的优惠和服务条款，给客户一个惊喜

时时准备好"杀手锏"，在与竞争对手相持不下的时候突然使出，既能打对手一个措手不及，也能给客户意外的惊喜，能打破平衡，占得先机。

| 启示 |

　　让客户离不开你，你就得比竞争对手更有价值。争夺客户的背后是与竞争对手的搏杀。要成为最后的胜利者，就必须聚集能量，实施有效打击。

| 第四十八招 |

巧妙发问，探究对方的购买策略

核心要点

(1) 了解客户选择供应商的标准。

(2) 掌握客户的决策流程。

(3) 摸清竞争对手的优劣势。

| 案例 |

（接第四十七招案例）

　　第二天，黄总突然打来电话，说："今天上午集团公司开会，二期项目可能要推迟两周招标。鉴于你们帮了我们的大忙，领导开会时表示可以把一个技改的项目先给你们做，大概200万，你们要不要做？"

　　武军说："这件事情我要和我们刘总商量一下，我明天给您回复吧。"

　　放下电话，武军马上向刘总汇报了这件事情。刘总说："我觉得这是客户放出的一颗烟幕弹，为的是让我们转移视线，放弃竞争，一旦我们接下这个小项目，就很可能给上海华科以可趁之机，他们就会在项目延期招标的过程中运作各个层面的关系，抢走本次招标的大项目。"

　　武军："我也是这么想的，华科这一招障眼法十分阴险。"

　　刘总："这样吧，我明天飞广州，我们要抓紧运作这个项目，否则夜长梦多。"

　　当天晚上，刘总约黄总吃饭，席间刘总与黄总相谈甚欢，并明确表示放弃小的技改项目，全力以赴准备运作大项目。看到刘总态度十分坚决，黄总也增添一份信心，他表示一定会全力以赴支持港湾公司。

刘总: "华科公司也是我们的老对手了, 我们都比较了解, 他们的长处是核心技术是德国的, 产品品质稳定, 短处是他们原来主要以做电站项目为主, 对石化行业的需求并不熟悉, 业绩也较少。去年他们做过一个山东的石化项目, 由于系统设计有些问题, 到现在设备还不能稳定运行, 经常会出现一些问题。"

黄总: "是吗? 这样啊, 我有个同学正好在山东石化系统, 我回头向他侧面了解一下。"

回宾馆的路上, 武军对刘总说: "您可够神的, 华科这件事情我都不知道, 这下我们就有希望了。"

刘总微微一笑, 说: "许他们放烟幕弹, 就不许我们就釜底抽薪? 做我们这一行, 光了解自己的产品是远远不够的, 为了在竞争中获胜, 你必须要对竞争对手了如指掌, 包括对手的长处和短处。"武军不禁暗自佩服刘总高超的谋略。

几天后, 黄总给刘总打来电话, 说经过详细了解, 确实发现华科的产品和技术不能满足石化行业的要求, 他会在投标的时候重点关注这件事情。

两周以后, M 石化二期项目电气自动化系统招标, 港湾公司、上海华科公司和其他几个国内厂商参与投标, 在现场答疑时, 黄总手下的一位工程师提出了华科公司实施的山东石化项目的故障问题, 令华科公司的人措手不及。经过评标, 最终港湾公司以 2480 万元的价格顺利中标。

| 招式要领 |

能探究出对方的策略, 就便于我们拟定下一步的应对策略。但客户往往会将供应商摆在对立面, 尤其在初期的商洽和谈判解决阶段, 不会暴露出自己真正的意愿, 这就需要销售人员在与客户交谈中探究其购买策略。

探究客户对产品采购的心理价位, 为我方进行产品报价提供依据。通常采取的方法有以下三种。

(1) 故意高报价格, 试探对方的反应。销售人员故意向对方虚报一个较高的价格, 对方自然会提出异议。于是问对方: "你认为什么样的价格比较合理呢?"以此来摸清对方的心理价位。

(2) 通过项目的投资预算或客户产品的价格定位及其各项费用来推算客户的采购心理价位。客户采购的产品在其生产成本中都应占一个合理比例, 了解客户的产品定价或项目的总投资预算，能大致推算出其心理价位。

（3）了解竞争对手的报价情况，来推算客户的心理价位。客户对价格的敏感度往往受其他竞争对手的影响。如果我方的报价高出对手过多，会导致客户改变决定。因此，产品报价时，应参考对手的报价情况。

在向客户报价之前，探明竞品的报价可以帮助我方知道合理的产品报价。了解竞品的报价一般有三种途径：

（1）通过内部教练侧面了解竞品的报价；

（2）调查竞品在类似项目的通常报价，以平均数来推算竞品的报价；

（3）对竞争对手的生产制造成本及管理成本进行估算，推算竞品的报价。

销售工作从某种意义上来说是与对手赛跑。能否领先对手一步，直接决定着工作的成败。密切关注客户内部决策人对竞品的态度，便于我方分析敌我态势，拟定下一步策略。了解客户内部的决策人对竞品的态度的基本方法有如下四种。

（1）利用内部教练去了解。内部教练利用其有利的职位便利或与决策人的特殊关系，在客户内部会议、日常交往中了解决策人对竞品的态度，能获得第一手真实的信息。

（2）从侧面去试探。在与客户决策人沟通中，有意讨论一些竞品的经营和市场运作状况，看看决策人的反应。

（3）通过第三方去试探竞品销售员的口风。第三方与竞品没有直接冲突，其与竞品销售员交流中能让对方放松警惕，泄露出一些真实情况。

（4）通过与决策人关系比较密切的人了解其对竞品的态度，如决策人的朋友、亲属、家人等。

| 启示 |

知彼知己，方能百战百胜，探究客户的购买策略，了解竞品的优劣势和客户决策人的态度，方能制订出针对性的策略。瞄准目标，应对得当，方能收到奇效。

| 第四十九招 |

增强个人魅力，成为客户想见的人

核 心 要 点

(1) 对客户的每次拜访都作精心准备。

(2) 与客户的每次相处都能让人心情愉快。

(3) 与客户的每次沟通彼此都能有所收获。

| 案例 |

某房产公司总裁任总，年轻的时候只是农村里的一个油漆匠，以走家串户为生，借改革开放的春风，从包工头起步，到创建房产集团公司，拥有资产上百亿元。

该房产公司新投资建造一幢36层的高档写字楼，某高级座椅公司的营销总监姜伟想得到这幢大楼的座椅订货生意。于是，他与负责大楼工程的建筑师通了电话，约定拜见任总。

会见任总之前，那位好心的建筑师向姜伟提出忠告："虽然你很想争取到这笔生意，但我还是要告诉你，要是你占用的时间超过5分钟，那你不会再有一点希望。他是说到做到的，他很忙，因此，你得抓紧时间把事情讲完。"

进入任总的办公室时，姜伟看到，任总正伏案处理一堆文件。过了一会儿，任总抬起头来，说道："你有事吗？"

建筑师为他们彼此作了介绍，然后，姜伟满脸诚恳地说："任总，我真的很喜欢您的办公室，假如我能有这样一间办公室，那么即使工作辛苦一点我也不会在乎的。我从事的是房子内部的木建工作，但我之前还没有见过比这更漂亮的办公室呢。"

任总回答说："这间办公室很漂亮，是吧？当初刚建好的时候我对它也是极为欣赏。可如今，我每来这儿总是盘算着许多别的事情，有时候甚至一连几个星期都顾不上好好看看这个房间。"

姜伟走过去，像抚摸一件心爱之物那样，用手来回抚摸着一块镶板："这是英国的栎木做的，对吗？英国栎木的组织和意大利栎木的组织有点儿不同。"

任总说道："是的，这是从英国进口的栎木，是一位专门同细木打交道的朋友为我挑选的。"接下来，任总带姜伟参观了那间房子的每一个角落，他把自己参与设计与监造的部分一一指给姜伟看。他还打开一只带锁的箱子，从里面拉出他的一叠照片，向姜伟讲述他早年创业时的奋斗历程。

任总情真意切地说到了孩提时家中一贫如洗的惨状，说到了母亲的辛劳，说到了那时想挣大钱的愿望，讲到了怎样没日没夜地在小村庄中给人油漆家具、门窗，等等。

"我回老家的时候总会买几把椅子运回家中，放在我的玻璃日光室里。可阳光使之褪了色，我就进城买一点漆，回来后自己动手把那几把椅子重新油漆一遍。你想看看我漆椅子的活儿干得怎么样吗？好吧，请上我家去，我们共进午餐，饭后我给你看。"当任总说这话时，他们已经谈了两个多小时。

吃罢午饭，任总给姜伟看了那几把椅子，那是农村最传统的椅子，每把椅子的价值只有一二百元，但任总却为它们感到自豪，因为这是他亲自动手油漆的。对任总如此引以为荣的东西，姜伟自然是大加赞赏。

时间过得很快，当夜色降临的时候，姜伟告辞了。任总依依不舍地说："有时间多过来坐坐，今天是很开心的一天。"有了任总这句话，姜伟时常到任总的办公室坐坐，闲聊中就将座椅的生意搞定了。

| 招式要领 |

客户想见到你，一般都取决于如下四方面的原因：一是客户经常惦记着你，你是一个让他喜欢的人；二是每次与你相处都能有所收获，你是他的"幸运神"；三是每次与你交谈都心情舒畅，你是一个"开心果"；四是你总能帮客户解决难题，你是他的"及时雨"。成为客户想见的人，那就意味着你与客户建立了比较融洽的关系，这为销售工作的推进奠定了坚实的基础。要让客户总想见到你，应做好如下五点。

总是谈一些对别人有用、有帮助的内容

在拜访客户之前做了精心的准备，知道客户最关心什么，想了解哪些资讯。在每次与客户的交谈中，你总是谈一些对他有用、有帮助的内容，让对方觉得

与你的交谈不是在浪费时间，而是挺有收获。

在谈话中总会让别人感到神采奕奕

在客户交谈中，你都能给人容光焕发，神采奕奕的感觉。良好的精神面貌能激发对方的兴致，融洽交谈的气氛，并给对方以愉悦感和满足感。

与人见面一定要能学习到新知识、新的资讯

始终抱着谦顺、低调的心态，诚恳地向人求教，拜人为师，能给对方以成就感。人人都有与人为师的欲望，只要你放下身段，就能博得对方的喜爱。

与别人的兴趣、爱好相同

找到与对方兴趣、爱好的共同点，一起谈论共同感兴趣的话题，组织一些对方喜欢的活动。让对方将你引为知己，有惺惺相惜的感觉。

整个相处过程都非常有趣，感觉愉悦开心，氛围轻松愉快

让自己成为一个有幽默感的人。幽默是智慧的结晶，诙谐幽默的语言是人际交往的润滑剂。始终让交谈变得有趣，就能让对方愉悦开心。轻松愉快的气氛便于双方达成共识。

| 启示 |

（1）幽默不等同于用粗俗来做标签。

（2）知识是结交更多人脉的基础。

（3）没有陷入绝境的工作，只有陷入绝境的人。

| 第五十招 |
眼中有活，从小事做起

核心要点

（1）建立与客户的信任关系，当从细节做起。

（2）能做好小事者，方能成大事。

（3）做事不在于体现做事的能力，而在于表现出的做事的态度。

| 案例 |

小赵出差到某市拜访某建筑工地，该工地在偏远的城乡结合部。等小赵赶到目的地时，已是中午，项目部相关人员都去吃午饭了。小赵无奈地坐在传达室里等待。天有不测风云，突然刮起了大风，眼看一场大雨就要来了。小赵发现工地上一位60多岁的老大爷正在用雨布遮盖堆在露天处的水泥。风刮得很大，大爷吃力地拉着沉重的雨布忙碌着。

工地上空无一人，雨点已开始滴落下来。小赵放下包冲了过去，拿起地上的雨布帮着老大爷盖在小山似的水泥堆上。有了小赵的帮忙，工地上的水泥很快遮盖好了。大雨倾盆而下，小赵搬起石块压在雨布上。一切搞定，小赵已经浑身湿透了。大爷连声感激，将小赵领到屋内。大爷给小赵倒上一杯热茶问道："小伙子，你是哪个部门的？"小赵回答道："我是一家建材公司的，今天过来拜访王总！"大爷问："哪个王总？"小赵回答道："就是项目部的王大发总经理，他正好出去吃饭了！大爷，您认识王总吗？"大爷哼了一声说："我认识他好几十年了！我给他打电话，让他马上回来！"说罢便拨通了王总的电话训斥道："大发呀！你又到哪里去了？这么大公司就丢给你老爹一个人。下了这么大的雨，也没人帮我。那几十吨水泥你还要不要？赶快回来吧！有人在等你呢！"小赵听得目瞪口呆。原来这位大爷是王总的父亲。大爷回头对小赵说："小伙子，他一会儿就回来。等会儿我陪你去找他！"

小赵今天的拜访无疑收获颇丰。

| 招式要领 |

每一个事业心很强的销售人员都有一个显著的特点：做事勤快、头脑灵活。一个勤奋好学的人总能赢得众人的好感。因为他们乐于帮助别人。乐于助人的销售人员都明白一个道理：施恩于人就是积累人脉，就是在往自己的情感账户上储蓄财富。要成为一个眼中有活、勤于做事的人，应建立、坚守如下四个基本原则。

关心他人，换位思考

要取信于客户，就得将自己当做客户企业的一分子。客户的事就是你的事，竭尽所能去做有益于客户的事，方能获得客户的信赖和支持。

乐于做事，不计得失

主动并且心甘情愿地去帮助客户做事，为客户付出越多，得到的回报就越大。做事不在于事情本身，而在于你为人的素养和做事的风格。

信守承诺，言而有信

信任来自于信守承诺。答应客户的事不仅要主动去做，而且要做得超出客户的预期。人品不是靠嘴巴说出来的，而是靠点点滴滴的行为堆积起来的。想着去糊弄客户，最终糊弄的是你自己。

诚恳正直，稳重可靠

销售人员做事先得学会做人，一个秉性不端的人是很难取得佳绩的。为人诚恳正直，稳重可靠方能让客户安心，客户才能将生意交给你去做。

| 启示 |

销售靠的并不是"忽悠"，而是踏踏实实的行动；为客户做好点点滴滴的事，才能取信于客户。

| 第五十一招 |

合理的报价，实现企业利益最大化

核心要点

(1) 产品报价是建立在产品价值基础之上的。

(2) 产品报价应综合对手的报价情况，让公司产品保持竞争力。

(3) 产品报价既要使公司利益最大化，又要在客户的心理价位范围内。

| 案例 |

某软件企业与一家钢材企业在价格的谈判上产生了巨大的分歧。

客户说道："你们报出的价格超出了我们的预期，这个价格是我们无法接受的。其他软件公司也在报价，比你们的价格低了许多！"

销售人员说："我们先不谈报价，贵公司对我们的软件方案是否认同呢？"

客户说："方案确实不错，但就是你们的价格太高了。"

销售人员说："贵公司发展至今，一直呈高速发展态势，贵公司有些员工或许有疑问：我们公司没上管理软件，企业依然经营得有声有色，上管理软件，不是劳民伤财吗？但贵公司高层领导却能高瞻远瞩，为企业长远发展计划，还是要上管理软件。因此，管理软件不仅仅是一种投资，更代表着贵公司管理理念的飞跃。管理软件对公司而言，其价值主要体现在能否帮助贵公司完成管理水平的提升。如果真能有效地降低10%以上的管理费用，其价格虽然高一些，对贵公司而言都是值得的，对吗？"

客户不服气地说："你们公司软件价格确实比其他公司高出了许多！"

销售员说："是的！我们的价格是比同类公司高，那是因为我们给客户带来的利益高。您要是买股票，是选择价格低的买，还是涨幅最高的买？我想你一定会选择涨停板的股票，因为它能让你受益更多。我公司的产品就是涨停板的股票！"

客户坚持道："我们也认定贵公司的软件更适合我公司，如果贵公司的产品能优惠一点的话，我们就能签合同了。"

销售人员说："只要贵公司出价合理，我们是可以考虑的。你认为什么价格合理呢？"

| 招式要领 |

根据竞品的报价情况，可采取以下四种报价策略。

最大期望利润法

如果已获得客户高层的支持或获得客户内部大多数决策人的支持，人脉关系良好，可采取最大期望利润法，以获得期望的企业利润。

典型竞争对手法

均衡与竞争对手的产品价值及人脉关系，如果略胜对手一筹，就以贴近对手的价格进行报价；如果不如对手，可采取略低于对手的价格进行报价。

平均竞争对手法

如果难以摸清对手的报价，可以综合对手在其他项目的报价加以平均，来计算出对手的可能报价，以此作为我公司的产品报价。

最低报价法

如果在产品价值或人脉关系上明显不如竞争对手，就采取较明显低于竞争对手的价格进行报价。

| 启示 |

产品报价应平衡本方优势和竞争对手报价两方面因素，在确保拿到订单的基础上实现公司利益的最大化。

| 第五十二招 |
谈判是妥协的艺术，以双赢为最终目标

核心要点

(1) 敢于坚持，不作无条件的让步。

(2) 谈判是妥协的艺术，每一次让步都很艰难。

(3) 用备忘录的形式来固化谈判的成果。

| 案例 |

三日后，A公司与B公司将举办签约仪式，A公司将签约仪式安排在下午1点举行。B公司高层领导将参加签约仪式，A公司安排总经理约翰参加。A公司具体负责人李工已经将标准的合同文本快递给B公司。

B公司给李工打了电话，约他三日后的上午就合同的细节再商讨一下。李工想都没想就同意了。B公司特意安排了市场部的王经理和大客户管理部的蒋经理参加。

三日后，双方准时来到项目部的会议室，简单地作了寒暄就切入正题。王经理严肃地说："合同确定的变频器是定制的，依据我公司的规定，贵公司得支付30%的预付款。这条应写入补充条款内！"李工挠挠头说："我们以前从来没有这个规矩，似乎有点难！"。王经理打着哈哈说："贵公司是纳税大户，最不缺的就是钱，否则，我公司这块儿蛮难过关的！"蒋经理插话道："我们外资企业都有些死规定，定制化的产品必须收到30%的预付款后，工厂才开始组织生产。老外都认死理，实在没办法！"李工苦笑着摇摇头说："你们这是在为难我了！"蒋经理接话道："我们也知道让李工为难了，真不好意思。李工，你看是否与贵公司刘总商量一下？可不能耽误下午的签约哦！"李工无奈地说："好吧！"便走出了办公室。

大约十分钟后，李工走进来，一脸的轻松："刘总同意了，就依你们的要求，合同签订十日内支付30%的预付款。不过贵公司得安排专业的技术工程师负责安排施工安装，并且能将质保期延长至两年！"王经理故作为难地看了看蒋经理，蒋经理想了想说："延长质保期没问题，但质保金的期限不能变，只能是一年。我

们免费服务两年！"李工想都没想说："那没问题，不会差你们钱的！"王经理开玩笑道："到底财大气粗呀！"大家呵呵笑了。

双方很快在其他条款上达成了一致，拟了一个补充条款。A公司李工让刘总过了目就通过了。

下午，双方举行了隆重的签约仪式。双方作了总结性的报告，将这次合作定义为强强联合。

| 招式要领 |

谈判的五大策略如下。

策略一：牵住对方的鼻子

积极的引导，其实只要做好两件事即可：

（1）真诚地理解对方所说的一切，并从对方的角度去看待问题；

（2）用心交流，找出双方都能接受的折中方案，迅速达成共识。

牵住对方的鼻子，先确立我们的最终目标，再运用这样的方法，如引出话题、学会提问、感同身受等，最终把对方的思路或语言引导到我们需要的方向上来。

策略二：把刺猬抛给对方

异议比客户发问更像刺猬，比较不好拿捏。所以，最好还是继续运用反问的方法去解决。当然，我们的目的不是要把什么东西都推脱掉，而是要找到一种良好的方法，有效地化解异议。我们针对他人提出的异议，可以提出一些问题，做一些督促和引导，用以获得对方的真实想法。

策略三：用真诚去打动客户的心

如果你想在谈判桌上获得你想获得的利益，那就请你为你未来的客户带去他需要的一切。这就是谈判中的"黄金定律"。其内容是，你想别人如何对待你，你就要首先如何对待别人。

我们要获得别人的支持，就必须先去替别人着想，给予别人力所能及的支持，至少是作出关心别人的行动。用真诚去打动客户的心，这是贯穿于谈判始终的灵魂。

策略四：不做无条件的让步

谈判是双方利益的博弈，既然是谈判，那就一定会有分歧，既然有分歧，就必然需要双方在相互妥协中找到利益的共同点。因此，谈判的过程就是双方妥协、让步的过程。但既然妥协、让步是双方的，那每一次让步都是有条件的。

策略五：付款方式比价格更重要

在与客户的谈判中，付款方式有时候比价格更重要。资金周转的速度会影响到企业的正常经营，快速回款能减少合作的风险。

| 启示 |

谈判关乎着企业的切身利益，应当斤斤计较、寸土必争。切忌：为了急于签订合同而答应客户一些苛刻的条件。

| 第五十三招 |

打破谈判中的僵局，化解谈判中的阻碍

核心要点

(1) 当谈判陷入僵局，可适当调整谈判策略。

(2) 暂时搁置争议条款，让谈判进程继续。

(3) 如果谈判现场出现搅局者，不妨更换谈判人员。

| 案例 |

王大嘴参与了某钢铁企业的谈判，双方在付款方式上争执不下。王大嘴要求对方的首付款为项目总金额的30%，而对方只答应首付10%。最为关键的是对方要求质保金为10%，而王大嘴公司有明文规定不得超过5%。涉及敏感的付款条款，双方都不愿意轻易让步，谈判陷入了僵局。

王大嘴环顾四周，突然惊讶地说道："你们看窗外，桃花已经盛开了。一朵朵多漂亮呀！"双方人员都转头看向窗外。钢铁公司设备部吴经理自嘲道："我们进进出出，一个个都没注意到，真是可惜了这满眼春色呀！"

王大嘴趁机说道："各位，我们一个个都筋疲力尽的，我们就不要在这较劲了。我们出去走走，欣赏欣赏美丽的风景，说不定我们都能交上桃花运呢！"

大家哄堂大笑起来，纷纷离座，来到厂区花台前欣赏着花白相间、娇艳欲滴的桃花，闻着阵阵幽香。大家的精神顿时振作了许多。

王大嘴不失时机地建议道："各位，我们就别回那郁闷的会议室了。我们各退一步，首付款依据贵公司的规定为 10%，质保金就依据我公司的规定为 5%。我们不要辜负了这美好的景色。"

吴经理赞同道："就这么定了吧！"

┃ 招式要领 ┃

如果双方的谈判就某一条款争执不下，都不愿意妥协，谈判陷入了僵局，为了不伤害双方的感情，导致谈判终止，可采取如下策略。

改变场所

如果双方都比较疲劳，就暂时休会，调换谈判场所，择日再谈。既然对方的态度比较强硬，咄咄逼人，何不避其锋芒，换个新场所？缓解对方的心情，或许有新的突破。

缓解紧张气氛

如果再争执下去，会影响到双方的感情。此时可以建议休会，使紧张的气氛得到缓解。让双方激动的心情平息下来，寻求达成共识的方式与途径。

看看在资金上面有没有可能做些变动

如果双方争执的焦点集中在供货价格上，可以先将争议暂时搁置，看看在付款方式上能否作出让步，如果对方可以现款现货，不妨在价格上作较大的让步。

探讨一下同对方共同承担风险的方法

当谈判在价格或者付款方式等关键环节出现较大的分歧时，不妨先将分歧暂时搁置，与客户探讨如何来共同承担风险。

例如，销售员："贵方把价格压得这么低，已超出了我方的生产成本，按照贵方的要求生产出的产品的质量很难保证。如果贵方坚持这个价格，是否可以在合同中注明，如果产品质量出现问题，我方不承担相关责任呢？"

试着改变谈判室里的气氛

与客户谈判中，如果谈判室的气氛过于紧张严肃，就需要进行适当调节。经验丰富的销售人员都明白，如果对方抛开人脉关系，纯粹是公事公办，本方最终可能会吃亏。作为买方，相对强势，除非卖方公司的产品是"武大郎开店，独此一家"。因此，不要把谈判室的气氛弄得过于紧张，毕竟还需要以个人情感和人脉关系来左右谈判的局势。

改变谈判团成员，带来一个第三者

如果对方谈判小组中，可能有我方的反对者，始终围绕一些细节问题不依不饶，甚至故意刁难，难以取得理想的结果。不妨建议休会，在谈判成员中增加新的人员，以便化解反对者的责难。

| 启示 |

谈判出现僵局，往往是因为准备工作不到位，或者对客户内部的变故察觉不清。不妨调整策略、缓解气氛，赢得重新起航的机会。

| 第五十四招 |

审核合同条款细致，杜绝合同中的漏洞

核 心 要 点

(1) 风险无处不在，当小心防范。

(2) 将工作做在前端，不要事后补救。

(3) 多长个心眼，防人之心不可无。

| 案例 |

某变压器销售部的孔经理拨通了X市供电局所属工贸公司姜总的电话，小心翼翼地说道："姜总，去年八月份的那批变压器的货款早就到期了。我公司老总都催我好几次了。还得麻烦你过问一下，尽快将这笔款付了。"

姜总想了想说道："孔经理，真不好意思。那批款现在还付不了。供电局还没将那笔款付给我们呢。你也知道，政府机关的办事效率慢得很，你再等等吧！"

孔经理有点急了："我们是供货给你们的，合同上写明货到三个月内付款，可现在已经过了半年多了。供电局不付款给你们，也能成为拖欠货款的理由呀！"

姜总慢悠悠地说道："孔经理，你别急呀。你可能没看清合同条款。合同条款上是这样写的：乙方货到验收合格后，甲方三个月内收到供电局的货款后全额支付货款。我们是严格按照合同办事的。我没收到供电局的货款，怎么能支付给你呢？"

孔经理顿时蒙了，拿出合同仔细一看，果然像姜总说的那样，方知自己疏忽了。

| 招式要领 |

付款风险

客户往往为了拖欠货款，会在付款条款中写入模糊的字眼。比如，货到后付款，而没有具体的付款期限；产品验收合格后付款，却没有产品验收的具体时间等。

产品质量风险

合同中未标明产品质量的具体标准、具体验收人，或封存的样品要求过高，公司批量化生产难以完全达到样品标准。

违约条款风险

合同中提出苛刻的违约条款来约束我方，而对方违约，我方却没有追究的手段，如乙方延期交货将承担甲方的损失等。

质保金风险

与施工单位所签订的合同，施工单位的流动性强、倒闭、法人代表更换等都可能带来质保金风险。

合同责任人的风险

某些建筑单位为逃避责任，往往用他人的名义注册公司，应当认真审核签约方法人代表的真实性。

| 启示 |

防范风险是为了避免公司遭受损失。口说无凭，立据为证。在合同中约定双方的权利和义务，能避免不必要的麻烦。

第四章

客户服务的成功要素：
标准化、等级化、个性化

销售无止境，成功签单只是销售工作的一个起点。履行承诺，取信于客户是所有企业和销售人员的必守准则。客户的态度决定着企业的明天，而客户的态度取决于产品和服务。

服务的价值：

(1) 服务能为我们带来源源不断的订单；

(2) 服务能提升销售人员及产品的价值；

(3) 服务有助于积累人脉，提升合作关系；

(4) 服务能提升品牌效应，确立行业地位。

服务的核心要旨：

(1) 承诺的事提前做；

(2) 未承诺的事尽力做；

(3) 客户的事当自己的事来做。

销售无止境，成功签单只是销售工作的一个起点。履行承诺，取信于客户是所有企业和销售人员的必守准则。客户的态度决定着企业的明天，而客户的态度取决于产品和服务。

服务的价值如下。

服务能为我们带来源源不断的订单

优质的客户是一座挖掘不完的金矿。只要不断提升和维系好客户关系，就能给你带来源源不断的订单。提升和维系客户关系的主要手段就是服务。服务是销售工作的重要内容，也是体现销售人员能力和素养的一个核心标准。

服务能提升销售人员及产品的价值

在工业品销售中，售后服务尤为关键。优质的服务能打消客户的后顾之忧，降低客户的损失，并能进一步融洽与客户的关系，提升客户的信任度和安全感。因此，服务能提升公司产品的价值，树立客户对企业的认同感和满意度。

服务有助于积累人脉，提升合作关系

服务有助于销售人员在客户中建立起良好的个人形象，通过与客户的良好关系来不断延伸自己的人脉。服务能加强与客户关键决策人的感情交流，提升公司在客户心目中的地位，并进一步提升与客户的合作关系。

服务能提升品牌效应，确立行业地位

服务能扩大和提升企业产品的品牌形象，通过服务来不断加强客户的满意度和忠诚度，通过良好口碑的传播来提升企业的品牌效应，确立公司在行业中的领先地位。

服务的核心要旨如下。

承诺的事提前做

兑现承诺，是服务的基本要求。向客户承诺的事必须百分之百地履行。守信是取信于客户的基本条件。对客户承诺的事更要主动去做、提前去做，做得超乎客户的预期，方能让客户满意。

未承诺的事尽力做

一切以客户为核心，拥有稳定的客户群是企业的最大资源。因此，即使未承诺于客户的事，也应该尽其所能去做。为客户服务是企业的义务，也是企业经营管理的重要内容。

客户的事当自己的事来做

客户与企业之间是利益共享的联合体，客户的事就是我们自己的事，急客户所急，想客户所想，方能巩固和提升客户关系。

| 第五十五招 |

将难缠的客户当做最好的老师

核·心·要·点

（1）将难缠的客户当做磨刀石，越磨越锋利。

（2）既然客户难以选择，何不坦然面对？

（3）难缠的客户在给你上一堂生动的课，就将他当做你的老师。

| 案例 |

小赵闷闷不乐地回到经营部，经营部张经理见小赵情绪不高，忙问道："小赵，遇到什么事了，怎么情绪不高呀？"

小赵苦笑道："今天一早去江城项目部，遭遇了一连串不顺利的事。先去了工地，王工一见面就是抱怨：刚收到的那批外墙砖色差大，外观质量不过关。我仔细看了那批产品，不同批次的产品确实有色差，但也没王工说得那么严重。我陪着笑脸说了许多好话，王工还是不依不饶地要求退货，我好不容易才把事情摆平。下午我又去客户采购部结算上笔货款，会计让我找财务经理签字，财务经理又让我去请示财务总监，财务总监让我找总经理签字。再去找总经理，谁知道总经理出差了，一周才能回来，又是白跑了一趟。这家客户付款信誉差，对产品又挑剔，真是难缠。"

张经理对江城项目情况比较了解。这家公司是当地的老牌房地产公司，内部人际关系非常复杂。小赵接手这个项目时间不长，难免会被处处刁难。他正色说："小赵，江城房产项目的情况我还是略有了解的，客户好与坏我们无法把握。我们总不能因为客户难缠就不与其合作。作为一个合格的销售人员，就得学会与各种类型的客户打交道。小赵，你入行时间不长，你就得将难缠的客户当做最好的老师，你要好好学习如何才能与他们打好交道。哪天你能将与难缠客户的关系处理得得心应手，那就真正毕业了。"

| 招式要领 |

销售人员难以依据自己的标准去选择客户，遇到刁蛮难缠的客户不能逃避，只能用一种良好的心态去面对他们。客户之所以难缠取决于如下原因：①当买方市场占据主导，经销商就处于强势的地位，往往会将本应自己承担的责任转嫁给供应商；②客户内部各部门之间存在着各自不同的利益点，为强调本部门的重要性和权威性，会人为设置障碍；③客户单位的相关人员故意刁难。面对难缠的客户，可采取以下五个策略。

用谦和的态度进行有效沟通

与客户相关责任人沟通的过程，也是相互了解、加深感情的过程。客户难缠的原因在于相互间关系不深，缺乏交流。

敢于坚持原则，不作无条件的退让

该坚持的时候必须坚持，过于软弱，会遭受客户更多的刁难。

找出根源，化解矛盾

了解客户刁难的真正原因，有的放矢，予以化解。

善待基层人员

与客户的基层人员进行必要的感情交流，给予必要的尊重。宁得罪君子，不得罪小人。越是基层人员，对其态度越要热情。

态度第一，做事第二

面对客户的刁难，不厌其烦、热情周到的态度是第一位的，用态度去感动对方。

| 启示 |

销售工作凭借的不但是热情和勤奋，更需要耐心和毅力。客户既然是我们服务的主体，就不要轻易责备客户，而应高标准要求自己。做好自己，方能鼎立于天下。

| 第五十六招 |
客户的抱怨是神圣的语言

核心要点

（1）客户的抱怨是给我们敲的警钟，说明我们工作有不到位的地方。

（2）面对客户的抱怨得多多反省自己工作的不足，方能改进提升。

| 案例 |

小丽是公司市场部的服务专员，每天都会接到客户的各种抱怨。一早刚在办公桌前坐下就接到了浙江某经销商的电话："你们公司怎么搞的？刚发货的那批刀具都没有涂层，幸好我们业务员仔细，没将货发给客户。以后谁还敢用你们公司的产品？"未经过涂层工序就入库，似乎不太可能，小丽也未争辩，耐心地说道："李总，你别着急。我马上核实一下，十分钟后给你答复！"李总心里还是不痛快，忿忿地说："你得快点，客户等着这批货呢！"小丽柔和地回答道："好的，我尽快！"说罢，小丽打开电脑查找出李总的订单后发现：该客户所订的产品品类按照公司的生产工艺是不需要涂层的。这显然是填错了客户订单。于是，小丽立刻将此事汇报给综合服务部的黄经理。黄经理立刻与浙江经销商李总进行了沟通，确认是李总公司的报单员填错了订单。黄经理也没追究是谁的责任，答应立刻重新组织货源，将李总所需的品类产品用特快发过去，先保证终端用户的供货，李总再将那批未涂层的刀具退回公司。

第二天，公司部门经理的例会上，黄经理将此作了通报后说："经销商报错货，固然是他们自身有错，但从另一个角度来看，我们提供给客户的产品订货单标志不清晰，容易让对方混淆，以后对那些没有涂层的刀具要标志清楚，以防混淆。经销商的员工比较不专业，对我公司产品也不是很了解。"

黄经理的建议得到大家的一致认同，市场部立刻组织人员，对公司的产品订单表重新进行了修正。

| **招式要领** |

随着企业的发展，客户数量的增加，难免会有产品品质、工作质量不到位的地方。来自客户的抱怨总是免不了的，有些抱怨未必是我方的责任。面对这些抱怨，我们该以什么样的心态去面对？具体工作中应当注意以下四个要领。

面对客户的抱怨，不要争辩到底是谁的责任

客户抱怨总是公司产品给其带来了问题，处理抱怨的核心在于如何解决问题，而不是要界定谁对谁错。

面对客户的问题，要找出根源

出现问题，当追究一下，为什么会出现这类问题，如何才能杜绝这类问题的发生，这样才能有助于我们工作质量的提升。

处理客户的抱怨，态度最重要

客户抱怨的问题有大有小，但不管问题大小，总需要双方配合方能化解。因此，作为一线销售人员，应当有良好的态度和平和的心态。

应多审视自身，多找自己的不足

销售人员必须明白服务是销售工作的重要核心内容，服务的核心含义是将困难留给自己，将方便留给客户。客户有抱怨，就说明我们的工作还有需要改进的地方。审视自身，才能有利于自己的进步。

| **启示** |

别将客户的抱怨当做负担和包袱，这是提升我们服务能力的推动器。客户的抱怨不管是否合理，都应反思一下我们的工作是否有不尽如人意的地方。不断找出差距，才能有效提升服务质量。

| 第五十七招 |
包里常备小礼物

核心要点

（1）时常给客户送点小礼物，能拉近彼此的距离，融洽相互间的关系。

（2）礼物不在于大小，关键是表达你的一份心意。

（3）你想让客户心中有你，你必须首先心中装着客户。

| 案例 |

王大嘴不管走访到哪一家客户，都是最受欢迎的人。他的秘诀就是手中常拎着一个大大的包，被喜欢他的人称为"杜十娘的百宝箱"。

某日一早王大嘴来拜访某客户，刚走到前台就看到前台接待小丽在接电话，办公桌旁边放着未吃完的早餐。王大嘴便笑道："小丽，每天工作都这么繁忙，真是辛苦你了。早餐也未来得及吃，工作要做，身体也很重要。我这里有块巧克力，先垫垫肚子。"说罢便从包里拿出了一块巧克力递给小丽。小丽开心地连说谢谢。

王大嘴走进技术部，见王工正忙着泡茶，便欢快地笑道："王工，今天你有口福了。我这里有刚上市的新茶，还没来得及喝呢，我们一起尝尝！"说罢便拿出一小包茶叶。王工开心地说："好呀！听说新茶上市了，我没来得及买呢！今天沾沾你的光！"

一旁的成本核算员小红调皮地说道："王经理，你请王工喝茶，请我喝什么？"王大嘴哈哈笑道："我知道小红喜欢喝咖啡，包里正好有一位朋友从国外带回来的咖啡，就不知道合不合你的口味了！"说罢便拿出几包咖啡。小红乐道："你王经理的东西一定错不了！"

走进财务室，一帮女孩子见到王大嘴都开心地围了过来嚷嚷道："王经理，这次给我们带什么好吃的东西了？"王大嘴故意苦着脸说："你们这帮美女的品味太高了，我带的东西怕你们不喜欢。"女孩子们说道："你怎么知道我们不喜欢？拿出来看看嘛！"

王大嘴从包里拿出一盒糕点说："这是我们老家的特产，不值钱的，你们可不要说不好吃哦！"一位女孩接过糕点迫不及待地打开说："我肚子正饿着呢，我先尝尝！"其他女孩围过来各拿一块吃了起来。

┃ 招式要领 ┃

让他人喜欢上你，你就得去真心关心他人。销售人员的工作就是与人打交道，会接触到不同类型、不同性格的人，人性最相通的特征是希望得到他人的重视和认同。时常给所接触的人带点小礼物，能博得他人的喜欢。礼物不在于大小，关键在于表达出你的心意。在这个环节中应当注意以下四个要领。

根据每天拜访客户时接触的相关人员，准备一些针对性的礼物

礼物不在于价值多少，在于你心中记得对方，因此，礼物要贴近对方的喜好。

关注那些基层小人物，以感情投资为主，淡化利益关系

越是基层人物，越是在意他人对自己的态度。送些小礼物的目的在于融洽关系，作感情投资，功利性不需要过强。

送礼时顺其自然，不留刻意的痕迹

送些小礼物一般都是在公众场合进行的，自当契合当时的环境，顺其自然，不要表现出刻意送礼的痕迹，以免客户领导反感。

小礼物别送给客户公司的高层领导

如果没有客户高层领导的特意要求，一般不宜给高层领导送小礼物，但可以送给高层领导身边的人。

┃ 启示 ┃

人不分职务高低、年龄大小，都有被人重视、被人尊敬的渴望。时常给客户内部相关人员送点小礼物，能在客户内部建立一批你的坚定拥护者。时常在情感存折上增加一些投入，你总会获得更多的回报。

| 第五十八招 |
小人物更需十二分尊敬

核心要点

（1）别忽略了客户内部的小人物，他们将来或许会成为大人物。

（2）小人物有时成事不足败事有余，不让他们坏你的事就是对你最大的帮助。

（3）越是小人物，往往越渴求他人的尊敬。给予他们一分，或许能换得十分回报。

| 案例 |

某中小企业的董事长长期承包那些大电器公司的工程，这位董事长的交际方式与一般企业家的不同之处是：不仅奉承公司要人，对年轻的职员也殷勤款待。

事前，他总是想方设法将电器公司中各员工的学历、人际关系、工作能力和业绩，作一次全面的调查和了解，如认为这个人大有可为，以后会成为该公司的要员，不管他有多年轻，都尽心款待。这位董事长这样做的目的是为日后获得更多的方便作准备。

这位董事长明白，十个欠他人情债的人当中，有九个会给他带来意想不到的收益。

所以，当自己所看中的某位年轻职员晋升时，他会立即跑去庆祝，赠送礼物。年轻职员对他的这种盛情款待自然倍加感动，心想：我从前从未给过这位董事长任何好处，并且现在也没有掌握重大交易决策权，这位董事长真是位大好人！无形之中，这位年轻职员自然会产生知恩图报的意识。

年轻职员正在受宠若惊之际，这位董事长却说："我们企业公司能有今日，完全是靠贵公司的抬举，因此，我向你这位优秀的职员表示谢意，也是应该的。"这样说的用意，是不想让这位职员有太大的心理负担。

这样，当这些职员晋升至处长、经理等要职时，还记着这位董事长的恩惠。因此，在生意竞争十分激烈的时期，许多承包商倒闭的倒闭，破产的破产，而这位董事长的公司却仍旧生意兴隆，这是他平常人情投资多的结果。

| 招式要领 |

所谓的小人物，在其服务的公司里往往职务较低，影响力小，对你的工作进展帮助不大，因此，这类人物是最容易被人忽视的。人脉关系的积累是一个投资行为，我们待人接物得有长远的眼光，抱有投资的心态，而不是急功近利。在实际工作中当领悟如下人脉价值观。

平日多烧香，急时有人帮

销售人员工作忙碌，一些对自身帮助不大的人难免会忽视了。尤其是客户内部一些看似帮助不大的人，平时也疏于感情交流。当你真正用到别人时再烧香，难免会花费更多的精力。因此，即使工作再忙，也别忘了与小人物沟通感情。重要时刻，他们或许能帮你大忙。

友情投资宜走长线

友谊之花，需经年累月培养，做人做事，不可急功近利。求人也是一样，如果逼得太紧，别人反而会一口回绝你的请求。只有耐心等待，才会有成功的喜讯来临。

拜冷庙，烧冷灶，交落难英雄

俗话说："平时不烧香，临时抱佛脚。"菩萨虽灵，也不会帮助你。因为你平常心中就没有佛祖，有事才来恳求，佛祖怎会当你的工具呢？所以我们求神，应在平时烧香。而平时烧香，也表明自己别无所求，完全出于敬意，而绝不是买卖，一旦有事，你去求它，它念在平日你的烧香热忱，也不致拒绝。

| 启示 |

人脉关系的积累是一个长期的投资行为。与客户内部相关人员相处交往中，应当带着放长线钓大鱼的心态。眼睛不能只盯着眼前的利益，更要着眼于未来。

| 第五十九招 |

走遍世界，微笑是通行护照

核心要点

(1) 面带微笑，能让你增强亲和力。

(2) 微笑是打开客户心扉的一把钥匙。

(3) 时常保持微笑，能让自己保持愉悦的心情。

| 案例 |

飞机起飞前，一位乘客请求空姐给他倒一杯水吃药。空姐很有礼貌地说："先生，为了您的安全，请稍等片刻，等飞机进入平稳飞行后，我会立刻把水给您送过来，好吗？"

15分钟后，飞机早已进入了平稳飞行状态。突然，乘客服务铃急促地响了起来，空姐猛然意识到：糟了，由于太忙，她忘记给那位乘客倒水了！当空姐来到客舱，按响服务铃的果然是刚才那位乘客。她小心翼翼地把水送到那位乘客跟前，面带微笑地说："先生，实在对不起，由于我的疏忽，延误了您吃药的时间，我感到非常抱歉。"这位乘客抬起左手，指着手表说道："怎么回事，有你这样服务的吗？"空姐手里端着水，心里感到很委屈，但是，无论她怎么解释，这位挑剔的乘客都不肯原谅她的疏忽。

接下来的飞行途中，为了补偿自己的过失，每次去客舱给乘客服务时，空姐都会特意走到那位乘客面前，面带微笑地询问他是否需要水，或者别的什么帮助。然而，那位乘客余怒未消，摆出一副不合作的样子，并不理会空姐。

临到目的地，那位乘客要求空姐把留言本给他送过去，很显然，他要投诉这名空姐。此时空姐虽然很委屈，但是仍然不失职业道德，显得非常有礼貌，而且面带微笑地说道："先生，请允许我再次向您表示真诚的歉意，无论您提出什么意见，我都将欣然接受您的批评！"那位乘客脸色一紧，嘴巴准备说什么，可是却没有开口，他接过留言本，开始在本子上写起来。

等到飞机安全降落，所有的乘客陆续离开后，空姐本以为这下完了，没想到，等她打开留言本，却惊奇地发现，那位乘客在本子上写下的并不是投诉信，相反，这是一封热情洋溢的表扬信。

是什么使得这位挑剔的乘客最终放弃了投诉呢？在信中，空姐读到这样一句话："在整个过程中，你表现出的真诚的歉意，特别是你的十二次微笑，深深打动了我，使我最终决定将投诉信写成表扬信！你的服务质量很高，下次如果有机会，我还将乘坐你们的这趟航班！"

| 招式要领 |

无论你的工作如何不顺利，无论你当前的生活环境如何糟糕，还是你必须面对客户的种种刁难和抱怨，能改变目前状况的最佳武器就是微笑着面对一切。微笑能传递你的自信和热情，微笑能传递你的友善和真诚，微笑能表达你心中的渴望和期盼，微笑能展示出你的素养和睿智。时刻用微笑面对他人，能有效化解你正遭遇到的困惑和阻碍。在生活、工作中当注意以下五个要领。

你要相信自己的微笑是世界上最美丽的微笑

微笑能缩短人与人之间的距离，搭起心灵沟通的桥梁；微笑能增强你的亲和力，成为他人所接纳的人；微笑能增添你个人的魅力，迅速增强他人对你的好感；微笑能消除别人对你的不满，化解对方内心的纠结；微笑能愉悦他人，更能欢乐自己。

让那些能够带来轻松愉快的事情围绕着你

不管你遇到了什么不顺利的事，或让你烦恼的事，你都应让这些破坏你心情的人和事在你的心中走开。乌云已经飘去，让阳光洒落到你的心田。让那些轻松愉快的事来围绕着你。带着快乐愉悦的心情去工作，相信你一定会有所收获。

在办公室里的显眼位置上，摆放几张令你难忘的照片

比如，你家里的小狗，正儿八经地戴着一幅眼镜，装模作样地打量着镜头。这些照片，可以使你从日常紧张的工作中得到片刻的休息。

尽量消除或减少一些负面消息对你的影响

了解世界上所发生的一些新闻是重要的，但不必每天都是如此。尤其是不要过于关注那些负面新闻，这个世界自然有阴暗的角落，但窗外却阳光明媚。

每天，在你的周围，去努力寻找那些幽默和欢乐的事情

即使你遇到了交通堵塞，在你等待的这段时间里，你不妨想像自己正在出演一部电视剧，你是剧中的一个人物。类似的练习可以使你快乐。

| 启示 |

面带微笑显示的是一份自信，一份友善，一份欢欣，一份关怀。让自己面带微笑，能打破陌生人的戒备，激发客户沟通的欲望。销售人员应将保持微笑当做一门基本功。

| 第六十招 |

面对客户的不合理要求，学会说不

核心要点

(1) 销售人员不但要学会说"是"，而且要学会说"不"。

(2) 懂得拒绝，方能在客户心中增强位势。

(3) 我们与客户之间是平等的合作关系，当学会维护自己的正当权益。

| 案例 |

某涂料公司的销售总监张伟半夜接到了浙江某经销商老刘的电话："张总，我刚和某房产公司的王总吃完饭，新投建的20幢高层建筑的外墙涂料选用我公司的产品。这个项目很大，涂料采购额在200万元左右。"

张伟并未感到特别兴奋，老刘半夜给他打电话，不仅仅是报个喜讯这么简单。他淡淡地说："老刘，恭喜你了。今年你的钱不会少赚，公司效益一定不错。"

老刘开始切入主题说："能不能赚到钱，还得靠你张总的支持了。这个项目垫资要求很高，你也知道我们公司实力不是很强。张总，你看，能不能给我公司增加点授信额度？"

张伟想了想婉转地说："老刘，你是为难我了。你也知道公司的政策，对应收款管理很严，增加授信额度，在我公司还没先例。老刘，凭借你这么多年的商业信誉，我想这点事不会难得住你吧？"

老刘见张伟口风很紧，有点着急了："张总，我们合作这么多年了，从未欠公司一分钱。这段时间，我公司接连接了几个大工程，资金确实很紧张，否则就不向你开这个口了。"

张伟耐心地解释道："我当然明白你老刘是一个讲信誉的人，但这个口确实没办法开，否则我真的很难面对其他经销商。这样好不好，老刘，你将这个项目拿下来，我给你这批货九五折的特价，这也是我最大的权限了！"

老刘顿时心情好了许多，说道："谢谢张总，我也不为难你了。我们就这么定了！"

| 招式要领 |

面对客户提出的一些不合理要求，不能简单粗暴地拒绝，也不能一味地退让和答应，应遵循如下步骤：

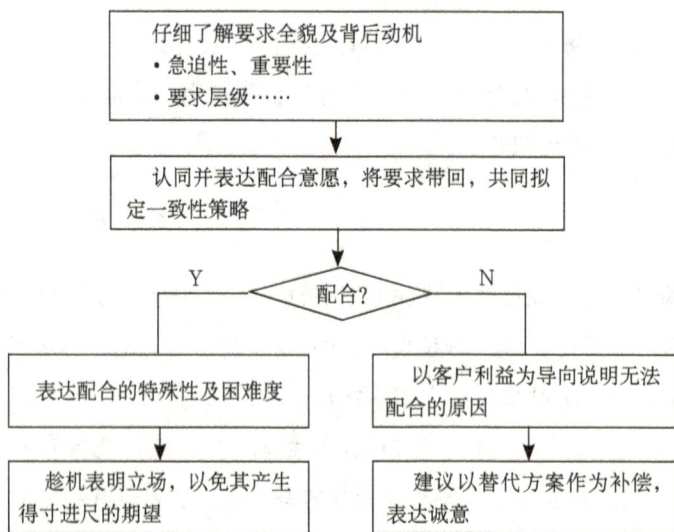

第一步：仔细了解客户提出不合理要求背后的动机。比如，是得寸进尺争

取过多的利益，还是确实遭遇到困难寻求帮助。了解客户动机的目的是权衡解决的方法。

第二步：对客户提出的不合理要求，不管是答应还是不答应，都不要轻易表达。即使最终满足了客户的不合理要求，也要让客户觉得来之不易，至少不能再让客户提出分外的要求。不过，不能满足客户的要求，也不要立刻拒绝，否则会伤害到彼此的感情。最佳的方法是与客户说：我得向领导汇报或者我们内部得商量一下，再给你答复。

第三步：如果答应客户的不合理要求，就应严肃地告诉他：那是你花费很大精力争取而来的，是公司破的先例，让客户感觉来之不易，以免其得寸进尺；如果不能满足客户的不合理要求，要用抱歉的语调向客户解释，告诉客户你已经尽力了，尝试着能不能有补救的方案。

| 启示 |

不是客户所有的要求我们都能满足的。销售人员需懂得拒绝客户的不合理要求，并且尽力不伤害与客户的关系。

| 第六十一招 |

供货延期，第一时间沟通

核心要点

(1) 销售人员应当密切跟踪货物的交付情况，预防意外事情发生。

(2) 当出现意外，难以正常交付时，就必须第一时间与客户进行沟通。

(3) 采取补救措施，避免或降低客户的损失。

| 案例 |

张伟在睡梦中被电话吵醒了，拿起手机一看，是公司储运部的小姜打来的。

小姜在电话中急促地说："张总，发往西安的那批货出问题了，运货的卡车半途出了车祸，侧翻在河南境内了。"张伟顿时一惊，西安的客户催货催得很紧，连续加班了三天才将这批货生产出来，昨晚连夜发出，谁知竟然出了车祸。张伟问道："驾驶员有没有出事？"小姜回答道："驾驶员受了点轻伤，没什么大事，就是那批货受损很严重。"张伟松了口气说道："小姜，你马上安排一辆空车赶到出事现场，先将没有受损的产品运至客户处。根据统计出来的受损产品数据安排明天生产！"小姜犹豫道："安排空车跑一趟费用很高的，能否在当地找一辆车呢？"张伟摇摇头说："当地找车，时间来不及，会耽误客户的工程工期的。费用高点就高点吧！你连夜安排！"小姜说："好吧！"

第二天一早，张伟就拨通了客户项目经理王经理的电话："王经理，真是不好意思，昨天给贵公司送货的车出了交通事故，侧翻在高速公路上了。我已经安排另一辆空车将未受损的产品送至贵公司的工地了。估计今天晚上能到。你们先用起来，我今天安排生产，不足的部分力争明天给你发出。王经理，给你添麻烦了，真是对不起！"王经理客气道："只要不影响工期就行。张总做事一向雷厉风行，与你合作我自然放心！"

（案例下文续）

| 招式要领 |

信守承诺，按时交货是企业应尽的义务，但实际工作中难免会出现各种意外，如果确实是因各种意外或不可抗力的发生导致难以在合同期内正常完工或交付，就必须与客户重新商定合同的执行期限。在协商中应把握以下四点。

（1）提前告知对方。当发现难以正常完工或交付时，得提前与对方协商延长时间，避免合同期限到时才告知对方引起的不快。越提前越好，以便客户重新安排生产或施工，以免客户停工而造成损失。

（2）与客户协商时多强调本方遭遇的困难，以获得对方的理解。别将合同延期的原因归结到对方的责任，即使对方有过错也别纠缠。

（3）明确告诉客户项目完工或产品交付的准确时间，一般客户会预定延期时间，只要不超过客户的心理底限，客户都会接受。

（4）与客户协商交付只能是一次，如果客户同意延期还不能及时完成产品交付，就会让客户产生不信任感，甚至会产生合同纠纷。

| 启示 |

出现问题千万别回避或抱侥幸心理，应当想尽办法解决问题，并与客户及时沟通，求得客户的理解。问题的处理越及时，付出的代价就越小。

| 第六十二招 |

出现质量问题，化大为小，小事化了

核心要点

(1) 产品出现质量问题，应将问题消灭在源头，避免事态的扩大。

(2) 产品出现问题，处理者的态度更关键，用诚恳的态度化解客户的不满。

(3) 别因一次产品质量问题影响到与客户的合作。

| 案例 |

（接第六十一招案例）

张伟刚处理完翻车事故，还没来得及喝口水，就接到了浙江经销商老王的电话："张总，秦山核电厂的那个项目选用了我们公司的外墙涂料，昨天用上去后出现了褪色脱落的现象。整个工程都停了下来。你赶快派人过来处理吧！"真是不顺，发往西安的车出了交通事故，而秦山核电项目又出现质量问题。这是公司的重点项目，容不得丝毫马虎。于是，张伟说道："老王，别着急。我亲自带队，马上赶过去处理！我们施工现场见！"

张伟召集了技术部和服务部的相关人员开车赶至秦山核电的施工工地。等赶到施工现场时已是中午了，张伟顾不上吃饭，立刻查看了施工现场的外墙涂料。公司技术人员进行了现场查看，产品检测后认为这批产品确实存在着质量问题。

张伟不敢怠慢，让工地的施工队立刻停了下来，将这批有质量问题的产品封存，然后将负责施工的姜工叫到旁边道歉道："姜工，真是对不起，这批外墙涂料确实存在着质量问题，我们立刻负责调换。"姜工不满地说："这是国家重点项目，上上下下都盯着呢，容不得丝毫的差错。你们出点质量问题，我们得重新返工。昨天一天的活都白干了，影响了工期不是你能承担的！"张伟连连点头说："的确是我公司的错，我立刻安排调换新批号的产品，在下午五点之前送到工地。这期间如果你们有什么损失，我方全部承担。"

见张伟的态度很诚恳，姜工的态度缓和了下来说道："赔偿是小事，关键是不要耽误工期。"张伟陪着笑脸道："姜工你通情达理，我们也不会不知好歹。这样吧，晚上我请姜工及项目部的人员吃饭。算是我给你们赔罪了！"姜工淡淡一笑道："吃饭就算了，以后再也不能出现类似的质量问题了！"张伟点点头说："姜工说得对，我们以后严把质量关，确保类似的问题不再发生。姜工，晚上的饭一定要吃，否则，我真的过意不去了！我还请姜工帮个忙，不要将此事捅上去。"姜工点点头："好吧！"

| 招式要领 |

产品质量是企业的生命，只有质量过硬的产品才能赢得客户的信赖。但我们也难以保证产品质量百分百不出现丝毫问题。当产品或工程出现质量问题时，应做好以下四个步骤。

（1）一旦出现质量问题，项目负责人应在第一时间里赶到现场。如果不能分身，应指派专人赶至现场。若涉及技术问题，应有技术人员协同。当发生质量问题时，关键不在于问题的大小，处理人的态度很重要，本方必须表现出对该事件的重视程度。

（2）迅速查出原因，界定质量问题的根源。如果不是本方引来的质量问题，必须分清责任。在界定质量问题责任时，应拿事实说话，而不是一味推卸责任。

（3）如果确是本方问题，迅速拿出补救措施，如返工、换货，并尽可能降低因质量问题给客户带来的损失。

（4）查明问题的真正原因，杜绝同类事件的发生。

| 启示 |

当产品出现质量问题时，首先，要当机立断采取补救措施，减少客户的损失；其次，尽量避免事态扩大，减少负面影响；最后，将负面影响控制在最低，不能影响到与客户的正常合作。

| 第六十三招 |

条件置换，满足客户的合理要求

核心要点

(1) 客户提出的合理化要求如不能满足，要正面去面对。

(2) 深入了解客户提出的要求的重要性和紧迫性，再制订应对策略。

(3) 客户的合理要求若不能满足，可采取补救方法来降低客户的不满。

| 案例 |

一天中午，一位穿着朴素的中年妇女从对面的奥迪汽车销售店，走进了雪佛兰的汽车展销室。

她说自己很想买一辆白色的奥迪车，就像她表姐开的那辆，但是奥迪车行的销售人员让她过一个小时之后再去，所以先到这儿来瞧一瞧。

"夫人，欢迎您来看我公司的车。"销售经理姜伟微笑着说。

妇女兴奋地告诉他："今天是我50岁的生日，想买一辆白色的奥迪车送给自己作为生日礼物。"

"夫人，祝您生日快乐！"姜伟热情地祝贺道。随后，他轻声地向身边的助手交待了几句。

姜伟领着夫人从一辆辆新车面前慢慢走过，边走边介绍。在来到一辆白色雪佛兰轿车前时，他说："夫人，您对白色情有独钟，瞧这辆双门式轿车，也是白色的。"

就在这时，助手走了进来，把一束玫瑰花交给了姜伟。他把这束漂亮的花送给夫人，再次对她的生日表示祝贺。

夫人感动得热泪盈眶，非常激动地说："先生，太感谢您了，已经很久没有人送我花了。刚才那位奥迪车的销售人员看到我穿着一般，一定以为我买不起新车，所以在我提出要看一看车时，他就推辞说需要出去收一笔钱，我只好上您这儿来等他。现在想一想，也不一定非要买奥迪车不可。"

后来，这位妇女就在姜伟那儿买了一辆白色的雪佛兰轿车。

| 招式要领 |

销售人员通常有这样的烦恼：客户提出合理的要求，但鉴于公司的实际情况而无法满足，这会导致客户的不满甚至客户另行选择其他供应商。遇到这样的情况该如何去应对呢？通常可采取如下四个步骤：

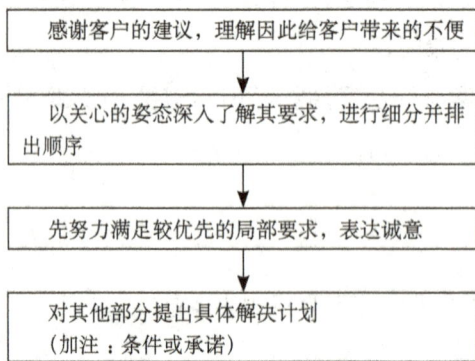

```
┌─────────────────────────────────┐
│ 感谢客户的建议，理解因此给客户带来的不便 │
└─────────────────────────────────┘
                 ↓
┌─────────────────────────────────┐
│ 以关心的姿态深入了解其要求，进行细分并排  │
│ 出顺序                           │
└─────────────────────────────────┘
                 ↓
┌─────────────────────────────────┐
│ 先努力满足较优先的局部要求，表达诚意    │
└─────────────────────────────────┘
                 ↓
┌─────────────────────────────────┐
│ 对其他部分提出具体解决计划           │
│ （加注：条件或承诺）                │
└─────────────────────────────────┘
```

第一步：对客户提出的建议和要求表示感谢和理解。

比如，客户说："我们希望下达订单后24小时内供货。"而实际情况是公司生产能力有限，难以做到。我们就可以这样说："感谢您对我公司提出这么好的建议，这也是我公司努力的方向。我公司正在扩大生产能力，希望不远的将来能达到贵公司的要求。"

第二步：先细分一下客户选择合作商的基本标准，再与客户探究一下提出的要求对其重要程度。

比如，客户说："我们希望下达订单后 24 小时内供货。"你在表示理解和感谢之后可继续分析道："客户都希望所选择的供应商具备快捷的供货能力，这我们都能理解。但贵公司选择供应商第一要求是产品质量好，第二要求是产品的价格要适当，第三要求是服务能力要跟得上。这也是选择我公司的原因，你说是吗？"客户说："是。"你继续说："如果贵公司提前三天报货，我公司确保在三天以内将货物送到，也不会影响到贵公司的正常生产。你说对吗？"

第三步：先满足客户的局部要求，表示出我方的足够诚意。

（接上文案例）客户说："如果贵公司能缩短供货期限，那自然最好了。我公司可以减少库存量！"你回答道："确实如此。我们与贵公司初次合作，为表示我方的诚意，我公司统一给贵公司 VIP 客户的供货价格，比原价格优惠了 3%。这也算是弥补一下我们给贵公司带来的不便，您看可以吗？"

第四步：对不能满足客户的要求提出解决方案。

（接上文案例）客户仍有顾虑地说："如果贵公司不能及时供货，会导致我公司停产，那损失就大了！"你回答道："我公司会针对贵公司采购的主要产品作适当的备货，这样不管我公司生产多紧张，都确保不会耽误到贵公司的订单。您看行吗？"

| 启示 |

客户提出的合理要求不能满足时，采取条件置换的方式，找出让客户能接受的方案，方能消除障碍，达成共识。

| 第六十四招 |

差异化服务，人情化点缀

核心要点

（1）服务的质量体现在具有个性化特征、超越对手的地方。

（2）服务的内涵在于给客户无微不至的关怀，让客户知道他是你的贵人。

（3）服务的本质在于为客户提升价值，让客户在享受服务时得到利益。

| 案例 |

泰国曼谷，清晨酒店一开门，一名漂亮的泰国小姐微笑着和余先生打招呼："早，余先生。""你怎么知道我姓余？""余先生，我们每一层的当班小姐要记住每一个房间客人的名字。"余先生心中很高兴，乘电梯到了一楼，门一开，又一名泰国小姐站在那儿："早，余先生。""啊，你也知道我姓余，你也背了客人的名字，怎么可能呢？""余先生，上面打电话说你下来了。"原来她们腰上挂着对讲机。

于是她带他去吃早餐，餐厅的服务人员替他上菜，都尽量称呼他余先生，这时来了一盘点心，点心的样子很奇怪，余先生就问她："中间这个红红的是什么？"这时余先生注意到一个细节，那个小姐看了一下，就后退一步说那个红红的是什么，"那么旁边这一圈黑黑的呢？"她上前又看了一眼，又后退一步说那黑黑的是什么。这个后退一步就是为了防止她的口水溅到菜里。

余先生退房离开的时候，刷卡后服务员把信用卡还给他，然后再把他的收据折好放在信封里，还给他的时候说："谢谢你，余先生，真希望第七次再看到你。"第七次再看到，原来那次是余先生第六次去。

3年过去了余先生再没去过泰国。有一天余先生收到一张卡片，发现是她们酒店寄来的，"亲爱的余先生，3年前的4月16号你离开以后，我们就没有再看到你，公司全体上下都想念得很，下次经过泰国一定要来看看我们。"下面写的是祝余先生生日快乐。原来写信的那天是余先生的生日。

这种优质的服务无疑赢得了一个顾客的心。

招式要领

提升服务力的十大要素如下。

服务标准

企业应建立客户服务标准，为客户提供恒定统一的服务品质。不因服务人员的不同而降低服务质量。服务标准包括服务的内容、服务的速度、服务的等级、服务的流程及免费服务的范围等。

表现的期望

你的员工确实知道在不同的客户服务状况下，从接听客户电话到解决客户的抱怨问题，你对他们的行为有什么样的期望吗？这些期望有没有以书面方式让他们都了解？

可以衡量

员工对客户服务的任务是否确实负责与认同，是否达到你的期望？是否定期做绩效评估，或者其他形式的回馈，无论是正面的或负面的，以协助他们做好服务？这些应该有衡量的标准。

紧密沟通

无论是电话联络或亲自拜访，员工是否与客户建立了密切的关系？他们是否言行小心，避免令客户不悦？与客户建立紧密的沟通，方能了解客户的真实需求，寻找销售工作中存在的不足。

事先告知

当预期客户的要求会超过服务的范围时，应该提前告知并详细给客户说明，而不能等客户提出要求时再告知，引起客户不悦。

迅速而且完整的回应

对客户提出的各种问题和投诉意见，必须进行记录，并在约定的时间内给予客户完整的回应。哪怕客户提出的意见不合理，也要耐心加以说明。

向客户的抱怨致歉

客户的抱怨不管正确与否，都应向客户致歉。千万别与客户发生争执。客户是上帝，客户的抱怨就是我们的错。

随时保持警觉

市场的竞争从某种程度上讲就是同行企业间对客户的争夺，服务的核心价值在于维护客户关系，减少客户的流失。你的竞争对手时刻都惦记着抢夺你手中的客户，容不得丝毫放松。

让客户惊喜

记住客户及客户的亲人的生日、特殊的纪念日等，一张贺卡、一份小礼品，甚至一个短信都能给客户惊喜。时刻告诉客户，你始终在挂念着他。

回馈

对待客户给你的帮助，无论大小都得回馈对方。做一个懂得感恩的人，往往能获得客户更多的帮助。

| 启示 |

服务的本质在于把握住每一个细节，在服务的每一个环节都能关怀备至、体贴入微。服务的品质来自工作的点点滴滴，容不得丝毫懈怠。

| 第六十五招 |
建立服务标准，等级化管理

核心要点

(1) 针对不同价值等级的客户制订相对应的销售策略。

(2) 依据客户价值的高低来制订所享受服务的范围。

(3) 建立服务等级的目的在于争取更多价值高的客户。

| 案例 |

某切削工具制造企业在产品招商会上，将客户分为四个等级，不同等级的客户享受不同的优惠政策。

第一等级：钻石级

首批定货量≥50万元，享受如下优惠。

（1）可获得20%的返还利润，获得的返还利润可在下次订货时使用，使用比例不得超过总订货额的50%。

（2）3个月后，月平均实际销售额超过20万元的，给予月最高实际销售额的授信额度。

（3）公司配备专职业务人员一名，配合经销商做好产品推广活动。

（4）获得本区域独家代理权。

第二等级：白金级

首批订货量≥40万元，享受如下优惠。

（1）可获得18%的返还利润，获得的返还利润可在下次订货时使用，使用比例不得超过总订货额的50%。

（2）3个月后，月平均销量额超过15万元的，给予15万元的授信额度。

（3）公司配备专职业务人员一名，配合经销商做好产品推广活动。

（4）获得本区域独家代理权。

第三等级：黄金级

首批订货量≥30万元的，享受如下优惠。

（1）可获得15%的返还利润，获得的返还利润可在下次订货时使用，使用比例不得超过总订货额的50%。

（2）3个月后，月平均销售额超过10万元的，公司给予8万元的授信额度。

（3）获得本区域独家代理权。

第四等级：普通级

首批订货在10万元以上的，享受如下优惠。

（1）可获得10%的返还利润，获得的返还利润可在下次订货时使用，使用比例不得超过总订货额的50%。

（2）现款现货，无授信额度。

（3）获得本区域特约经销权。

| 招式要领 |

销售人员不要以为对公司产品有需求的客户就是公司的客户，任何一家客户都不能将所有有潜在购买需求的客户囊括在内。每家企业都有自己的产品定位，同样，依据产品的定位就能细分市场，筛选出目标客户。对市场的细分能集中企业的资源和优势来获得并保留这些目标客户。对目标客户的拓展和维护应采取如下三种策略：

客户保留——保留忠诚和创利客户以及渠道的能力，从而带来业务增长。

客户获得——基于已知的和了解的客户特征，从而获得正确的客户。

客户创利——通过在正确的时间提供正确的产品，从而增加单一客户的利润。

针对目标客户的规模、潜在需求量、采购标准等的不同，可将客户关系划分为以下四个等级：

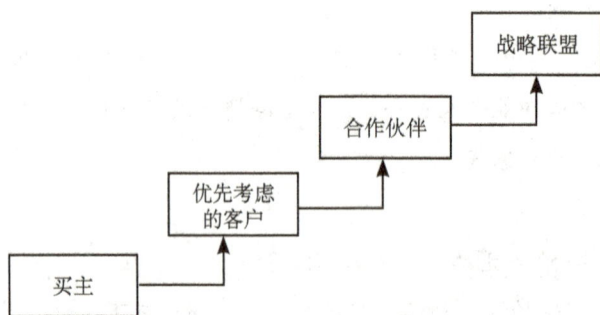

买主：通常意义上是临时客户，购买的频率不高或者只是将我公司作为后备供应商，只有当其主要供应商供应量不足时才会临时采购。

优先考虑的客户：该客户将我公司作为主要供应商之一，往往能给我公司提供正常的订单。

合作伙伴：该客户将我公司作为首选供应商，优先选用我公司的产品，双方建立了稳固的合作关系。

战略联盟：客户将我公司作为唯一的供应商，双方优势互补建立起了战略合作同盟的关系。

针对以上四种客户等级关系，企业应建立对应的三种销售模式，即交易型的销售模式、顾问型的销售模式和战略型的销售模式：

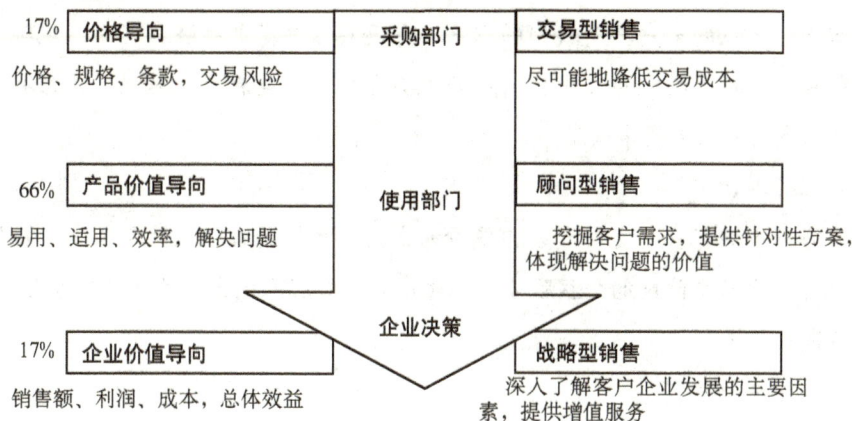

17%	**价格导向**	采购部门	**交易型销售**
	价格、规格、条款，交易风险		尽可能地降低交易成本

66%	**产品价值导向**	使用部门	**顾问型销售**
	易用、适用、效率，解决问题		挖掘客户需求，提供针对性方案，体现解决问题的价值

17%	**企业价值导向**	企业决策	**战略型销售**
	销售额、利润、成本，总体效益		深入了解客户企业发展的主要因素，提供增值服务

| 启示 |

针对不同类型的客户，采取相对应的策略，能有效提升企业的销售业绩和经营效益。企业的经营战略的核心是在细分市场中抢占制高点，确立优势。

| 第六十六招 |

以客户为核心，提升服务价值

核心要点

（1）服务是产品价值的一部分，优质的服务能赢得客户的忠诚。

（2）服务品质来源于企业意识和管理水平。

（3）优质的服务能成为企业的核心竞争力。

| 案例 |

某工业品企业的服务体系和服务标准如下。

1. 一个使者

优质服务是促进和保证企业实现使命的一个使者。

2. 两种客户

客户、客户的客户都是我们的客户；有现实客户，也有潜在客户，现实客户中还有两种，我们的现实客户和别人的现实客户，都是我们的客户，遇到有需求的客户，我们提供搭便车的服务。

3. 三个时段

作为一个拥有社会责任和宏伟使命的公司，我们的服务应该是为客户提供售前、售中、售后三个阶段的全程服务，不能在客户面前表现出"铁路警察各管一段"的狭隘服务思想。

4. 四"着"和谐

着想。提前为客户、客户的客户想到问题，全面地想到问题，把问题处理在萌芽状态或扩大危害程度之前。

着急。急客户、客户的客户之所急，我们处理客户在产品使用中产生的故障的时间对于客户的时间、客户的客户的时间而言，不是等比的关系，而是级数级的影响关系。

着落。对于客户的每一件咨询请求、申告、投诉等要做到处处有着落、事事有人管；对于公司的职员，人人有事干，人人管好每件事。

着装。统一订制的工服以及配备、配带的工具是服务工作人员着装的整体组成，公司配备的工具是职员外貌的组成部分。

5. 五"度"统一

服务速度

(1) 接受客户投诉申告的第一速度，振铃不超过三响。

(2) 充分发挥现有人才的资源和力量，迅速联络对应的远程支援工程师、维护工程师（也可充当异地远程支援工程师），回复客户，回复客户的速度要求做到自接到电话的一小时内。

(3) 配件迅速传递和工作人员到达客户现场的速度要保证。取故障件的工作由公司承担，快递业务由公司负责，因为规模效应的存在，公司的快递业务肯定比客户的快递业务多，所以，坏件和替换件的快递由公司负责，但是服务费用由客户出。

（4）处置故障或问题的速度要达到规范要求，并要不断提升规范要求的时间，现场处理问题、完成任务的速度要有保证。

服务精度

每次的售后服务，要求树立不再有重复的精品意识、没有后患的零缺陷意识，服务规范的实施要精益求精。

服务深度

根据服务协议提供对应深度的标准服务或增值服务。

服务广度

适应性满足客户需求，创造性引导客户的发展要求，增强自有发展能力，拓展市场业务。

服务高度

服务的质量和效果要高于从前的自己，高于我们的竞争对手，高于客户的期望，高于我们现有的经验。而且服务的高度是建立在服务的速度、服务的精度、服务的深度、服务的广度等基础上的。

┃ 招式要领 ┃

建立优质的服务体系对绝大多数企业而言，其难度不亚于研发出高技术含量的新产品。服务的内容涵括了技术服务、安装或施工、三包服务、现场服务等。同时，服务也涵括了企业所有的部门，包括技术部门、售后服务部门、生产部门、销售部门，甚至财务部门。某一个环节出现偏差，就会给客户不良的印象。服务不仅仅是对外的服务，而且还包括对内的服务，如技术部门对销售部门的服务、销售部门对市场部门的服务等。加强部门间的相互服务能有效提升企业的团队合作能力及工作效率。因为服务对工业品企业而言至关重要，但同时是一项复杂而系统化的工程。在建立企业的服务体系、提升客户的满意度和忠诚度的过程中当把握以下四个要点。

明确而清晰的客户服务战略，提供个性化服务

将服务上升到企业战略的高度也就意味着将服务核定为企业的核心竞争力。因此，在制订企业的服务战略时当超越对手给客户带来更多潜在的利益点。将提升客户的核心利益作为提升企业产品的重要手段。让客户在享受企业服务的

同时能获得确切的利益。

因此，在制订服务内容和服务标准时应针对具体的客户提供个性化的服务。比如，瑞典的利乐公司在向客户提供包材的同时，会为客户提供销售人员培训、行业资讯、市场分析等。在帮助客户成长的同时来提升其利乐包材的销量，该公司占据了国内 90% 的市场份额。

企业提供给客户的服务的内容应不仅仅是其他竞争者都能提供的，而应重点扩张到竞争对手不能提供的范围，不断提升服务等级就能赢得更多的客户。

实行可视化管理，围绕客服进行员工管理

服务不能单靠员工自觉的行为，应该列入常规化的监督管理之中。让企业服务能形成统一性和标准化，就需要对企业人员尤其是客服人员进行强化训练和可视化管理。在领导的监督执行下来强化其服务行为，逐步让行为转为良好的习惯。

对服务进行经常性评估，向客户推销服务

企业对服务的质量要进行定期的评估。评估的方法有客户满意度调研表、员工自查表等。对服务的质量进行定期评估，方能找出差距，持续改善。

同时，应该将服务作为打动客户的一把利器，不间断地向客户推销我们的服务。服务的优势一方面来自客户的切身体会，另一方面来自企业的宣传。将服务上升到战略的角度，就应该将服务作为企业的一面旗帜。

具备优质的客户服务体系，树立内部客户观念

服务不仅仅是对外的，提升内部服务意识也是企业服务体系的重要内容。企业建立部门间相互服务、通力合作的精神和意识，方能建立起一个具有战斗力的团队。现代企业不是单靠精英销售骨干、单个部门就能立足于市场的，而需靠内部员工拧成一股绳，形成合力，这样才能在白热化的市场竞争中脱颖而出，傲视群雄。

| 启示 |

服务是系统化的工程，需建立全员服务意识。只有在可视化管理和不间断的检查督促中，方能让服务的意识融入到员工的血液中。

第五章

管控基本点：
任务到人，掌握进度
资源统筹，团队协作

　　大客户销售管控的核心在于对销售过程全方位的管理和控制。大客户销售具有周期长、涉及面广、单次交易金额大、产品与关系缺一不可等特点。大客户销售工作往往经历了信息收集、项目立项、技术交流、方案确定、商务活动、招投标、商务谈判等繁杂的过程。在这个过程中一个环节出现偏差就会导致销售工作的失败。

　　大客户销售管控涉及销售项目团队管控、销售流程管控、时间管控、销售费用管控、客户关系管控、销售工作进度管控、风险管控、服务管控等诸多领域。在大客户的销售管理中涉及以下三个平衡：

　　（1）销售成本和销售利润的平衡；

　　（2）产品价值与人脉关系的平衡；

　　（3）团队利益和个人利益的平衡。

　　大客户销售管控的核心在于对销售过程全方位的管理和控制。前文讲到：大客户销售具有周期长、涉及面广、单次交易金额大、产品与关系缺一不可等特点。大客户销售工作往往经历了信息收集、项目立项、技术交流、方案确定、商务活动、招投标、商务谈判等繁杂的过程。在这个过程中一个环节出现偏差就会导致销售工作的失败。笔者做过统计，导致大客户销售失败一般有如下十大原因：

　　(1) 销售工作规划出现方向性偏差；

　　(2) 销售过程缺乏有效管控；

　　(3) 跨部门之间缺乏有效协助，销售团队成员权责利不清；

　　(4) 销售经理领导不力，缺乏经验和影响力；

　　(5) 销售过程中出现问题，找不到恰当的解决方法；

　　(6) 销售工作进度没有衡量的标准，进度跟踪不及时；

　　(7) 过多的不可控变动（如客户需求、决策人、决策流程等）；

　　(8) 客户需求变更缺乏控制，未采取快捷适当的应对措施；

　　(9) 产品的关键技术或性能问题没有得到及时解决；

　　(10) 资源配备、供给不及时。

　　大客户销售管控涉及销售项目团队管控、销售流程管控、时间管控、销售费用管控、客户关系管控、销售工作进度管控、风险管控、服务管控等诸多领域。在大客户的销售管理中涉及以下三个平衡。

销售成本和销售利润

　　在市场竞争日趋白热化的阶段，各行各业早已告别了暴利时代，企业在微利经营的前提之下，需严格地控制销售费用，这关乎到企业的经营利润。利润是企业维持生存的血脉。如果销售费用过高导致企业销售没有利润甚至出现亏损，即使拿到订单也失去了应有的价值。因此，销售管理者应在确保企业盈利的前提下来进行费用预算，将每一分钱都花在刀刃上。

产品价值与人脉关系

　　大客户销售离不开人脉关系，但人脉关系是建立在产品价值基础之上的。在满足客户个性化需求的基础上提升与客户的人脉关系，方能实现预定的目标。忽略了产品价值而过于迷信人脉关系，这样的销售难以长远。

团队利益与个人利益

每个销售人员都是一个独立的个体，都有个人的需求和利益。但作为企业的一分子，就应当将个人利益融入到团队利益之中。没有团队的成功就没有个人的成功。同时，维护好销售人员个人的应得利益，方能激发销售人员的工作激情，取得更佳的销售业绩。团队利益和个人利益之间相辅相成，应相互兼顾。

大客户销售管理的核心要点体现在团队的管理和对过程的管控之上。通常是围绕着具体的客户和项目来展开的。因此，大客户销售管理应遵循如下四大原则：

原则一：部门协同，横向管理。它打破了各部门间的矩阵式管理的框架，所追求的是各部门间的协调作战能力。

原则二：以结果为导向，以获得订单为根本。所追求的是在规定的时间内达成具体的工作成果。

原则三：千斤重担人人挑，人人头上有指标。项目组成员有严格的分工和任务分解。

原则四：论功行赏，荣辱共当。根据项目小组成员对项目的贡献率大小来分享利益。

| 第六十七招 |

组成项目团队，任务分解到个人

核心要点

(1) 客户分析，找到突破点。

(2) 剖析对手，选准软肋。

(3) 组建团队，合力作战。

| 案例 |

中国仁和投资公司与美国 M 公司共同投资 300 亿美元组建中国仁和杭州湾动力设备制造有限公司，在中国杭州湾兴建亚洲最大的大型动力设备制造基地，以满足国内航空、大型船舰、铁路交通等大型动力设备的需求。该项目从 2008 年开始筹建，2009 年 3 月前必须完成各项设备采购招标任务。制造设备采购金额为 10 亿美元。

嘉禾公司比 APP 在产品价格上有竞争优势，但在技术上略逊一筹。两家公司在中国动力制造设备行业旗鼓相当，竞争中各有胜负。

APP 的第一次销售会议为此召开。

会议成员：销售总监肖天华、技术总监欧阳惠、销售经理张天亮、公关部经理吴美娜、销售员王强。

肖天华通报了杭州湾项目的基本情况之后，趁机进一步激发大家的斗志："这是一个超级大单，不是一般人能够搞定的。蛋糕太大，弄不好会撑死自己。天亮，你有这个胃口吗？"

张天亮直起身来，收起笑容严肃地说："领导你也不要激我，我这个人喜欢挑战，太安逸的生活就少了趣味。只要领导敢下这个决心，我就全力以赴。即使失败了，落得个卷铺盖走人的下场，我也无怨无悔。"

肖天华见欧阳惠与吴美娜都在点头，回头问王强："王强，你是个新人，也表个态！"

王强想了想说："我新加入销售团队，就赶上了杭州湾这么大的项目。说心里话，我昨天激动得一晚都没睡着。这是肖总、张经理和公司各位领导给我机会。我会好好把握这个机会，努力表现，绝不辜负领导的期望！"

肖天华满意地点点头，最后宣布道："既然我们意见一致，我宣布以下决定：一是由我们 APP 公司销售部组建杭州湾项目组，参与杭州湾项目的竞标；二是任命张天亮为项目组经理，欧阳惠、吴美娜、王强为项目组组员，全权负责杭州湾项目的竞标工作。"

张天亮忙站起来推辞："欧阳、娜娜职务都比我高，由我做项目经理不合适吧？"一般 APP 临时组建项目组，都是从技术部、公关部抽调普通人员参加。这个直接抽调两个部门的经理、总监加入，这在 APP 公司历史上是第一次。欧阳惠精通技术，吴美娜公关能力强，有这两位王牌加入，该项目胜券在握。这是肖天华思考了一个晚上的结果。

欧阳惠笑着说："张大经理是主角，是红花，我们是绿叶，你当项目经理顺利成章。"

吴美娜接口道："只是做我们的领导，千万别把我们卖了！"

吴美娜的话又引来大家哈哈大笑。在笑声中，APP 杭州湾项目组算是正式扬帆起航了。

（案例下文续）

| 招式要领 |

面对销售机会，管理者应做好以下三件事。

第一件事是确定做还是不做。销售人员往往面临着很多的销售机会，不是所有的机会都是真正的机会。比如，客户对产品的技术性能要求过高，企业难以满足；或客户付款条件过于苛刻，企业的垫付能力有限；或客户报价过低，企业没有利润等。这类销售机会，作为管理者应主动放弃。我们常说，大客户销售是在恰当的时间里将恰当的产品销售给恰当的客户。切忌：不加分析，看到销售机会就上，这会导致浪费资源，分散精力。

第二件事是如何做。大客户销售讲究章法，没有章法就如没头的苍蝇，很难达到预定的目标。如何做取决于两点：一是对客户内部情况进行系统的了解和分析，找到一个切入点，再步步深入；二是掌握竞争对手的情况，破解对手的攻势，从而克敌制胜。如何做是在寻找一条成功的路径，为销售团队的下一步工作指明方向。

第三件事是谁去做。大客户销售单靠全能型的销售人员去单兵作战，往往势单力薄，需要组成一个销售团队合力运作。比如，工业品企业通常采取的方法是组建一个项目组去运作。项目组成员一般有销售人员、技术人员、市场部或公关部人员，核心点在于聚集各部门的优势和资源去攻克一个个难关。

在销售工作开始的前端针对具体的客户或项目进行规划时，通常会采取如下工作步骤。

（1）选定销售进展中的关键节点，分人员和分步骤去完成。所谓的关键节点，是在销售过程中所设定的里程表。其目的是将漫长的销售过程分阶段去完成。例如，案例中的杭州湾项目就设定了信息收集、项目立项、深度接触、技术交流、方案确定、商务公关、招投标、商务谈判、合同签订这九个里程表。设定里程表的核心价值在于勾画出一条清晰的工作线路，并能在每一个里程表中分解出具体的子任务。

（2）举行项目分析会，商讨销售进程中遭遇的障碍，并找到解决方法。定期召开项目分析会，让项目组织成员通报一段时间的工作进展，罗列出工作中遇到的障碍，然后群策群力去找出解决的方法。大客户销售是一个不间断闯关的过程。对于遭遇到的每一个难关，需善于利用团队的智慧和资源去突破。

（3）定期对阶段性销售成果进行评估，并重新审定下一步工作计划。销售，尤其是大客户销售，有个最大的特点是有明确的时效性。比如，某客户在下个月 20 日招标，那就必须要求销售人员在下个月 20 日之前将招投标前端的工作做到位，否则，即使参加了招投标，成功的概率也很低，因此，必须有强烈的时间观念，定期对阶段性的成果进行评估。评估的核心内容在于，在预定的时间内是否完成预定的内容，工作质量是否达到预定的标准。定期评估能找出这一阶段工作的不足，设法在下一阶段予以补救。

销售规划包括了五个要素：销售团队、人员分工、任务分解、进度计划制订和销售计划控制：

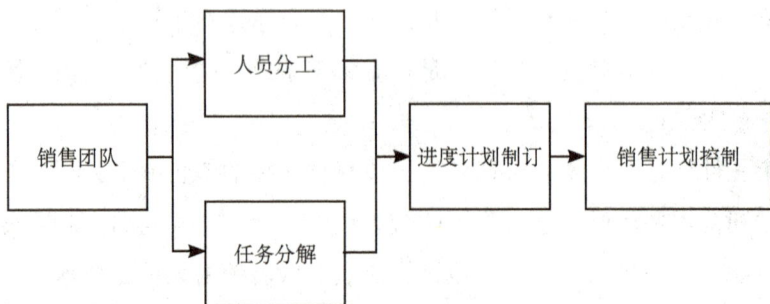

| 启示 |

漫长的工作分阶段做，繁重的工作分人做，复杂的工作简单化去做，艰难的工作合力做。

| 第六十八招 |

分析客户信息，拟定推进策略

核心要点

(1) 掌握客户的组织结构，分析客户的决策流程。

(2) 了解竞争对手的策略，制订周密的进攻策略。

(3) 选准客户关系突破人，拟定下一步工作步骤。

| 案例 |

（接第六十七招案例）

周一上午十点，APP 杭州湾项目组第一次情报分析会在公司三号会议室召开。三号会议室被 APP 公司员工戏称"机密室"，涉及公司内部机密的会议都在这里召开。项目组成员张天亮、王强、欧阳惠、吴美娜井然而坐，肖天华坐下说："我们这里除了王强都是销售精英级的人物，什么大风大浪没遭遇过？杭州湾项目不过就是数额大一些，与其他项目没什么区别。我们别把自己弄得这么紧张。今天是杭州湾项目第一次情报分析会。这里天亮是老大。按惯例今天的会议由天亮来主持。我也不例外，受张经理领导。"

肖天华故意把"张经理"三个字说得特别响亮，引来吴美娜呵呵一笑。这是 APP 公司的规矩，谁是项目经理，谁就是这个项目的"主导"，涉及项目的运作，公司上下所有人都受他的支配。

张天亮当仁不让地开始主持会议。他清了清嗓子说道："各位！今天是杭州湾项目的第一次情报分析会，作为项目启动的起点，第一步要做的是理清仁和公司内部关系结构图，找出关键决策人，也就是《天龙八部》中的第一部——情报的收集和分析。我初步列了仁和公司的关系结构图，其中还有许多的空白，请大家都我把这些空白填满。"于是，张天亮打开电脑，投影仪将一张清晰的仁和公司关系结构图印在墙面上。

张天亮继续说道："这张表多数地方还是空白，我先将了解到的情况汇报一下。仁和公司总裁罗京天，38 岁，祖籍江苏，上海复旦大学毕业，有过三年多的证券公司工作经历，1995年创建仁和投资公司，从事证券、能源、交通、房产等多个领域的项目投资。公司运作资金达到500亿元人民币。十多年来仁和公司不露山水，已成为国内最大的投资公司之一。此人性格内敛，为人谦和，以行事敏锐著称，爱好围棋，号称是业余九段，未婚。近期与美国最大的投资公司——M公司签约，共同出资300亿美元组建新仁和公司，负责杭州湾项目的运作。这就是罗京天的情况。各位还有什么需要补充的？"

张天亮在短短两天时间内收集到这么详细的信息实属不易，肖天华点点头说："我也在网上看到仁和公司与M公司签约的新闻了，还看到一些负面新闻，杭州湾项目有没有可能夭折？"

张天亮回答道："我也注意到了，虽然上层有反对声，但我认为杭州湾项目夭折的可能性不大。"这个张天亮不简单，这些信息从哪里而来，王强暗自纳闷。

肖天华点点头，张天亮继续说："下面我介绍一下杭州湾项目总指挥蒋丰毅。上周我与王强曾拜访过他，47岁，清华大学毕业后留学德国，获柏林大学工程机械博士学位。在留学期间曾在德国APP总部工作过半年，因涉及论文造假问题，被总部弃用。2005年回国，服务过三菱重工、阿尔卡特等公司。2009年受聘进入仁和公司，担任项目总指挥。性格外向，善于交际，深受罗京天器重。爱好运动，尤其喜欢打高尔夫，是上海多家高尔夫俱乐部会员。哦！还是舞林高手，闲暇之余常常泡在舞厅里。1998年结婚，妻子是大学教授，有一个12岁的儿子，读小学五年级。蒋丰毅的情况就这些，各位还有什么补充的？"

吴美娜吐了吐舌头说："情况不妙，曾被我们公司开除过，那他对我们APP会不会抱有怨恨？"

肖天华也皱了皱眉说："是个问题，据说他与嘉禾公司打得火热。"

王强接话道："是这样的，每次嘉禾公司的人上门拜访，他都亲自送到电梯口。"

张天亮笑着说："看来王强那里工作也有进展，说说看！"

王强有点心虚，涨红了脸说："我了解的情况不多，嘉禾公司的人已经多次拜访过仁和公司。另外，已有多家公司盯上了这个项目，这段时间到仁和公司上门拜访的络绎不绝。我们的竞争对手不少，具体有哪些公司开始盯上这个项目，我还没具体掌握。"

肖天华赞许地点点头说："这在意料之中，这么一条大鱼自然会招来各路好手，还是请张经理继续分析吧！"

张天亮顺着思路继续说："接下来我介绍一下柳钟书的情况。柳钟书，69 岁，原某机电设计院副院长，2008 年退休后被仁和公司聘为技术总工。此人性格随和，清雅淡泊，典型的老一代知识分子。1995 年他发表了双螺杆平衡理论，曾引起学术界的轰动，我们新一代机电核心技术吸纳了他所提出的理论体系。他有一儿一女，现都生活在美国，爱好品茶、钓鱼，目前掌握的情况就这些。至于下面项目部、技术部、采购部成员的信息暂时还是空白，有待于进一步调查。我介绍完毕。"

张天亮的介绍清晰明了，肖天华带头鼓掌后说道："项目组的工作卓有成效，这是一个好的开头。大家接下来探讨一下，我们从哪里入手，下一步工作该如何去做？"

欧阳惠沉思了片刻说道："杭州湾项目由仁和公司和 M 公司共同投资，虽然由仁和公司控股，但 M 公司依然有很深的影响力。我们能不能让总部协助，与 M 公司接触一下，取得 M 公司的支持，这样能化解掉一些不利的因素。"

"好主意！"张天亮脱口而出道，"APP 毕竟是世界上数一数二的公司，M 公司作为世界著名的投资公司，在杭州湾项目上投资巨大，自然会谨慎。如果由总部出面取得 M 公司的支持，那我们成功的希望就大增。"

肖天华点点头说："好！这件事交给我来办！大家还有什么好主意？"

吴美娜说："从目前的情况来看，柳工最有可能成为我们的支持者。我们新电机采用的是他提出的双螺杆平衡理论，自然会对我们的产品情有独钟。他作为机电行业的前辈，对技术的判断和理解自然很精湛，而这方面正是我们的优势！"

肖天华同意道："分析得很有道理，柳工的任务自然非天亮莫属了。"

张天亮点点头说："蒋丰毅我们也不能放弃。是不是把蒋丰毅的任务交给美娜来完成？"

吴美娜没有反对的意思，事情就这样确定下来。

张天亮继续说："我们只是中心开花是不够的，还得做外围突破。内外夹攻，成功的把握更大一点。外围突破的事交给王强吧！"

项目小组成员各自领到了任务，只有欧阳惠空闲着，她忙问道："你们都各司其职了，我能做点什么？"

张天亮挤挤眼说："您老是颗重磅炸弹，得留到关键时刻，不能轻易使出来！"
又是一阵笑声。会议在笑声中结束了。

（案例下文续）

| 招式要领 |

销售项目启动初始，首要的工作任务就是收集信息，对客户及竞争对手进行系统化分析，理顺工作思路，找准方向，再制订相对应的销售策略。最终目的得以达成，方向很重要。如果偏离了方向，不管再怎么努力，只能离方向越来越远。在实际运作中当注意以下要领。

阶段性目标的确立

目标一：在客户内部发展一个内部教练，及时掌握客户动向和竞争对手情况。

目标二：让客户某个关键人成为我们坚定的支持者，并表现为实际的行动。

目标三：取得项目最高决策层的实际行动支持。

客户方决策关键人动向分析与高层公关策略

（1）支持我们的人确定是否拥有最终决策权？

（2）是否还有被我们忽略的能够发挥影响力的高层？（他可能从未出现过，或我们始终没有机会与他接近）

（3）我们与支持我们的关键决策人的关系处于何种阶段？他是否能在后期坚定地支持我们？他还有哪些疑虑和需求我们还没有发现？

（4）高层公关。如何接近最高决策者？如何与他建立信任？如何引导他认同并支持我们？如何通过他向采购或技术部门施加影响？

竞争对手动向分析

最具威胁的竞争对手有哪些动向？（与客户方决策者、设计师采购人员之间的联络动向）

关键的决策流程控制

（1）客户会通过何种方式做出最终决策？

（2）支持我们的力量能否在最终决策的过程中占据优势？

（3）是否存在失败的风险？如何控制风险，确保成功？

技术方案撰写过程控制

（1）撰写技术标准书的人是谁？审核各企业技术方案文件的人是谁？

（2）我们是否已经确认按照我们的预期撰写技术方案了？

（3）如何采取措施控制技术标准撰写的过程？

阶段行动计划

（1）行动要点。

（2）实施步骤。

（3）人员分工。

（4）费用预算。

| 启示 |

对客户做精确化分析以及对竞争对手的活动做清晰化的了解，能制订出准确的进攻方略和行动规划。前端的工作做得越具体，越细致，工作的进度就越快，效果就越显著。

| 第六十九招 |

分析对手动态，采取有效对策

核心要点

（1）读懂客户，方能贴近客户。

（2）了解对手，方能战胜对手。

（3）看清自我，方能实现自我价值。

| 案例 |

（接第六十八招案例）

周五下午1点，APP杭州湾项目组第二次情报分析会在公司三号会议室召开。

肖天华率先说道："据可靠消息，嘉禾公司的销售总经理李一冰去了纽约，约见了仁和公司的老板罗京天，对手已经领先我们一步。"

肖天华的话让张天亮吃了一惊。这个李一冰果然不同凡响。

肖天华依然不紧不慢地说："罗京天到了纽约，李一冰立即飞了过去！这说明人家的嗅觉比我们灵敏，动作比我们快。至少到目前为止，李一冰已经占得先机了！"

肖天华的话让大家感觉到形势的严峻。民营企业投资项目的核心点就是老板。民营企业的老板使权力汇集到一个焦点。如果仁和公司老板偏向于李一冰，要想转变不利局势将难上加难。

张天亮呵呵笑了起来。看着大家一脸诧异的表情得意地说道："如果李一冰想凭借着这层关系拿下杭州湾项目的话，要想击败她绝非难事！"

张天亮的话让肖天华眼睛一亮。忙问道："此话怎讲？"

张天亮胸有成竹地说道："肖总！你还记得你总结过的工业品销售十大武功吗？其中有一门功夫叫'乾坤大挪移'。"

张天亮的话点醒了肖天华。这小子脑袋果然转得快。张天亮旧话重提，倒是激发起肖天华的兴致。他笑着说："今天有王强这个新人，还有两位美女在，你说说如何施展'乾坤大挪移'？"

张天亮得意地笑了笑，卖起了关子："王强，金庸小说，你看过吧？"看到王强点点头，又继续问道："那什么是乾坤大挪移呢？"

王强想了想说："乾坤大挪移是金庸先生笔下《倚天屠龙记》中张无忌的招牌武功，起源于元朝初年的明教，其根本道理也并不如何奥妙，只不过先要激发自身潜力，然后牵引挪移，但其中变化神奇，却是匪夷所思。简单地说，就是充分激发出自己的潜能，牵引挪移对手的发力点，以化解对手的进攻。"

张天亮赞许地点点头说："说得不错！乾坤大挪移运用到销售工作中，其要旨在于不去硬对硬地抗击对手的攻击，而是把对手的攻击点转移到其他地方，巧妙地化解对方的力量。在工业品的销售中，对手的攻击点无非是技术、价格、服务、质量、品牌、客户感情六个方面。尤其是客户感情的运作，在对大客户的争夺上更为明显。作为防守一方，如果正面遭遇有备而来的侵入者，难免会落下风。如果能见招拆招，分散对方的攻击点，往往能取得更佳的效果。运用到我们现在这个项目，李一冰与仁和关系的老板罗京天关系非同寻常，有罗京天的关照，项目总指挥蒋丰毅必然会对她关照有佳，这方面其固然占得先机。如果我们硬碰硬，一定是凶多吉少。但李一冰最为强势的地方，也是她最为薄弱之处。李一冰与罗京天关系密切，而对这段经历最在意的又会是谁？"张天亮故意停下，看着王强。

王强对张天亮的话似懂非懂，见张天亮看着他，懵懂地回答道："当然是李一冰了。"

张天亮摇摇头说："你没听明白我的意思！最在意的当然是罗京天的女朋友了。女人的妒忌心必然会阻止这种事情的发生。当然就会阻止杭州湾项目落入李一冰之手。那怎么才能阻止李一冰呢？最佳的办法就是帮助我们中标。李一冰的强势就转变成我们锐利的武器。关键时刻让乾坤倒转。这就是乾坤大挪移的绝妙之处。"

张天亮的话让王强、欧阳惠和吴美娜恍然大悟。

（案例下文续）

｜招式要领｜

工业品销售往往是双方的博弈。首先是与对手的博弈。与对手的博弈不仅仅体现在产品价格、公司实力、人脉关系上，更重要的是体现在攻防策略、操作技巧、战略战术的运用等方面。工业品销售往往是胜者为王，笑到最后的只有一个。因此，充分研究对手，拟定工作计划是工业品销售的关键。在实际操作中当把握以下五个要领。

要领一：工作的原点——熟悉对手，了解对手，读懂对手

对对手的了解和剖析是销售工作的起点，并贯穿于整个销售过程。了解竞争对手的一举一动，方能准确地制订下一步工作规划。

要领二：工作的核心内容——策反客户关键决策人

销售工作的核心内容就是扩大支持者，拉拢中立者，消灭反对者。与对手的博弈就是客户内部支持者综合能力的比拼。

要领三：工作的主要思路——客户内部的决策流程

客户选择供应商的决策流程是销售工作的主要思路，依据客户的决策流程来分解各个子任务，制订行动方案。

要领四：工作的关键焦点——客户高层决策人的倾向

客户高层决策人往往是一锤定音的人物。他倾向于哪一方，会决定最终的结果。搞定客户高层决策人是销售工作的终极任务。

要领五：工作的关键策略——发挥团队效应

单枪匹马是很难在重大客户或项目中占得先机的，依靠团队的力量，分工协作，方能占得主动，赢得成果。

同时，销售工作也是与客户内部各方力量的博弈，客户内部人员都有各自的利益关系体，针对客户内部的关键决策人的性格、背景、价值取向、内部影响力等制订出有效的公关策略，更能推动工作的进展速度。在实际操作中当把握以下四个要领。

要领一：关系推进的起点——摸清对手是什么样的人

俗话说，龙生九子，各有不同。人都有自己的性格特征、兴趣爱好、价值取向等。因此，与客户接触之前，首先得摸清楚对手是什么样的人，方能知道接下来如何相处。

要领二：关系推进的手段——成为对手所认同的人

销售人员的性格要做到外圆内方。面对不同性格的人，要学会将自己包装成对方接纳和认同的人，以对方的价值观和行事方式来界定自己的言行。

要领三：关系推进的目标——成为我方的支持者

工业品销售有明确的目标和时间节点，也就是说，必须在规定的时间内完成基本的工作任务。与客户关键决策人关系推进的最终目的是将其发展成我方的支持者，获得对方明确的表态，并落实为具体的行为。

要领四：关系推进的策略——以价值为基础，以利益为导向

客户价值是关系推进的核心，给客户带来所期待的价值是建立合作的基础。同时满足客户决策人的利益是关系推进的行为导向。

| 启示 |

方法重于计划，思路决定出路。销售人员取得佳绩要学会苦干加巧干。销售人员当睁大眼睛，一只眼盯住客户，另一只眼盯住你的对手。

| 第七十招 |

关注工作时效，督促工作进度

核心要点

(1) 任务分解到个人，发挥各自的特长。

(2) 目标转换为行动，明确工作的内容。

| 案例 |

（接第六十九招案例）

肖天华收到了仁和公司的传真函，正式邀请 APP 公司参与杭州湾项目的投标，他不敢怠慢，立即召开了第三次项目分析会。收到仁和公司邀约函，肖天华并不意外，这意味着项目之争已正式拉开了序幕。

张天亮、王强、欧阳惠、吴美娜陆续走进肖天华的办公室。肖天华将仁和公司的传真函递给张天亮，张天亮扫了一眼就传给身边的欧阳惠。肖天华见大家都看完传真函，喝着茶慢悠悠地说："仁和公司已经发出了正式邀约，要我们在一个月以内上交技术方案。对我们而言，正式的较量即将开始。接下来，我们讨论一下如何去应对。"

张天亮喝着茶看着欧阳惠说："我们这儿有高手在，现在轮到您老人家出手了！"

欧阳惠笑骂道："我有这么老吗？做技术方案之前，我必须对杭州湾项目的技术要求作全面的了解，了解得越细，我们的针对性才能越强，这也包括仁和公司内部技术权威的思路和价值取向。我现在还是一无所知，一个月的时间还是比较紧张的！"

张天亮故作神秘地说："您老人家的要求，小生已经为您准备好了。"

欧阳惠与张天亮合作多次，深知他的能力。听他这么一说，就知道早已做好了准备，顿时放下心来。

肖天华还有点不太放心，技术交流是非常关键的一个环节，容不得半点马虎。追问了一句："你是怎么准备的？"

张天亮说道："上周日，我与仁和的柳工去钓鱼了，还成了他的关门弟子，技术方案还成问题吗？"

肖天华竖起大拇指说："你太有才了！"

这又引来大家一阵笑声！肖天华喜欢这种轻松的气氛，笑声里能透露出员工的自信。他关切地看着王强问道："王强，你那里有什么进展？"

张天亮替他回答道："王强已经入门了，他那里有戏！"

王强私下已将参加仁和公司员工聚会的过程向张天亮汇报过。他对王强的进展还是挺满意的。肖天华转向吴美娜问道："美娜，你那里怎么样？"

吴美娜道："有点进展吧！"

肖天华也不再追问，转换了话题说道："我们接下来，研究下一步该怎么办！"

张天亮胸有成竹地说："我们该正式对仁和公司进行一次拜访，将参加招标的事确定下来。"

肖天华点头确认说："好！就这么定了，具体时间由天亮来安排！"

| 招式要领 |

既然是团队作战，作为团队的指挥官，就得化繁为简，将繁杂的工作内容分解成一个个具体的任务清单，并依据个人的特长来将各项任务落实到具体人的身上。具体操作通常有以下三个步骤。

第一步：任务切分。任务切分是将项目按照里程碑或实施顺序逐层分解成一个个具体的子任务。具体表现为由完整定义的工作任务构成的、面向项目达成目标的家族树：

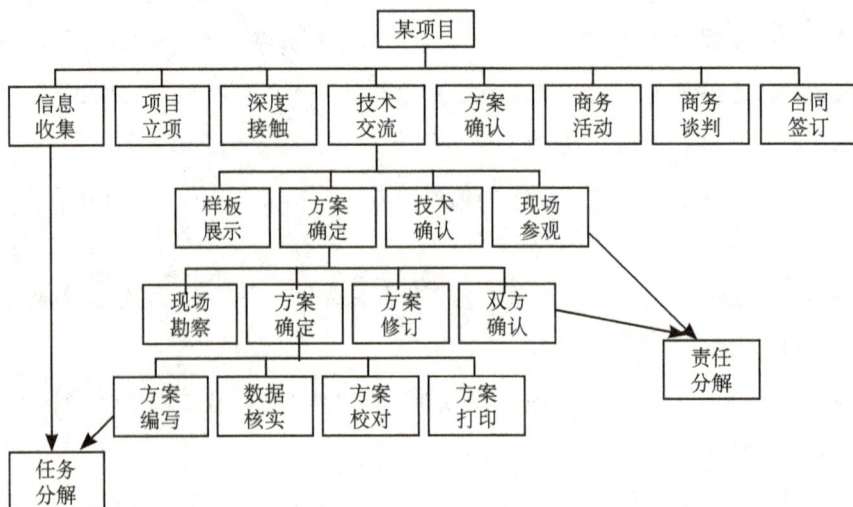

第二步：将一个个切分出来的子任务落实到具体人身上，并限定在具体的时间内完成。

项目组成员间个人的技能和特长各有不同，团队管理的核心就是发挥每个人的强项和优势，并聚集每个人所拥有的资源，方能起到一加一大于二的效果。团队成员分工协作就是为了起到优势互补、资源共享的作用，因而应根据项目组成员的特长，将各项任务有效地分解到每一个人头上，制订出任务分解清单：

任务清单		责任人一	责任人二	完成时间	检查人
深度接触	1. 明确客户的组织架构及分工				
	2. 明确客户采购的关键需求				
	3. 成功发展 1 ~ 2 名内部教练				
	4. 制订并执行有效的竞争策略				
技术交流	1. 明确客户对产品各方面的需求				
	2. 展示我方实力及产品优势				
	3. 搞定技术关键人，使其对我方产品产生倾向性				
方案确定	1. 透过技术关键人，推荐我方有竞争力的产品				
	2. 使我方产品能够满足项目需求				
	3. 让我方产品成为样品标本				

第三步：团队的管理者必须时刻将各项子任务串联起来。

当任务分解到各人身上，各人去做各人的事，但每项任务都是相关联的。就像是接力赛跑，当前一个人跑完了赛程，后面的人必须马上接上。因此每项任务必须要有直接串联人，确保前后衔接紧密而不出现断层。做好子任务的串联应掌握以下十个要领。

（1）销售文件不要轻易丢出去。要做好登记和复印，并保留原件。

（2）第一时间记下来。准确到位才能主导进程。

（3）做好下属的"保姆"。管理者要会补漏，管理者像"保姆"——担保、保证的"保"。

（4）你不做我做。管理到别人无法推脱。

（5）作业异常报告。当我们的部下比较多时让部下做工作异常记录。

（6）串联到位。跟催及时有力——跟踪表、问题记录。

（7）部门间的串联——摊到桌面上来，要善于开会。

（8）串联得强有力——管理者的权力也不是绝对的，你要让别人无法否定你。

（9）上司也有待你的跟催。"跟主管说过了"、"报告给了上司"，便成了别人的事？——上司比你忙，这些事对你比对他更重要。

（10）时刻关注工作进度，作阶段性评估。

| 启示 |

仅仅将任务分解下去是不够的，还需要做好工作间的协调和督促。始终把握住工作的方向，掌握工作的进度，评估阶段性的成果，方能获得预期的成果。

| 第七十一招 |

抓住节点，有效推进

核 心 要 点

（1）销售人员做了什么不重要，关键是做到了什么。

（2）销售人员感觉好没有用，关键是客户的感觉是什么。

| 案例 |

小赵出差两周后回到公司，销售部王经理将他叫到办公室问道："小赵，外面跑了一圈，有没有收获？"

小赵兴奋地说："这趟出差蛮顺利的，跟踪的三个项目希望都蛮大的，估计下个月就能签合同了！"

小赵信心满满，但王经理却皱皱眉，这几个项目小赵刚跟踪一个多月，下个月就能签合同？似乎没那么简单，但他还是鼓励道："不错，这段时间你工作认真，非常投入，表现不错。"

王经理见小赵面露喜色便问道："你这次拜访了天龙房产，有什么进展吗？"

小赵得意地回答道："我这次拜访了天龙房产采购部的姜经理，谈得挺不错的。

上次我们送过去的样品他们挺满意的。姜经理说了，公司内部倾向于选用我公司的产品，让我回来准备好合约，顺利的话下个月就可以签约。"

王经理继续问道："那你有没有拜访他们的技术部、成控部？"

小赵摇摇头说："姜经理说了，这件事就包在他身上了，至于其他部门，他会去沟通，叫我不用去了！"

王经理又问道："那你有没有了解一下，还有哪些公司在与天龙房产联系？"

小赵吞吞吐吐道："听说M公司的销售员也去过几次！"

王经理问道："那天龙房产的相关部门对他们的态度如何？"

小赵摇摇头说："这个不太清楚！"

王经理顿时感觉情况不妙，这段时间工作繁忙，疏于了对小赵的工作指导，小赵这次出差，工作显然没什么太多进展，所跟踪的几个项目前景不妙。

（案例下文续）

| 招式要领 |

销售管理的核心在于：把握住工作方向，有效地按照预定计划向前推进项目。销售人员往往习惯于汇报每天做了什么，做了什么不等于做到了什么。销售是目的性很强的工作，如果未能有效推动工作成果向最终目标靠近，就意味着这段时间的工作是无效劳动。因此，销售管理的核心在于抓住关键节点，确保工作进展能有效推进。在实际工作中当把握以下五个关键要领。

客户关系是否从一个部门延伸至其他部门

新客户、新项目的开发往往会选择一个核心部门作为切入点，随着工作的进展，必须将人脉关系由一个部门延伸到其他部门。

客户关系是否由下往上推进

通常情况下，客户关系往往是由下往上推进的。通过客户关系人的引荐和协助，将客户关系由下往下推进，直至最高层。

客户关键决策人的态度是否有倾向性

客户关键决策人的态度由中立向支持推进，让其对公司产品有较明显的倾向性。这就需要客户关键决策人对公司产品价值的认同、个人关系的融洽及利益上的满足。

客户相关决策人对公司产品价值的认知度的推进

客户对企业产品价值认知度越高，合作欲望就越强烈。技术交流、样板工程及生产厂区的参观、产品演示等都能有效加深客户对公司产品价值的认知和认同。

工作规划是否在每一个节点都获得预定的成果

从与客户的初步接触开始，到技术交流、样品确认、商务公关、商务谈判等关键节点，是否都在预定的时间内获得预定的成果。一个环节出现偏差，都会导致前功尽弃。

| 启示 |

别轻信销售人员的汇报，销售人员说没问题，往往最容易出现问题。销售工作绝不能浮于表面，而是要落到实处。

| 第七十二招 |

突破信息盲点，寻找最佳突破口

核心要点

(1) 客户关系往往是雾里看花，不要被表象所迷惑。

(2) 掌握客户内心真实的想法，需要多渠道去了解。

(3) 突破信息中的盲点，方能寻找到突破口。

| 案例 |

（接第七十一招案例）

王经理分析道："你与采购部的姜经理刚接触，他就对我公司的产品产生了倾向性，并能成为我们坚定的支持者，显然这其中有猫腻。这其中可能会有两个原因：一是姜经理纯属糊弄你，他已经有了候选对象，让你送样只是为了作为一个陪衬，对上面有个交待；二是姜经理在利用你打压对手，以换得更多的利益。不管是哪种原因，目前的情况都不妙。你目前要做的是尽快摸清其中的真实原因，才能有效制订下一步的对策，否则，这个项目成功的概率很低。"

小赵问道："那如何才能摸清原因呢？"

王经理回答道："你可以从其他部门或者采购部的其他人员入手，了解哪些竞争对手也参与了这个项目？姜经理平时都跟哪些竞争对手接触了，他们的关系如何？该项目目前进展到哪个阶段了？客户公司对我方产品真实的态度如何？总之，你应该从多渠道去收集信息，相互比对，方能掌握到真正的项目情况。"

小赵似乎觉得王经理过于谨慎了，心中有点不服地说道："可姜经理几次向我表态了，这个项目会选用我公司的产品。"

王经理耐心地解释道："姜经理为什么要向你表达？你能带给他什么？这个世界上没有无缘无故的爱。我们做销售的千万别被客户的表象所迷惑。如果不能突破信息的盲点，你将来输了都不知道输在哪里。"

| 招式要领 |

客户间的关系往往是暧昧的，雾里看花，终隔一层。客户在选择供应商时往往有两家以上的备选，在客户的内部也存在着利益的博弈。尤其是初次合作的客户，表面上的热情带有很强的欺骗性。如果不能准确判断客户的真实态度和项目情况，就会在拟定销售策略时陷入误区。遭遇到信息盲点主要有以下几大原因。

（1）脚踏两只船。客户决策人性格圆滑，两面不得罪，希望从中获得更多的好处。

（2）明修栈道。客户决策人保持热情积极的态度，目的是让你放松警惕，让其他关系更密切的客户有机可趁。

（3）渔翁得利。客户有意识地拉进更多的潜在供应商，让它们相互竞争，以便获得最有利的条件。

（4）左右摇摆。客户决策人不愿承担责任，受公司各种势力影响，看风使舵，求得上级领导的认同。

突破信息盲点的有效策略如下。

（1）发展多个内部教练，从多渠道收集信息，将收集到的信息进行对比，从而验证信息的真实性。

（2）衡量与客户决策人的关系程度。从客户决策人的具体行为中来判断其真实的态度。比如，你遭遇到困难，对方是否能够为你献计献策，如果会，说明对方与你的关系较好；如果不会，说明对方与你关系一般。

| 启示 |

客户往往是"花心"的，经常会脚踏两只船。迷人的外貌之下往往隐藏着"险恶"的动机。销售人员应有鹰的眼睛，虎的霸气，狐狸的机敏，狗的忠诚。

| 第七十三招 |

控制费用，好钢用在刀刃上

核心要点

（1）费用是有限的，每分钱都得用到实处。
（2）该不该花钱的判断标准：是否能推动工作的进展。

| 案例 |

快下班的时候，王经理接连接到几个电话。第一个电话是主管江苏区域的小张打来的。小张很急促地说："今天我与常州山水项目部的钱经理谈得不错，他看了我公司产品介绍后表示很感兴趣，接下来让我们送样呢。我想趁热打铁，晚上请项目部的一干人员一起吃个饭，双方联络一下感情。你看行不行？"

依据公司的规定，宴请客户费用在1000元以上是需要请示的。小张打来电话，意味着这顿宴请花费不菲。王经理想了想说："小张，晚上这顿饭除了想联络一下感情之外，还有什么目的吗？"小张愣了一下说道："就是想拉近一下与客户的关系，对接下来的项目推进会有帮助。"王经理说道："既然是这样的话，又何必请项目部的一干人员吃饭呢，你单独请钱经理不就得了吗？"小张辩解道："我原来是想单独请钱经理的，可钱经理说请他一个人不太合适，最好叫上部门所有的人，于是我给你打电话了。"王经理有点哭笑不得地说道："小张，我觉得你现在请他们吃饭意义不大，尤其是一个部门的宴请，对项目的推进没什么帮助。你花了钱，没人会领这个情。你刚刚与客户初步接触，如果要宴请的话，我建议是单独宴请。你还是找个理由推辞掉吧！"小张不太情愿地答应道："好吧！"

第二个电话是主管安徽的小孙打来的，小孙在电话里请示到："芜湖皇城项目的合同已经签订了，我刚拿到他们公司已经盖好公章的合同文本。晚上我想请几个对我们帮助很大的人吃顿饭，王经理，你看可以吗？"

王经理开心地笑道："祝贺你，小孙。工作做得不错。你晚上找个地方请大家吃个饭。让客户知道你是一个知恩图报的人！"

| 招式要领 |

在实际的销售工作中，宴请客户是常见的商务公关活动。但对任何企业而言，销售费用都是有限的。在销售管控中，控制好每一笔费用，将有限的资源用在关键的环节上方能发挥真正的作用。在费用管控过程中当把握以下四个要领。

要领一：能否有效地推进销售工作的进展

花钱的真正目的是能有效地推进工作的进展，达成阶段性的成果。花了钱就必须要有收获。工作进展包含了两个方面的内容：一是向前推进与客户决策人的关系；二是将客户对公司产品价值的认同度向上提升。

要领二：能否获得有效的内部信息

通过宴请客户相关人，能否获得相关的项目信息，以有利于下一步的决策。

要领三：能否让客户决策人成为我们的支持者

通过人情化的点缀，获得客户决策人的支持。在满足客户需求的基础上通过感情的交流和利益的满足来获得对方的支持。

要领四：能否获得最佳的阶段性成果

如何取得有利于我方的阶段性成果，比如，在样品评比中领先于对手，进行必要的商务公关，就能提升项目的成功概率。

| 启示 |

花每一分钱都是需要有收获的，不能漫无目的地乱花钱。销售费用是企业投资的一部分，任何投资都追求投资回报率。以成果来界定钱该不该花，花多少。

| 第七十四招 |
在预定时间里做完该做的事

核心要点

(1) 销售工作可提前做，但不能延迟做。

(2) 销售工作做得越晚，效果往往越差。

| 案例 |

到了月末，华东营销中心要召开每月一次的例会。各路人马都赶了回来。王经理翻阅了一周的工作报表，询问着各区域的工作进展情况："小赵，你最近跟踪的宁波天智大厦、杭州湖山项目、嘉兴海湾项目的进展如何？"小赵想了想回答道："宁波天智大厦，我公司的产品已经送过去了，他们说综合评估后再给我答复。昨天我与天智大厦项目的杨经理通过电话，杨经理说他们公司还没有定论，得过几天再给我们答复。杭州湖山项目样品已经测试通过了，该项目的相关人准备对供应商进行一轮考察，但具体时间也没定下来。嘉兴海湾项目即将进入招标阶段，具体什么时候开始还未定，我们在等甲方的通知。"

小赵的一席话让王经理甚为不满，他控制着自己的情绪平和地说道："天智项目的样品已经送过去两周了，怎么连个结果都不知道？"小赵辩解道："我追问过几次了，杨经理说这段时间他们都很忙，这个事情给拖下来了。"王经理继续追问到："你是怎么追问的？打打电话？有没有现场去了解一下？"小赵窘迫地说："会议结束后，我直接去宁波。"王经理没继续追问，换了个话题问道："杭州湖山项目样品通过已经快十天了，下一轮的厂区考察有哪些人参加？考察的线路有没有确定？主要考察哪些内容？你们了解了吗？"小赵摇摇头说："现在还不清楚，客户还没确定。"王经理不满地说："你是不是等着客户主动告诉你？"小赵红着脸说不出话来。

王经理语重心长地说："做项目销售，一个关键的核心是，必须在预定的时间里，将自己的工作做到位、做扎实，方能保证该项目获得预定的成果。什么事都不主动去做、提前去做，那我们就会永远晚一个节拍，那就意味着我们在与竞争对手的比拼中落后一步，成功的希望就减少一成！"

（案例下文续）

| 招式要领 |

销售管理的核心点在于有效的时间管理，项目销售的一个重要特征就是有时效性，如果不能在预定的时间里做好预定的工作计划，那就意味着你前端的工作绩效归零。比如，如果甲方即将开始招标，公司样品都未能通过，那你就失去了招标的机会。因此，销售工作只能向前移，而不能向后挪。在时间工作中应把握以下要领。

向关键路径要时间，向非关键路径要资源

紧紧抓住销售工作的几个关键节点，如产品式样、技术交流、方案确定等。这些关键节点的时间控制点要严加控制。对于非关键路径，如试制样品、编写技术方案等，力求取得其他部门的支持与配合，获得更多的资源。

拆分关键路径上的活动，实现并行

各项销售工作可以齐头并进，而不是一件件去做。比如，一方面我们进行产品试样、技术交流等，另一方面进行商务公关、高层互动等。这方能确保我们的工作做在前端，领先于对手，占得主动。

管道管理，工作优先级排序，确保重点

将项目分解成若干个阶段，在不同的阶段抓住当前工作的重点。针对不同的项目，抓住相对应的工作重点。在不同的时间段内，确保重点工作的质量。

将商务活动与产品价值提升分离运作，又能相互呼应

工业产品的销售工作都围绕着两个主线在运作，一是客户关系的推进，二是产品价值的提升。这两条线可以分人员、分主次运作。

| 启示 |

销售人员必须有强烈的时间管理观念，销售工作做得越靠前，往往越主动。切记：别等着客户来告诉你结果，而是努力向客户要结果。

| 第七十五招 |

分析工作进展，重新调整规划

核心要点

(1) 工作是动态的，当时时调整计划。

(2) 阻碍是难免的，应找到突破方略。

| 案例 |

（接第七十四招案例）

王经理转头向小孙说道："小孙，你介绍一下正在跟踪的安徽的几个项目的情况吧！"小孙翻开笔记本汇报道："安徽芜湖皇城项目已经签订合同了，我们立刻与客户的采购部、财务部及公司高层领导进行了沟通。昨天他们已经将30%的预付款打给我们公司了，我也与公司财务核对过了。这笔款已经到账。同时我也与公司的生产技术部门进行了沟通，确保在下个月20日之前交第一批货。合肥绿城项目目前的情况是这样的，和我们一起参与这个项目竞争的有A公司、B公司和C公司。据我们了解，A公司曾经与甲方有过合作，他们上层关系比较好，尤其是与甲方的技术总工关系不一般。但在合作过程中A公司产品质量曾经出现过问题，有一幢楼进行过返工，甲方甚为不满。B公司是通过甲方采购部经理的关系进入的，前段时间也送了样品，但综合评估下来，甲方不是很满意，准备再次送样。C公司没什么特殊关系，但该公司品牌知名度很高，送过去的样品甲方也比较满意。我们走的是高层路线，是直接通过甲方总经理的关系介入这个项目的。上周送样，技术部门和工程部都比较满意，算是通过了。现在遇到的主要问题是：采购部经理倾向于选用A公司的产品，对我方提出了种种异议。我们下一步工作的重点是必须搬掉采购部经理这个拦路虎，至少让他保持中立。"

王经理点点头说："那你采取什么手段呢？"小孙胸有成竹地说："我准备双管齐下：一是甲方总经理准备到我公司参观，采购部经理一定会跟随，我借甲方总经理的态度来压制他，总经理表示支持了，我想采购部经理也不会公开反对了；

二是找个机会约采购部经理单独聊聊，沟通一下感情。"

　　王经理继续问："那甲方总经理到公司参观的时间确定了吗？"小孙回答道："基本确定好了，就定在下个月的 10 日。该项目下个月 25 日就要开始公开招标了，我必须加紧让总经理表明态度。"

　　王经理点点头说："准备得很细，甲方总经理到公司参观，你得安排好行程，准备好接待，同时让公司董事长出面接见一下，高层互动一下，效果会更好！"小孙点点头说："好的！"

| 招式要领 |

　　大客户销售的过程管理也是对工作进度的管理。定期评估工作的进展，界定销售工作推进到哪个阶段（里程碑），以此来制订下一步的工作规划。工作进度需要进行量化，通常用百分比来衡量，如某企业工作进度量化表：

里程碑	信息收集	项目立项	深度接触	技术交流	方案确定	商务公关	商务谈判	合同签订
工作进度 /%	5	15	30	50	60	80	95	100

　　销售工作推进到哪个阶段（里程碑），需要有恒定的标准，即评估销售的每一个阶段（里程碑）的各项子任务是否都已完成，是否达到设定的要求。设定标准的意义在于明确阶段性目标，确定阶段性任务的完成，如某企业里程碑质量标准表：

里程碑	信息收集	项目立项	深度接触	技术交流	方案确定	商务公关	商务谈判	合同签订
质量标准	有效信息	有望立项成功	发展内部教练	产生倾向	客户首选	高层支持	达成共识	拿到定金

　　对阶段性工作进行总结，并根据客户状况和掌握的销售资源来重新调整和制订下一阶段的工作计划。工作计划应根据实际情况的变化而及时调整。目的在于确保下一阶段的工作目标的达成。每一阶段都需制定工作任务书，如下：

活动状态描述						
活动描述	计划开始时间	计划结束时间	实际开始时间	实际结束时间	责任人	状态描述

　　找出每一阶段（里程碑）可能出现的障碍，并找出突破障碍的解决方法。对可能出现的困难要有提前预估，方能事先做好准备，做到有备无患。问题清单表如下：

项目名称及里程碑：	起止日期：
里程碑任务：	
任务清单：	
费用预算：	
实施过程中遇到的主要障碍：	突破障碍的方略：
下一里程碑名称：	
项目经理审核意见：　　　　签名：　　　　日期：	

┃ **启示** ┃

　　细节往往能决定成败。将销售工作不断地细化，就能提升工作的质量；有效管控好整个销售过程，能提高销售工作的成功概率。

| 第七十六招 |

评估你在客户心中的地位，提升客户关系

核心要点

（1）认清形势，减少无效劳动。

（2）解读客户，不被客户忽悠。

| 案例 |

周一早上一上班，电话铃就响个不停。小陈赶忙抓起电话，是杭州的代理商老张。

"陈总啊，有好消息。"老张很兴奋，"昨天了解到某学院要采购一批缝纫设备，我已经和他们采购组的副组长见过面了，他们院长亲自挂帅兼任组长，项目绝对有戏。"

这种电话，小陈每天都能接到好几个。对待这种"好"消息，小陈通常没有那么兴奋。因为事实证明："好"消息，要么是假消息，拿着客户给的针当棒槌看了，根本不是真正的项目；要么是坏消息，项目虽然是真的，却早被竞争对手搞了个七七八八，一点机会都没有。既然老张说一把手都出马挂帅了，显然不是假消息，但是不是坏消息呢？

于是，小陈赶忙问道："昨天你去见客户，客户是不是问了你很多问题？"

"客户问题不是很多，就是简单问了一下我们公司的情况。"

小陈的心凉了一下，接着问道："从你们的谈话中，你感觉客户对这次项目建设有清晰的了解吗？"

"应该是有，他们有很清晰的规划，对咱们的行业也算是知根知底，还和我谈起这次项目建设可能存在的风险。"

小陈的心已经凉了一半，继续问道："你要求接触他们的高层了吗？比如，副院长以上的人物。"

"要求了，但是听起来困难很大，他们领导都比较忙。"老张似乎也觉得有点不对劲。

　　小陈的心已经凉了一大半，硬着头皮问道："你们一共讨论了多长时间？讨论期间是谁在控制讨论的议题？"

　　"不到半个小时吧，主要是他们在控制，问的问题都很具体，如我们的产品、如何计算车间产能等。"

　　小陈的心已经拔凉拔凉的了："老张啊，节哀顺变吧。项目肯定有人介入得比较深了。客户之所以愿意接待你，是想把你作为一个候选，以备不测。当然了，不是没有希望，但难度肯定非常大。"

| 招式要领 |

　　如果与客户关键人的关系没能深化到合作伙伴的阶段，那么他在你面前所展现的往往是表象。看似热情主动的背后隐藏着一些个人的目的。客户在忽悠你，一般会有如下三个原因。

　　(1) 客户已经有了"关系户"，与你接触只是为了了解更多的信息。

　　(2) 客户已经与其他供应商达成基本共识，找你不过是为了做陪衬，进行压价。

　　(3)客户关键决策人已经有了决定，用你不过是"障眼法"，显示他的"公允"。

　　能否与客户建立合作关系，一个关键核心是：评估一下自己在客户心目中的地位究竟有多高。在客户心目中的地位越高，成功的概率自然就越高。评估在客户心目中的地位通常可采取以下四点要素。

　　要素一：客户疑问多与少。客户问得越多，那么他的兴趣就越大

　　客户心中有疑问，说明他对公司的产品有浓厚的兴趣。疑问越多，购买的欲望就越强烈。客户有与公司建立合作关系的欲望，所以他才会花费精力去了解公司及产品的情况。反之，如果客户问得很少，就意味着客户已经在内心否定了你，也就没有必要了解一些与他无关的事。

　　要素二：客户与你交流的时间长与短

　　客户之所以愿意与你交流，说明对方喜欢上了你这个人。在与你的沟通中，他能体会到乐趣和愉悦，或者在与你的沟通中能得到有效的信息。客户与你交流的时间越长，说明你在他心中的地位越高。

要素三：客户能否给你引荐他的上司

客户愿意为你引荐他的上司，那就意味着你与客户间的关系上升到朋友或者合作伙伴的关系。客户愿意为你的事鼎力相助，说明你在客户内部找到了一个成功的支点。在客户的引荐下能见到更高的领导，成功的概率自然就越高。

要素四：讨论问题的范围宽与窄

客户与你讨论的问题面越宽，那是客户发出的合作信号。当客户心目中将你作为主要的后续供应商时，才会与你探讨关于产品品质、技术性能、供货速度、服务范围等相关的问题。客户与你讨论的问题越宽，那就代表着客户的购买欲望越强。

| 启示 |

只要做个有心人，就能从各个细节中判断出客户的真实意愿。掌握客户内心真实的想法，方能采取针对性的策略。

| 第七十七招 |

评估客户合作的诚意，激发客户欲望

核心要点

(1) 谁在主导工作，折射出客户的态度好坏。

(2) 探讨问题的深浅，反映出客户的诚意大小。

(3) 对产品的理解程度，显示出客户的兴趣高低。

| 案例 |

销售经理晓东就心急火燎地闯进了小王的办公室："兄弟，有没有时间，帮我分析一下甲公司的那个项目？"

"好啊。这个项目越来越复杂了，对手在拼命反扑，我们是该坐下来认真分析一下了。"

"虽然对手盯得也很紧，但我觉得还是我们的希望最大。不过感觉是感觉，心

里还是不踏实，所以想请你帮忙分析一下。"

"客户最近和你接触时，问的最多的是什么？"

"产品细节。客户一个点一个点地在抠。"晓东毫不迟疑地说道。

"这是个好消息。客户下一步的工作计划，你清楚吗？"

"客户和我商量过，我们商量着，想做一次样机测试。"

"你确信是你们一起商量的，而不是客户主动要求的？"小王追问。

"肯定是一起商量的，当时客户也不知道下面该怎么进行了。"晓东的回答也很肯定。

"是你在卖东西给他，还是他们在贩卖东西给你？"小王接着问。

"什么意思？我是销售啊！"晓东显然没听懂。

"我的意思是，他们是不是经常会有些新想法、新概念传播给你？还是你经常把一些新东西告诉他们？"

"这段时间他们很少谈什么新概念，我倒是没少教育他们。他们对咱们的微油旋梭技术很感兴趣。"晓东想了想。

"你最近向客户演示产品时，他们是全面地看，还是只注意几个关键点的功能？"

"刚才不是说了吗，看得比较全面，尤其对流程了解得很细。"晓东道。

"祝贺你，晓东同学！这个项目你可以踏踏实实地往下操作了，如果客户在项目推进过程中，一直对你依赖性比较强，说明你是他的首选，否则，你就只是替补。看来，前期我们占了很大优势。当然啦，后面也不要掉以轻心。"小王总结道。

| 招式要领 |

谁卖东西给谁

如果你感觉是你在卖东西给客户，比如，客户对你提的各种建议、方案都很感兴趣，总是兴致勃勃地和你讨论，这绝对是个好事。

相反，如果你总感觉客户把东西贩卖给你，比如，客户经常问你"这事这样做行不行"、"那样做有什么风险"，你可得千万注意了，大事不妙，因为这些东西很可能是你的对手贩卖的，客户内心其实已经接受了，只不过有个别问题不放心，在找人确认而已，你只不过是个陪练！

销售是一场只有第一没有第二的比赛，第一自然是幸运儿，不过倒霉蛋并不是最后那个家伙，而是一直傻傻跟到底的第二候选人，所有的事都做了，却什么也没得到。

谁在安排下一步工作

如果你可以和客户协商下一步的项目进展，客户也乐意和你讨论，比如，你和客户商定了一次双方高层的见面，这是好消息，说明事情在你的控制之中，客户对你很信赖，而且愿意和你一起推动项目进展。因为站在客户的角度，他只会选择和心目中的第一候选人步调一致地向前推进。

相反，如果客户总是安排事，今天让你干点这，明天让你干点那，那你麻烦就大了，这种行为背后很可能有推手，这个推手很可能是你的对手。

讨论问题的深入程度

这个阶段，客户对要购买的东西有了一定的了解，困惑点也开始慢慢聚集，开始考虑你的产品到底是如何帮助自己的业务，关注点由产品走向了解决问题的方法。这时候，如果客户对每个需求都愿意和你深入地讨论，这肯定是好事，说明客户开始考虑应用后的结果了，客户对你很忠诚，他希望最后"娶"你。

相反，如果这个阶段客户和你讨论的问题还是很宽泛，注意力还是在产品、价格这些因素上，这说明客户根本没认真考虑你的东西，他只是想拉你垫底，这样做的目的可能是制度需要（如公司规定采购必须有三个供应商参加），也可能就是留着你震慑第一候选人，别让第一候选人狮子大开口。

对产品的理解程度

如果在销售过程中，有产品演示的环节，问题判断就会更加清晰。在演示中，如果客户的问题都很系统，对解决问题的兴趣也很大，并且不限时间地和你讨论，最重要的是讨论的时候有领导参加，那就一切 OK ！

相反，客户如果只问和对手的差异性，临时抓人听你讲，而且经常对你的观点持保留意见，那你惨了——嫌货的不一定是买货的，有可能是砸场子的！

| 启示 |

面对没有诚意的客户，不管你如何努力都难有成果。该放弃时就尽快放弃，不要白白浪费你的时间和精力。

| 第七十八招 |

评估销售成功的概率，调整工作策略

核心要点

(1) 警惕客户突然性的异议，这是排除你的信号。

(2) 欢迎客户与你探讨价格，这是选择你的信号。

(3) 别怕客户索求额外承诺，这是认同你的信号。

(4) 坦然面对客户老大出场，这是与你签约的信号。

| 案例 |

下午刚上班，销售小将珊珊一脸惶恐地走进了经理小王的办公室。看着愁眉苦脸的珊珊，小王急忙问道："是不是乙公司那个项目出岔子了？"

"岔子倒没出，客户下周二开董事会做最终决策，我心里没底，想和你讨论一下。"

小王心里"咯噔"一下，一个大项目到现在这个阶段，如果你觉得是你的，未必是你的；但如果你觉得不是你的，一定不是你的。

"最近客户中有没有人突然给你提出你解决不了的问题？"

"你怎么知道？"珊珊很惊讶，"最近他们生产中心的一位副总，提出来想用极厚料打圆头锁眼，你知道这不是我们的强项，况且他们平常也极少用极厚料！好在我们已经解释过了，他也没再提出其他的异议。"

小王知道有麻烦了，客户这时提出这样的问题，往往并不是要一个解释，而是要找一个挑剔你的理由。"客户反复和你确认过价格吗？"小王连忙问道。

"没有，我们报完价后，只和我们确认过一次，问问我们还能不能降。我说可以，客户就没再纠缠。"珊珊似乎不明白小王为什么这样问。

这个信号更危险，这说明客户根本没把你的价格当回事，因为他们压根就没打算选你。

"你多长时间没见他们高层了？"

"他们高层都很忙，两个月前见过他们一位副总，副总让我多和他们的信息部门沟通，之后就再也没有见过。报价的时候，我试图和那个副总联系一下，但是他太忙了，实在没时间见我。"

"客户中有没有人明确地表达过一定选你？"小王追问道。

"没有吧，他们只是说，我们很不错，他们会重点考虑。"珊珊答道。

"从现在的情况来看，你肯定没戏了！他们只是把你当成参考，而不是一位备选供应商，你唯一的作用就是来证明你的竞争对手做得多么好。"小王叹了口气。

| 招式要领 |

评估销售是否成功有如下四个标准。

标准一：有没有突然的异议

这里的异议，是指在项目后期突然出现的，而你的产品解决不了的问题，或者干脆就是对价格的不满。

客户如果想排除一个供应商，最简单的办法就是通过价格或者产品。他们通常会说："感谢你们参与，你们做得不错，但我们选择了另外一个供应商。如果你能够价格更低或者某些功能能够满足的话，结果可能会不同。你是第二位的选择。我们将在任何未来的需求中考虑你们。再次感谢你们付出的努力。"

如果真的相信了这种托词，下次失败的肯定还是你。所以，当突然的异议出现时，你一定要小心了，那十有八九是大客户准备干掉你了！

标准二：是不是反复与你讨论价格

客户通常在两个阶段关心价格：一个是初始阶段，这时候主要为了判断要不要让你进来，如果你的价格很离谱，客户就不会考虑你了；第二个当然是最后阶段了，如果客户认为你是第一候选，询价的方式会和第一次有很大区别，他们会把另外两个问题绑在一起和你讨论价格：精确的需求和可能的风险。

之所以如此，一方面是因为这时的客户已经对自己的需求和你的产品都比较清楚了，很容易确定哪些东西要，哪些东西不要；另一方面，客户已经开始做实施的心理准备了，他们当然想价格低一些，但是又担心价格低会带来更多的实施风险，所以，他们会倾向于在不带来额外风险的前提下和你谈价格。

标准三：有没有向你要额外的承诺

额外承诺往往是指，诸如希望与你公司进行战略合作、委派客户指定的技术实施人员等，这种额外的要求往往并不是基于一种占便宜的心理，说白了还是对未来风险的担忧，希望你更加重视他。

标准四："老大"是否出面了

这里的"老大"泛指客户高层，并不一定就是老板。客户的老大通常会在第一和最后一个阶段出现，首次出现是表明这个项目的重要性，象征意义大于实际意义。如果在最后一个阶段出现，一般只会接见最有希望的供应商。之所以如此，是因为有些事只有他能做决策。所以，如果你在这个阶段能够见到高层，说明希望很大，否则就岌岌可危了。

| 启示 |

欢迎客户不停地"骚扰"你，这意味着胜利的曙光就在眼前。只要保持足够的耐心和坚韧，一切尽在掌握之中。

| 第七十九招 |

招投标，全方位实力的展示

核心要点

(1) 仔细阅读招标文件，分析客户的个性化需求。

(2) 精心做好投标前的准备，不打无准备之仗。

(3) 分工协作，充分展示企业实力，作最后冲刺。

(4) 把握好中标后的每一个细节，圆满收官。

| 案例 |

10月8日。国庆长假后的第一天，国贸大厦的招标会在富丽华酒店举行。

早上7点，老姚换上一套藏青色的西装，扎了根淡灰色的领带，吃了几片面包。检查了一下公文包里的相关资料，便匆匆出门。

8点10分，老姚赶到富丽华酒店。技术部王工未到。老姚坐在沙发上将准备的相关资料细细地阅读一遍。

8点40分，王工赶到，老姚检查了一下准备好的样板。确认无误后，到招商组接待台办理相关手续。

8点45分，相关资料齐全，顺利办理完各项手续，有两家参加招标的企业因手续不全被挡在门外。

8点50分，在接待人员的引领下，老姚等一行人在小会议室等候。

9点20分，老姚听到服务人员在呼叫公司名称，便与王工走进招标现场。大大的会议室中央放着一排长长的桌子，后面坐着五位评标组成员。当中那位胖胖的、头发稀疏的老头，老姚很熟悉，他是工程设计院的院长，这些年老姚没少与他打交道。

老姚将准备好的文件递交了上去。他事先已经得知了评标小组的组成，特意准备好了五份。评标小组成员每人都拿到了装订精美的投标文件。设计院院长简单地翻阅了投标文件问道："老姚，你是涂料行业的前辈了。你是不是早已知道我们评标小组由五人组成，因而投标书也准备好了五份？"

老姚笑道："我哪有这么神通？我只是事先多准备几份，这样几位老师看起来也方便一点。"

院长赞许道："不愧是老同志，考虑问题就是细。贵公司也是涂料行业的老牌企业了。这几年我们没少打交道。只是这几年贵公司好像没有什么太大的进步，还是靠着几个老产品支撑到现在。"

老姚点点头说："不错，这几年公司经历了改制，被收购，又被转卖，确实发展得慢了点。不过现在我公司情况大不一样了。新推出的隔热反射涂料被市政府评选为市政工程推荐产品，被行业协会评选为优质产品。这是证书，请您老过目。"说罢便从包里拿出相关证书的复印件递交了上去。

一位评标小组成员发问道："贵公司情况我也比较了解，这几年你们公司技术人员流失很严重，产品质量屡屡出现问题。"

老姚沉稳地回答道："我公司经历了改制，确实裁减了部分员工。但生产技术骨干都还在。就比如我，今年已经62岁了，在公司整整工作了35年，退休了又被返聘到公司。为什么还这么辛苦？就是因为割舍不了对公司的这份感情。这位老师说我公司产品质量不够稳定，我公司确实还有许多需要改进的地方，但我们的企业能生存到现在，凭借的就是过硬的质量。我们这些从国有体制转变而来的企业一直坚守品德，不敢有丝毫的越轨之举。"

院长点点头说："这一点我信。但隔热反射涂料可是新产品，你们是否有能力生产出合格的产品，我还是有点疑问。"

老姚胸有成竹地说："那请各位老师看看我们带来的样板，请你们多提宝贵建议。"

王工拿出准备好的八块样板，拼在一起，让在坐的评委眼睛一亮。别的投标单位所带的样板都是一块，效果自然没有八块拼在一起好。五位评委细细地看了样板后，脸上露出满意之色。

评委们又陆续问了一些产品性能方面的问题，王工都作了一一解答。

10点10分，老姚和王工走出了会议室。

三日后，老姚接到国贸大厦的中标通知。

| 招式要领 |

招投标项目的生成与运作

1. 招标文件判读

(1) 总则部分。系统了解招标的主体单位是投资方还是总包方以及招标的范围、标的的数量、投标人资格、评标小组的组成、截止日期等。

(2) 技术部分。了解招标方对所招标的产品的用途、特殊要求、技术参数、性能参数等，针对招标人的特殊需求提供解决方案。

(3) 商务部分。包括交货期、付款方式等，尤其关注非标准条款的内容，这些容易产生附加费用，应在投标价格中予以考虑。

(4) 工程与售后服务。包括各项服务细则、服务范围以及服务期限等。

2. 编制项目预算和项目计划书

(1) 绩效目标。拟定招标后公司的实际收益，设立一个底线，确保企业的应得利益。

(2) 预算明细。根据标书中产品的品类、质量等级、供货时间、服务标准等测算各项成本，以便能准确报价。

(3) 节点计划。招投标通常会经历企业考察、投标人资格审定、商务活动、递交投标文件、现场答辩、商务谈判等环节，在每一个节点都需要制订详细有计划，方能确保最终中标。

（4）报告制度。每一个关键节点，应建立报告制度，对这一阶段工作的成果、客户的疑问、出现的问题进行总结和回报，以便调整下一步的工作规划。

（5）关键节点。对于重要的关键节点要定期检查，确保不出现偏差。

（6）预算使用的权限与责任。参加投标的人员需有一定范围的授权，以便现场作出决断。

投标文件的制作

标书的制胜法宝就是对用户需求的响应，用户提出的每一个需求我们都应满足，用户没有提出的需求，通过与用户的接触，我们也应为其提供方案，这能体现出公司的特色，实现个性化的服务。用户的感觉是最重要的！

切记如下几条：

投标价格千万要正确；

投标书中避免错别字；

交标书一定不要迟到；

投标保证金别忘了交；

投标书一定要密封。

投标说明会的完美表演如下。

1. 做好会前准备

（1）演示文件准备。要做到专业、简洁、图文并茂，并提供大纲。

（2）实物准备。要有强烈的视觉效果，能让现场评标人有体验上的冲击。

（3）困难准备。预判可能在现场遭遇到的困难，有备无患。

2. 投标团队的基本要求

（1）着装和装备。要体现职业风范，表现出严谨、专业、敬业的精神。

（2）团队合作。投标团队成员要优势互补，分工明确，彼此尊重。

3. 现场样板展示

（1）埋下"钉子"。有意识地留下疑点，让评标小组成员发问，以此来激发对方的兴致，给对方留下深刻的印象。

（2）获得承诺。在满足招标方个性化需求时获得对方的口头承诺。

4. 回应问题的原则

（1）感谢发问者。招标小组成员发话，首先表示感谢。

（2）永不争执。如果对你的解答有不同的看法，别与对方发生争执。

（3）别"驳倒"对方。千万别去驳倒对方，即使对方提出的问题是很业余的。

（4）艺术地妥协。对招标小组成员提出的一些问题和看法做艺术性的妥协。

（5）"留面子给大家"。给对方留有足够的情面，对方会感激你。

（6）把"对"永远让给客户。在答辩现场要不停地说是，肯定对方。

成功中标的三要素

从保证中标的因素来看，三个因素最为重要，首先是关系，其次是能力，最后是价格。关系是指与用户的关系，既有最终用户又包括招标单位；能力是指整个投标项目的运作能力；价格是投标的价格。

1. 关系——最终用户必抓住，招标公司要疏通，评标小组很重要

最终用户就是设备采购的最终使用人，他的倾向性往往能够直接给招标公司和评标小组带来影响。

招标公司指的是正规的招标公司，在地方上就是指当地的政府采购部门或自行组织招标的组织部门。通过它们，能够得到许多包括最终用户的想法、参与厂商和竞争对手以及评标的方法等基本信息。

2. 能力——专业化的标书制作和职业化的项目运作

标书制作的能力要具备。

职业化的项目运作是指从项目前期的项目信息捕捉、项目进行中的项目跟踪，直到项目最后的总结整个环节，项目运作的职业化水准，这会为保证中标添加重重的砝码。

3. 价格

当产品和关系都不占优势时，有竞争力的价格也能获得先机。但价格是一把双刃剑，必须兼顾企业的成本和利润。

开标时应把好最后几道关

竞争对手的投标价格。为了分析投标的情况，需总结对手的价格规律。

评标小组的人员构成。在开标后还有很多的工作可以做。如果有可能，对于评标小组的人员，我们在开标前就应该做相应的工作，但有时因为种种因素，

直到开标时我们才见到评标小组的人员，从开标到评标结束的这段时间也是我们做工作的重要时间。

1. 如果中标，要做好商务谈判

标书是谈判的基础，标书中没有出现的条款可以单独谈，其中若引出了新的费用问题，要特别注意。

2. 签订合同时应仔细审核合同条款

供货期和付款期要特别注意，这直接与我们的切身利益相关，注意别引起合同纠纷。

| 启示 |

招投标是项目运作的最后一个环节，是成败的分水岭，容不得有丝毫的懈怠和马虎。

| 第八十招 |

细化合同条款，杜绝合同漏洞

核 心 要 点

(1) 审查合同条款，杜绝漏洞。

(2) 未尽事宜，列入补充条款。

(3) 各项内容，清晰明了，不留后遗症。

| 案例 |

10月15日，老姚和张总来到了国贸大厦项目部。接待他们的是成控部的蒋经理。双方作了简单的寒暄后，姜经理将事先准备好的标准合同文本递给了老姚说道："你们看看合同，如果没有什么问题的话，就赶紧把合同签了吧。估计20日你们就得开始供货了。"

老姚和张总仔细地看了长达十几页的合同，对其中的两个条款提出了异议。老姚说道："姜经理，合同大部分条款我们都认同，只有两点还需要进一步明确一下。"

姜经理意外地反问道："这都是标准文本，有哪两点需要明确？"

老姚耐心地解释道："一是付款方式写得比较含糊：乙方将货送达甲方指定的地点验收合格，甲方收到发票，30天后予以付款。30天后具体是多少天？31天还是101天？二是违约条款：乙方如不能准时供货，视为违约；将被扣罚1%的违约金。如果贵公司今天报单，明天就要让我们送货，我们再加班加点也来不及呀！"

姜经理仔细看了看合同问道："依你们，该如何修改呢？"

张总回答道："30天后付款改为30天内付款。虽是一字之差，但付款期限就明确下来了。违约条件上应加一个前提：甲方需提前七天报单，乙方需按时供货。这样我们就没有后顾之忧了。姜经理，不怕你见笑，这是市政重点工程，我们也不敢有丝毫马虎呀。"

姜经理点点头说："你们的顾虑也不是没有道理，但修改合同我也做不了主。我得向领导请示一下。"

张总客气地说道："那就麻烦姜经理了。"

十分钟后，姜经理轻松地走了进来，说道："领导同意按照你们的意思修改合同。这下没有问题了吧！"

老姚握着姜经理的手连声感谢道："谢谢姜经理了！"

| 招式要领 |

合同是将合作双方的权利和义务用书面文本的形式确定下来，经双方签字盖章就有法律效力。因此，签订合同是一件很严肃的事，容不得有丝毫马虎。别过于相信君子协定，尽可能在合同中为公司争取较大的利益。对合同进行审核的目的在于规范签约条款，降低合同风险，提高合同签约质量，保证项目按时按质顺利实施，创造双赢局面。进行合同审核应注意如下内容。

（1）对合同及附件所列条款进行风险评估。对合同文本中需要修改的条款，由项目负责人与客户协商处理，在双方达成共识后，再进行修改。

（2）审核付款条款的文字表达是否清晰。如货到付款，但并未表明货到后付款的具体日期。

（3）审核违约处罚条款是否仅约束我方。

（4）审核合同中是否标明具体的付款单位。例如，若施工单位付款，则应与施工单位签订补充协议。

（5）审核服务条款。看是否超出我方服务范围和我方的能力。

（6）审核质量评定标准。产品质量是否合格的评判依据是什么，由谁来评判？

（7）审核质保金条款。付款期限是否合理，从什么时间开始计算？

| 启示 |

丑话说在前头，能减少不必要的分歧，事做在前端，能避免不必要的麻烦。与客户间的合作不仅仅是建立在相互信任的基础上的，还需建立在相互约束的基础上。

| 第八十一招 |

评估项目风险，预防意外事件

核心要点

（1）做生意不可能没有风险，但能有效降低风险。

（2）管理者的职能是将不可控因素转换为可控因素。

| 案例 |

10月16日，H公司召开了国贸大厦项目动员会。公司总经理周总严肃地说道："国贸大厦项目在以老姚为核心的销售团队共同努力之下顺利拿下了。这是上海标志性的建筑，我们H公司能否重振雄风，打好这关键之仗，就得仰仗在座各位的表现了。这个项目金额大、影响广，容不得有丝毫马虎。如果产品质量稍微出现偏差，我们谁也承担不了这个责任。因此，我觉得有必要成立专门的国贸大厦工作组。我任组长，生产部章总、销售部张总任副组长。小组成员有技术部的杨经理、生产部的刘经理以及重大项目部的老姚。所有小组成员都得签订一份责任状，确保国贸大厦项目不出一点偏差。接下来，由生产部章总布置任务。"

生产部章总拿出打印好的文件看了看说道："国贸大厦项目有两大风险点必须控制。第一，这是一幢98层的超高建筑，日照时间长，又濒临黄浦江，对涂料的质量要求非常严格。产品质量这块由技术部杨经理负责，必须密切关注产品在施工中的质量，尤其是做到现场施工指导。技术部得派专人负责。第二，国贸大厦被列入市政重点项目，工期卡得很紧，不允许有丝毫拖延。生产部负责生产计划的安排和调度，确保准时交货。"

周总满意地点点头说道："生产部章总考虑得很细致，工作安排也很详尽。下面由销售部张总布置任务。"

张总看了看老姚说道："合同已经签订下来了，但接下来的工作压力更大。老姚，后续的客户协调和收款工作由你来负责。你的任务：一是严格依据合同条款收款，这么大的项目，如果不能及时回款，对公司资金的压力也很大；二是与项目部及总部继续搞好关系。万一我们工作出现点纰漏，也能有挽回的余地。"

H公司对国贸大厦的工作作了详细的部署，后期的工作虽出现点小问题，但因事先做了充分准备，所以很顺利地完成了项目的执行，也在预定的时间内收回了货款。国贸大厦项目方对H公司评价甚高。

▌招式要领 ▌

企业经营、销售活动时时都与风险同在，但市场不是冒险家的乐园，任何一项经营或销售活动都必须预估到风险存在的系数和发生的概率，并能有效地控制风险和规避风险。俗话说：小心驶得万年船。在销售工作中当处处注意避开风险陷阱，方能有效地降低企业的损失。在实际运作中当注意把握以下五个环节。

付款风险

客户为了拖欠货款，往往会在付款条款中写入模糊的字眼。比如，货到后付款，而没有具体写明货到后几日内付款；产品验收合格后付款，却没有产品验收的具体时间等。

产品质量风险

合同中未标明产品质量的具体标准、具体验收人，或封存的样品要求过高，公司批量化生产难以完全达到样品标准。

违约条款风险

合同中提出苛刻的违约条款来约束我方，而对方违约，我方却没有追究的手段，如乙方延期交货将承担甲方的损失等。

质保金风险

例如，与施工单位签订合同，但施工单位的流动性强；非正规单位有可能倒闭；法人代表更换；等等。

合同责任人的风险

某些建筑单位为逃避责任，往往用他人的名义注册公司，当认真审核签约方法人代表的真实性。

| 启示 |

既然不能完全消除风险，就应该尽量减少风险。企业经营者和管理者的魄力是果断决策、勇于承担责任的能力和品质，但不能将魄力理解为不计后果、不顾风险的莽撞行为。

| 第八十二招 |

把货发出去，就必须把钱收回来

核心要点

(1) 货款回收，工作的重中之重。

(2) 催款越及时，回收速度越快。

(3) 掌握催款技巧，达到双赢效果。

| 案例 |

H君应聘到某机械产品公司负责应收账款的管理。2007年8月，公司将一笔2003年的应收账款交给H君，要求收回，账款总额为人民币3万元。起初，H君采用正常方式进行清欠，欠账单位X公司的财务方面显示只欠款2万元。X公司财务部F小姐很客气，说有钱就还，态度很好。可后来连续打电话和登门，F小姐渐渐暴露出赖账的意图。

F小姐给H君说，你到法院去告吧。而H君也清楚，到法院肯定不行，因为超过了民事诉讼法规定的2年诉讼期限了。

想尽办法但结果均不如意，H君此次要账以失败告终。

B先生，也是常年从事应收账款管理工作的。在B先生的工作经验中，基本没有形成对方赖账的局面。为什么呢？B先生一般对应收账款进行账龄管理，哪些需要电话催收，哪些需要发函件，哪些需要起诉，等等。因为不同的手段成本不同，在不同阶段，效果也不同。2011年8月，上海某机械公司欠B先生所在的A公司5万元不还，B先生分析账龄，快两年了，并且以前要过多次，对方都拖。B先生果断建议公司起诉，经过诉讼和执行，该笔款连同利息一齐执行到位。

| 招式要领 |

收回货款是销售人员工作的重中之重。企业发出了货，就必然要求货款的及时回笼。应收款过高会影响到企业的正常经营。因此，在销售人员的头脑中必须始终关注货款的回收。

债务人心理透视之一

1. 不同债务人的付款心理

（1）应该付款时就付款；

（2）被提醒后才付款；

（3）被催讨后才付款；

（4）被追索后才付款；

（5）被诉讼后才付款；

（6）死拖活赖不付款。

2. 应对措施

（1）熟悉客户的付款习惯；

（2）了解客户的付款程序；

（3）用最适当的方式催款；

（4）向最适当的人催款；

（5）在最恰当的时候催款。

债务人心理透视之二

1. 同一债务人对不同债权人的付款心理

（1）债务人每月都有明确的付款安排；

（2）付款安排着重考虑利害关系和付款紧迫性；

（3）债务人首先把款付给管理严格的债权人；

（4）债务人乐于把款付给能给他带来最大利益的人；

（5）债务人被迫把款付给可能给他带来损失的人。

2. 应对措施

（1）催讨导向——账款挤进头班车；

（2）经营导向——经营能为客户带来最大价值的产品；

（3）市场导向——最大限度地满足客户的需求；

（4）客户导向——把产品卖给最需要的人；

（5）利益导向——客户不付款将让其承担损失。

债务人心理透视之三

1. 同一债务人对不同账龄的付款心理

到期前几天——想办法安排付款；

过期几天后——想办法把款还了；

过期一个月——有些难为情；

过期三个月——拖一拖再说；

过期六个月——不再想它了；

过期一年——还钱好心疼；

过期两年——不用还钱了。

2. 应对措施

催讨越及时，越容易讨回欠款；

不能错过逾期三个月以内的最佳催款期；

拖欠六个月的欠款必须强烈提醒付款人恢复记忆；

拖欠十二个月的欠款强烈刺激付款人不要心疼还款；

近两年的欠款还不诉讼可能再也没有机会。

收款的实质是与人的沟通，是做人的工作，工作的好坏会对客户产生四种预期的结果

我赢——你赢。一种明智的、不会损害双方关系的解决方案。

我赢——你输。坚决收回欠款，但损害了双方今后的合作关系。

我输——你赢。胆小，不自信的人总是一次次催讨，却一次次空手而归。

我输——你输。攻击型收款员，不仅收不回欠款，更损害了双方的合作关系，给今后的收款工作带来巨大障碍。

向客户催款有如下三个绝招

(1) 提醒。时间就是金钱，要求越及时，得到付款越早。合同签订时提醒，合同规定日前要提醒，快到规定期限要提醒，到期日询问，到款后感谢，过期后询问。

(2) 说服。说服是为了争取主动，说服越到位，客户付款越主动。

说服的态度——真诚：精诚所至，金石为开。

说服的力量——信用：言之有理，言而有信。

说服的技巧——倾听：主动倾听，让对手自己说服自己。

说服的秘诀——说"是"：让对手开始说是，中途说是，结果说是。

说服的效果——认同：内心认同，心服口服。

说服的切入点——关怀：从对方立场上看问题，真诚地为对方考虑。

说服的方法——懂你：要读懂对方，成为对方的知己。

说服的天敌——争论：争论没有赢家。

(3) 施压。施压就是逼迫，施压力度越大，客户付款的可能性就越大。

以合同条款施压；

以上级领导施压；

以工程进度施压；

以公司规定施压；

以滞后供货施压。

| 启示 |

收款需要积极主动，掌握分寸，运用好技巧，方能收到成效。将收款当做

头等大事，收款工作做到前端。

| 第八十三招 |

将项目圆满收官，赢得二次销售机会

核心要点

（1）一段工作的结束，意味着下一段工作的开始。

（2）将工作完美画上最后的一笔，是下一段工作良好的开端。

| 案例 |

18个月后，国贸大厦顺利竣工。H公司特意在富丽华酒店举办了答谢宴会。H公司的总经理在答谢宴会上对帮助过H公司的所有人员表示感谢，并与相关人员进行了交流，听取了他们对H公司的一些建议。宴会举办得很热闹，由H公司员工进行了各种文艺表演，宴会期间还进行了现场抽奖，参加宴会的嘉宾都拿到了丰厚的奖品。

国贸大厦项目结束后，H公司召开了专门的总结会。会议上，周总对该项目做了系统总结和充分肯定。H公司以国贸大厦为样板工程，极大地提升了公司品牌的影响力，并借此东风在2012年接连拿下了好几个大的市政项目。H公司取得了突飞猛进的发展。

| 招式要领 |

项目圆满收官，并不意味着可以立刻转战到下一个战场，理应为后续的收官工作添上完美的一笔。销售工作是一个不断循环的工作，能否保持和维护好与客户间的良好关系，决定着能否与客户建立长期稳定的合作。在项目收官阶段，应做好以下几件事。

感谢那些曾经帮助过你的人

项目圆满收官后，应当面感谢曾经帮助过你的人。如果不能面谢，应在电话中表示感谢。

对项目进行系统总结

总结项目过程中的得失，项目即使圆满收官了，但在运作过程中是否存在着不足的地方？总结的意义在于不断提升和改进工作的质量，同时对值得借鉴的成功经验进行总结，以便在以后的工作中得到复制。

将相关文件和资料移交至相关部门

将合同文本交公司相关部门存档。如果有质保金的，需要与甲方进行核对以及用书面形式进行确认。

对项目成员的工作绩效进行评估

根据项目组成员对该项目的贡献率进行评估，依据评估结果进行利益分配。

收官阶段工作的核心内容如下：

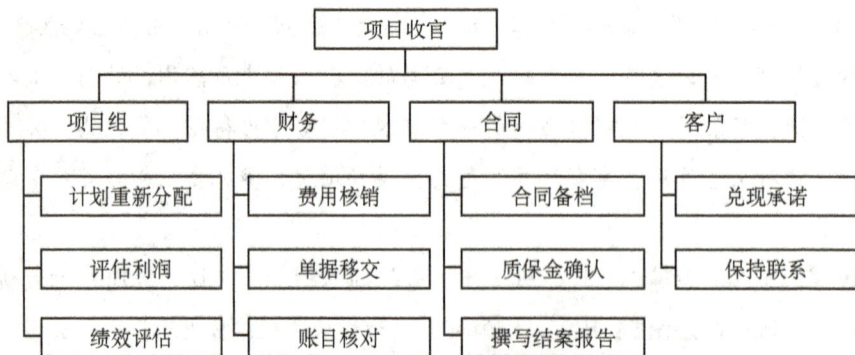

```
                        项目收官
        ┌───────────┬───────────┬───────────┐
      项目组        财务        合同        客户
    计划重新分配    费用核销    合同备档    兑现承诺
     评估利润      单据移交   质保金确认   保持联系
     绩效评估      账目核对   撰写结案报告
```

| 启示 |

销售工作永远没有结尾，每一段工作都是承上启下的。做好收尾工作，有助于下一阶段工作的开始。

| 第八十四招 |

绩效评估，总结提升

核心要点

(1) 评估绩效，有助于修订销售策略。

(2) 评估客户，能完善企业的内部机制。

(3) 评估项目，能提升管理和运作水平。

(4) 评估销售人员，能寻找到工作的差距。

| 案例 |

2010年年底，H公司召开了年度表彰大会，国贸大厦项目销售团队被评选为优秀团队，老姚被评选为优秀员工，优秀团队成员都拿到了一笔丰厚的奖金，老姚还参加了优秀员工巴厘岛之旅。

H公司将国贸大厦项目编写成经典案例，刊登在公司报刊上，并以此为蓝本制订出H公司项目销售手册，成为公司所有销售人员的必学课程。

| 招式要领 |

当一个阶段性工作或项目结束之后，不要简单以为这段工作就可以告一段落了，还需要作阶段性的总结和评估。其核心意义在于，通过总结和评估发现企业在内部经营管理以及市场运作中存在的不足，以此来完善公司的运营机制。通过总结和评估来审定企业目前采取的营销策略是否有偏差，以此来调整和修正公司市场营销的方向。通过总结和评估能找到销售工作存在的不足和漏洞，以此来完善和提升销售人员的能力和水平。对阶段性工作进行总结和评估包括如下内容。

（1）财务方面评估。包括实际销量、毛利率、费用率、产品损耗率、新产品销售比例等。财务评估的目的是：以该客户或项目给企业带来的实际收益，界定企业的投资回报率。

（2）客户方面评估。包括客户满意度、客户反馈产品缺陷分布、市场问题及时解决率、客户服务费用比例。以客户评估来反映公司产品、服务及销售人员的工作是否存在着缺陷性，以便采取改进措施。

（3）项目运作评估。包括项目进度偏差、市场响应速度、共用基础模块（common building blocks，CBB）、供应链存货周转率、生产率，对项目运作的评估是回顾和总结在这个项目运作过程中的成功经验和不足之处。成功的经验得以传承，不足之处加以改进。

（4）销售人员能力绩效评估。包括员工满意度、员工胜任能力、部门间配合、项目管理能力等。通过对销售人员能力的评估审视企业的销售管理机制存在哪些漏洞，员工的能力有哪些不足，团队的管理能力存在哪些短板。找出差距方能采取有效的步骤和方案予以提升。

｜启示｜

企业在不断修正中得以发展，销售人员在不断总结和反省中得以提高。不间断的总结和评估，能有效地提升企业的营销管理能力和销售人员的整体素养。

第六章

市场竞争战略：

比对手棋高一招，技高一筹

　　市场如战场，市场竞争就是一场没有硝烟的战争。市场竞争最终会演变成一场攻与守的拉锯战。行业的领先者为确保自己的领先地位，便会巩固自己已占有的市场，并挖下壕沟，埋下地雷，设置碉堡，筑起篱笆。其目的是设置壁垒，阻止竞争对手的进入。行业的后来者为抢得市场份额，会四处点起狼烟，采取各类战术力求打出一片根据地。市场竞争的攻守之道就是：先攻后守，攻中有守，以攻代守，攻守兼备。在实际运作中，攻守之道的核心要领有如下四个方面：

　　（1）让我方的强项更强，确立优势地位；

　　（2）抓住对手的软肋，不给对手翻身的机会；

　　（3）精确规划，巧妙布局；

　　（4）聚集团队资源，获得绝对胜势。

孙子曰："故经之以五事，校之以计，而索其情：一曰道，二曰天，三曰地，四曰将，五曰法。道者，令民于上同意，可与之死，可与之生，而不危也；天者，阴阳、寒暑、时制也；地者，远近、险易、广狭、死生也；将者，智、信、仁、勇、严也；法者，曲制、官道、主用也。凡此五者，将莫不闻，知之者胜，不知者不胜。故校之以计而索其情，曰：主孰有道？将孰有能？天地孰得？法令孰行？兵众孰强？士卒孰练？赏罚孰明？吾以此知胜负矣。"

孙子认为，与敌人交战之前应考虑五方面的因素。第一是道，所谓的道，延伸至企业销售管理领域，就是团队内部上下共识的理念和目标，为了这个目标，所有成员都能竭尽所能，不计个人得失。第二是天时，所谓天时，对企业而言，是市场发展的趋势和国家政策的导向，占得天时就得顺势而行。第三是地利，所谓地利，对企业市场销售而言，就是充分发挥企业自身的优势和占得的先机，将优势和先机转化为胜机。第四是将，对企业而言，将是内部的销售骨干和精英。他们的能力和素养代表着企业的整体能力和素养。他们既是企业销售策略的制订者，更是坚定的执行者。第五是法，法对企业而言，就是管理制度和管理流程。无规矩不成方圆，一个富有战斗力的团队必须有严格的纪律，方能规范团队成员的行为。企业具备这五项要素，就能在市场竞争中攻城拔寨，所向披靡。

市场如战场，市场竞争就是一场没有硝烟的战争。市场竞争最终会演变成一场攻与守的拉锯战。行业的领先者为确保自己的领先地位，便会巩固自己已占有的市场，并挖下壕沟，埋下地雷，设置碉堡，筑起篱笆，其目的是设置壁垒，阻止竞争对手的进入。行业的后来者为抢得一定的市场份额，会四处点起狼烟，采取各类战术力求打出一片根据地。市场竞争的攻守之道就是：先攻后守，攻中有守，以攻代守，攻守兼备。在实际运作中，攻守之道的核心要领有如下四个方面。

让我方的强项更强，确立优势地位

企业的核心竞争力来源于超越竞争对手的强项点，只有在某一个领域，如产品的技术性能、供货能力、售后服务等，优于竞争对手，才能在行业中赢得地位。企业应让自己的优势变得更强，而不是去补缺。任何企业都难以成为全能型的选手，能做的是在某个方面满足客户个性化的需求。海尔的广告语是"真诚到永远"，强调的是超强的服务能力。格力的广告语是"好空调，格力造"，强调的是产品品质和技术创新能力。奥克斯的广告语是"老百姓喜欢的空调"，强调的是产品较实惠的价格。强化企业产品的优势，方能聚焦目标客户群，扩充和巩固企业的市场份额。

抓住对手的软肋，不给对手翻身的机会

既然每一家企业都是各有长短，因而企业间对客户的争夺采取的策略是：以己之长，攻其之短。抓住对方的软肋克敌制胜。当客户争夺演变成一场攻坚战，就必须找到对方的薄弱点，以求单点突破，让对方阵地土崩瓦解。客户争夺就好似一场拳击赛，抓住对方的软肋给予对方致命一击，不给对方任何喘息的机会，彻底击倒对方。

精确规划，巧妙布局

当市场竞争演变成一场场战役，就需要精心谋划，巧妙布局。哪些是对手的薄弱地方？哪些是对手的软肋？我方手中掌握着哪些资源？如何排兵布阵？如何协同作战，等等。精确规划，方能思路清晰、分工明确、巧妙布局，方能策略得当、掌控局势。

聚集团队资源，获得绝对胜势

与竞争对手的较量不是销售人员之间的较量，而是企业与企业之间的较量。每一场关键战役中，调集企业所有资源和力量方能有效地战胜敌人。尤其是那些尚处在发展中的企业，更应集中力量打歼灭战。或许整体力量没有对手强，但若能集中所有力量抗衡对手的局部力量，还是有可能获得胜机的。

| 第八十五招 |

对手实力强悍，联合同行抗衡

核心要点

(1) 遇到强敌，联合同行一致对外。

(2) 联盟是针对具体的项目而组建的松散型组织。

(3) 联盟的宗旨是利益共享，风险共担。

| 案例 |

江苏扬州科华灯具有限公司准备参加贵阳市城建招标会。贵阳市为打造绿色

低碳城市，将对城市路灯重新改造，以节能美观为标准，向全国灯具行业进行招标，标的达到十多亿元。依据科华目前的生产及技术能力，贸然参加招标，一是先期的投入费用高，二是中标的希望不大。于是科华公司召集了当地九家规模较大的企业共同出资参加招标会，并将十家企业的人脉关系和技术重新整合，共同组建了招标小组。

十家企业整合在一起，弥补了单个企业实力和技术力量的不足，同时人脉关系得到了充分运用，最终以12.53亿元一举中标。

中标后，由十家企业组成的董事会共同分配生产计划，并制订各品类产品的供货价格。其中的利润扣除各项费用后，按当初的出资比例分红。

| 招式要领 |

遭遇强悍的对手难以抗衡，最佳的策略是联合同行一致对外。生意场上没有永恒的敌人，也没有永恒的朋友，只有永恒的利益。与竞争对手联合抗衡更强的对手，必须有以下三个先决条件：①针对一个较大的订单或项目而组建的临时联盟；②所联合的对象各有优势，资源间有互补性；③都面临着共同的对手，单凭一家企业的力量都难以取胜。与同行结盟，联合制胜，实际运作的要领有以下四点。

以具体的项目或金额较大的订单为中心予以发起

与竞争对手结成联合体的目标是很明确的，为了那些重大的项目和金额较大的订单。凭借单个企业的实力难以与强大的对手抗衡，只有联合多方面的力量，集中各方面的资源才能获得胜机。因为有一个明确的目标，方能将彼此的对手形成一个临时的联合体。

瞄准共同强大的对手，共同拟定竞争策略

建立联合体是为了抗衡强大的对手，这就需要彼此群策群力，共同制订竞争策略，拟订工作计划，分工协作，统一行动，形成合力。

整合联合者相互资源，形成优势

同行之间有着各自的资源、各自的优势，只有将不同企业的资源和优势整合在一起方能形成互补，统一行动，一致对外，形成合力。联合的前提是必须有发起者和主导者。主导者的作用在于将各企业的参与人员整合在一起，形成

一个团队，发挥真正的威力。

约定利益分配方案

联合体得以组成运行的纽带是为了共同的利益。当最终拿下项目订单，所有的联合体成员都应分得这胜利的果实。在联合体成立之前，参加成员就得约定好利益分配方案。

| 启示 |

这个世界上没有永远的敌人，也没有永远的朋友，只有永远的利益。为获得胜利，要学会与对手联合。

| 第八十六招 |

弱小对手骚扰，使雷霆之力震慑

核心要点

(1) 用雷霆之势，灭弱小之敌。

(2) 杀鸡也用牛刀，给予对手威慑力。

(3) 大打歼灭战，不给对手翻身的机会。

| 案例 |

张君乃国内知名厨具制造A企业的销售总经理，一早就接到某房产公司供应部王部长的电话："张总呀，这段时间我公司老总对成本控制非常重视，昨天刚开了成本控制会，会议上还点到你们A公司所供应的厨具价格偏高。我们老总手中还有一份你们当地一家厨具生产B公司的报价单，价格比你们低了近20个百分点。你也知道，我们公司每年的采购量很大的，是否考虑重新报个价格？否则，我的日子很难过！"王部长的一席话让张君无言以对，他讲的都是实情。对于B公司张君还是比较了解的，与A公司相隔不远，主要是仿造A公司的产品，采购的都是比较低廉的材料，制造成本自然要比A公司低许多。因为大家都是本乡本土的企业，也没去与他们计较，没想到他们竟然打上门来了。

张君在电话里连连致谢说："太谢谢王部长，能及时将情况通报给我，我马上向老板汇报一下情况，尽快给你答复！"

这天张君一直都闷闷不乐，未想出妥善的应对之策。该房产公司毕竟是大客户，如果答应降价，势必会引起连锁反应。晚上回到家，一则电视新闻引起了他的注意：某厂家的厨具质量不过关，引起大火，殃及四邻。张君顿时来了灵感，想出了应对之策。

三日后，张君出现在当地的电视台，张君在电视上侃侃而谈："现在众多企业为追求利润的最大化，完全不顾消费者的利益和人身安全，这些企业是行业的害群之马，我们在此呼吁政府相关部门必须加以严格监管，否则毁掉的是百姓得以生存的家园，毁掉的是民族产业和国家的根基！"

不久，当地质检部门组织对各厨具产品的抽检，B 公司产品抽检不合格，上了黑名单，被责令停业整顿。张君在第一时间将此消息通报给王部长。王部长自然也将此事汇报给公司老总，从此，该公司再也没提 A 公司厨具价格过高的问题了。

▎招式要领 ▎

所谓泰山压顶，就是占据优势的企业凭借其规模实力、品牌优势等压制对手，并不给对手喘息和翻身的机会。当敌弱我强占据优势时，要做的就是将优势转化为胜势，不留给对手任何机会。

在实际运作中当注意以下要领。

（1）不忽视对手。对手实力弱所反映出的是规模实力弱、行业地位低；但另一方面，实力较小的对手，其生产管理成本相对低，在价格上会占得相对优势。因此，不要漠视对手，否则会给对手咸鱼翻身的机会。

（2）走价值取胜的路线。与不同层次的对手进行比拼不在价格上做文章，而是以产品的质量、性能、服务等体现出的优势给客户带来的实际利益来获得客户的认同。

（3）不给对手一丝机会。即使对手弱不禁风，也要使出十分的力量，给对手致命一击，让对手不敢与你轻易交锋。

（4）抓大放小，给对手留有余地。大企业就要有大企业的风范，做市场难以大小通吃。作为行业领先企业，重点做好大单，服务于行业类的优质企业。对小单小客户留给小企业去做。不要处处伸手，惹起众怒。

| 启示 |

别忽视那些弱小的对手，它有可能成为你麻烦的制造者。打击对手得用雷霆之力，起到杀鸡儆猴的作用。

| 第八十七招 |

挑动对手相互争斗，我方从中渔利

核心要点

(1) 当竞争对手争执不下时，就为我方赢得机会。

(2) 善用客户人员的矛盾，引导有利于我方的态势。

(3) 借助第三方的势力，取得客户内部的平衡。

| 案例 |

国内某家大型制造企业是国有上市公司，新投资数十亿元打造超大规模的生产基地，需采购各类数控机床300多台，金额达10亿元人民币。消息一经传出，立刻引来国内外众多数控机床制造企业的争夺。

A公司是国内一家老牌机床制造企业，业务经理小王兴致勃勃地也加入了这次残酷的争夺战。当小王与该企业技术部杨经理接触之后便倒吸了一口凉气。该公司已经内定选用进口数控机床，正在为选用德国机床还是选用日本机床争执不下。杨经理告诉小王：公司姜总经理倾向于选用德国数控机床，理由是德国机床质量在世界上首屈一指；而成控部吴经理倾向于选用日本机床，理由是日本机床与德国机床质量不相上下，而价格却低了20%。成控部经理是董事长的亲信。

告别了杨经理，小王感觉到其中的玄机。反正死马当做活马医，他还想再去试试。晚上小王收集了德国数控机床和日本数控机床的相关资料，次日上门去拜访该公司的姜总经理。姜总听小王讲明来意，客气地说："非常感谢贵公司对我们的支持，贵公司也是国内老牌的机床制造企业。按理讲，我们得支持民族工业。但这次我公司新扩建的生产基地要求高，各级领导都很重视。内部已经有了定论，选用进口机床。我们只有下次再合作了。"

小王听后故作失望地说："姜总，太遗憾了。不过没关系，贵公司新打造的生产基地自然是世界一流的，贵公司要选用进口数控机床的话，我建议选用德国产品。德国制造工业是世界一流的，其产品性能和质量都是首屈一指的。"

姜总听后非常开心地附和道："不错，我是倾向于选用德国机床的，不过公司内部还有争论。有人建议选用日本机床。"

小王担忧地说道："可不能选用日本机床。先不论日本机床与德国机床差一个层次，产品质量也经常出现问题。我这里有相关的报道，给姜总做点参考。"小王边说边将相关资料交给姜总。姜总连连表示感谢。

随后小王又去拜访了成控部的吴经理，一番交流之后，吴经理同样表示公司内部已有定论，选用进口数控机床。小王马上建议道："如果贵公司选用进口数控机床的话，我倒是建议选用日本机床。日系机床适用性强，价格也比较合理。尤其是日资企业在国内有公司，服务也很到位。"

姜经理果然兴奋地说道："你说的话太对了，日资企业的机床就是适合中国企业。公司内部竟然有人倾向于选择德国机床，迷信德国货！"

小王故作惊讶地说："德国机床质量是不错，但出口国内的大多不是新一代产品。最为致命的是售后服务能力差。机床调试周期特别长，很多使用了德国机床的企业的抱怨很多。我这里有相关资料，供姜经理参考！"边说边将资料递给姜经理。姜经理如获至宝地翻阅资料，连连表示感谢。

经过小王的煽风点火，该公司对选用哪家机床更是相持不下。为此，董事长召集了相关人员举行专题讨论会。姜总与吴总在会上列举出德国机床和日本机床的种种不足，这反而引起了董事长的担忧，便询问杨经理的意见。杨经理左右为难，灵机一动说："其实日资机床和德国机床各有利弊。与其这样，我倒是建议使用国内机床。国内机床经过这几年的发展，与进口机床不相上下。比如，A公司的机床出口至欧美国家，口碑很不错！"

董事长点点头说："这不失为一个可取的方案。既然德国机床和日本机床存在着这么多问题，那我们就选用国内机床吧，这也是对民族企业的支持吧！"

| 招式要领 |

市场的竞争往往是残酷而白热化的，尤其是到了关键时刻，每一方都竭尽所能，打击对手，提升自己。进入肉搏战阶段，往往杀敌一百，自损五十。如果能煽动两方相互搏杀，打得两败俱伤，就会给第三方提供机会。这就是所谓的鹬蚌相争，渔翁得利。在实际运作中当注意以下要领。

要领一：抬高对手，隐藏自己

不断地夸奖对方，使得对手过于自信放手一搏。让对手相互打压和挤兑，使得各自的软肋暴露无遗。

要领二：煽风点火，相持不下

分别在两方之间煽风点火，让战争愈演愈烈，并且竭力让两方势力均衡，相持不下，从而给我方创造机会。

要领三：保持中立，异军突起

不参与两方的争斗，充当观望者。当两者斗得难分难解之际，突然杀出，从而成为最后的成功者。

| 启示 |

销售人员需会有意制造矛盾，并善于利用矛盾，洞察局势，发现机会，把握住机会，获得胜机。

| 第八十八招 |
差异化满足，人情化点缀

核心要点

（1）做到竞争对手能做到的事，更需做好对手不能做到的事。

（2）细节决定了销售工作的深度，工作的深度决定工作的成败。

| 案例 |

八年前，安徽省江淮汽车有一个企业资源计划（enterprise resource planning，ERP）。江淮汽车是安徽地区非常重要的大型企业，非常有影响力。

宏基高新软件公司非常重视，专门组织了一个十几个人的小组，天天跟客户在一起，还帮客户做标书，做可行性分析，关系处得非常好，大家都认为拿下这个订单是十拿九稳的，但是项目开标时却输得干干净净。

中标方的代表姓刘，中标方是当地一家小公司。

这到底是怎么回事儿呢？事后，宏基公司业务经理问她：“你们是靠什么赢了那么大的订单呢？”

刘小姐说：“我只去了4次。”只去了4次就拿下订单？刘小姐说在做这个项目之前，一个客户都不认识。但是，她利用当地的关系，找到了项目决策人的太太，了解了决策人的行程安排。

刘小姐掏出了一个小本子，说：“不是什么幸运，我所有客户的行程都记在上面。”打开一看，密密麻麻地记了很多名字、时间和航班，还包括客户的爱好是什么，客户的家乡是哪里，这一周在哪里，下一周去哪儿出差，等等。

刘小姐还叙述了一件事。有一次，她通过总经理的太太，知道总经理刚刚去上海出差。她就又问总经理住哪家宾馆，在哪个机场下机。她马上就给总经理入住的五星级宾馆打了个电话说：“我有一个非常重要的客户住在你们宾馆里，请帮我订一个果篮儿，再订一个花篮儿，写上我的名字，送到房间里去，同时请酒店的服务生帮忙，让他做一个大大的接机牌，提前半个小时到达机场，在最显眼的位置，举着比别人大几倍的牌子等待客户。"

总经理下了飞机，一眼就瞧见了他们的牌子，直奔服务生。接到后，服务生迅速将总经理带到酒店的客房，同时，刘小姐马上给总经理打了一个电话："我听您太太说您要来上海，让我好好接待。"然后她又打了一个电话给她的老总，说这个总经理非常重要，无论如何都要在上海把他的工作做通。刘小姐马上订了机票，中断拜访行程，赶了最早的一班飞机飞回上海，下了飞机直接就去这个宾馆找总经理。等她到宾馆的时候，发现她的老总已经在跟总经理喝咖啡了。在聊天中得知总经理会有两天的休息时间，老总就请总经理到公司参观，总经理对公司的印象非常好。一周之后，她的公司老总带队到安徽做了个技术交流。

老总后来对她说，总经理亲自将相关部门的有关人员请来，一起参加了技术交流，在交流的过程中，大家都感到了总经理的倾向性，所以这个订单很顺利地拿了下来。

| 招式要领 |

每个人都有各自的价值标准和利益关注点，对人对事都有各自的评判标准。因此，销售人员就应当面对不同类型的人拟定出针对性的处事方式和应对策略。能否打动和取悦客户，往往并不取决于行为的本身，而是行为细节上做得超乎常人。利益能左右他人行为的导向，差异化点缀能真正打动客户的心。在实际运作中，当把握住以下要领：

（1）从客户的兴趣爱好和特长入手。客户所喜欢的，就是我们要做的。做客户喜欢做的事，能激发客户的兴趣，博得客户的好感。事先了解客户的兴趣、爱好和特征，是销售人员的必修课程。

（2）从与客户交往中的每一个细节入手。从人做事的细节能看得出一个人的做事态度。在每个细节上让客户体会到你无微不至的关怀，就能让客户体会到你做事的能力和态度，取得客户的信任。

| 启示 |

事做于细，细源于精。销售能力的高低取决于对人性的了解和对细节的把控。销售工作的最高境界就是时时让客户感到分外的惊喜和收获。

| 第八十九招 |
联合基层的力量，抗衡高层领导的决断

核心要点

(1) 当高层受阻，就从基层做起。

(2) 基层只要联合起来，往往也能改变局势。

| 案例 |

小王从客户内部得知某国有大型企业进行技术改造的信息，该公司已经与老客户哈尔滨的某家供应商签订了合同，并且支付了定金，样品已经发送上路了。这个项目似乎已经板上钉钉，回天乏术。小王偏不信这个邪，还是决定去试一下。

小王通过该企业的内部关系了解到：哈尔滨的供应商倚仗着与该公司的主要领导关系密切，一直与该公司进行长久的合作，但公司其他领导都甚为不满，只是畏惧这位公司领导的权威敢怒而不敢言。于是小王看到了其中的转机，迅速制订出反攻策略。

策略一：从外围突破，取得该公司基层科室的支持。

小王通过内部关系拿到了对手的技术方案。他详细分析对手在技术上的缺陷，并力证出这些技术缺陷会带来的隐患，并将对手的技术方案与自己公司的进行对比，让相关科室人员清晰地看到自己公司产品的优势。

策略二：利用科室基层人员对竞争对手的不满，鼓动他们上书公司其他领导，暂停与竞争对手的合作。

小王通过内部教练将竞争对手的产品在使用中出现的技术故障给公司带来的损失整理成书面材料，让相关科室领导签字后上交公司高层其他领导。公司高层其他领导本来就对原供应商心存不满，正好借机提出反对意见。

策略三：利用内部教练提出公平招标机制，让该公司高层领导无理由反对。

该公司暂停了与竞争对手的合作，也就为小王公司提供了契机。小王公司

趁机利用内部教练在该公司的高层会议上提出公开招标、公平竞争的方案。因为这个方案没有明显的偏向性，所以支持竞争对手的那位高层领导也提不出反对意见。

策略四：巧妙利用科室基层人员的不满情绪，使其将支持小王公司产品打败竞争对手作为发泄不满的手段。

小王公司充分利用基层人员的不满情绪，让内部教练全力抵制竞争对手的产品，共同支持小王公司中标。支持竞争对手的高层领导看到大势所趋，也不好强硬反对。

小王最终乾坤倒转，虎口夺食，笑到了最后。

| 招式要领 |

基层人员往往没有决定权，但在选择供应商时有建议权。如果竞争对手搞定了高层领导，可以从产品使用部门和基层员工入手，对竞争对手产品提出种种非议，逼迫上级领导改变决定。

高层领导职务越高，安全意识往往越强，因此，下属的否决意见也能改变他的决策。在实际运作中当注意以下四个要领。

要领一：发动群众，打"人民战争"

竞争对手搞定高层，往往会忽视基层人员。职能部门基层人员难免会有利益受损、权利被夺之感。利用基层人员对竞争对手的不满情绪而结成联盟，共同向上施压逼迫高层领导改变决定。

要领二：公平公正，打"正义之仗"

用冠冕堂皇的理由去推翻先前高层领导作出的决断。站在企业的立场反对暗箱操作，让供应商公平公正地相互竞争，使得高层领导无法反对。这就为我方提供了竞争的机会。

要领三：积蓄力量，打有准备之仗

扩大支持者，积蓄足够的力量，确保在最后的较量中取得最终的胜利。将我方的胜利转化为客户基层人员的集体胜利，能换来众人一心。

要领四：巩固成果，打"歼灭之仗"

巩固联盟，确保与客户建立长久的合作关系。

| 启示 |

联合基层用冠冕堂皇的理由来改变高层领导的决定。

| 第九十招 |
借助高层领导的态度，打消决策人的顾虑

核心要点

(1) 销售工作得一气呵成，尽量减少断层。

(2) 别让客户的心冷下来，得不停地加温。

| 案例 |

时间越来越临近招标期限，业务员小王不敢有丝毫的怠慢。听不到最终决策人刘总的答复，小王始终心里没底。一次闲聊中，小王得知刘总下月初去北京参加一个行业会议，一同参加的还有刘总公司的其他高层领导，小王觉得这是个千载难逢的机会。小王搞到了刘总的行程之后，立刻找到北京办事处的同事，着手进行了安排。

到了会议前一天，小王提前赶到了北京。刘总一下飞机，小王单位的礼仪小姐就向刘总和其他领导递上了鲜花。出了机场，准备好的奔驰车一路将刘总一行接到了会议地点附近的一家五星级酒店。房间里摆放着准备好的水果和饮料。

第二天晚上，小王公司总经理约翰做陪，在下榻的酒店宴请了刘总和其他高层领导，气氛非常融洽。刘总说："新扩建项目对我们意义重大，容不得半点马虎。我们就是要多与像贵公司这样的国际大公司合作，才能紧跟世界经济的步伐！"

有了高层领导的这番话，小王心中的石头终于落了地。这个项目经历了三个月，终于有了圆满的结局。虽然后期还有大量的工作要做，但小王知道：基

本上已经是十拿九稳了。

| 招式要领 |

当客户决策层迟迟不能作出决断时，就需要借助外力推进一步。决策层犹豫不决的原因一般有三：一是决策者害怕承担责任；二是内部仍有分歧；三是竞争双方相持不下。这时候如果高层领导出面作出有利于我方的指示，就能让决策者的心理杠杆完全向倾向于我方。高层领导的指示，一能分担应负的责任，二能改变竞争对手间的力量对比，起到举足轻重的作用。在实际运用中，当注重以下要领。

选择场合，抓住契机

选择客户的高层领导及决策人相聚在一起的场合进行，趁高层领导兴致很高、心情愉悦之际促其表态。

调动资源，展示实力

企业的实力不仅仅是生产规模、技术能力、行业地位等硬实力，还体现在社会背景、人脉关系、员工能力等软实力上。实力的展示是促成高层领导作出有利于我方指示的诱因。

趁热打铁，落实实施

客户决策人心理发生微妙变化，就需要销售人员抓住有利态势，加以大力推动，将高层领导的指示转化为最终成果，不给竞争对手反扑的机会。

| 启示 |

销售工作到了最后的阶段千万不能有丝毫的松懈，而要使出全身所有的力量，以确保最终的胜利。

| 第九十一招 |
抓住对手的短板，击中对手的要害

核心要点

(1) 将对手的优势转化为劣势，废掉对方的武功。

(2) 用其之矛攻其之盾，使对手陷入首尾难顾的局面。

(3) 引而不发，到关键时刻使出杀手锏一招毙命。

| 案例 |

一家生产电制冷空调的 A 企业参与大型客车 D 企业的一个项目的招标，几轮谈判下来，只剩下 A 和另外一个厂家 B，B 企业的产品使用的是招标文件中规定使用的双螺杆压缩机。B 企业为强调该公司技术上的优势，列举了郑州宇通集团有限公司生产的 ZK6127H 型客车使用该公司的空调，性能得到了宇通公司及客车用户的一致好评。

B 公司采用的是双螺杆压缩机，其基本性能和报价都比较适合于标书的技术要求。评委们都倾向于用 B 公司产品。

A 公司销售人员拿出了一份对郑州宇通集团有限公司生产的 ZK6127H 型客车的客户调研表。该调查委托专业的调研机构进行，可靠性很强。该调查表中，对宇通 ZK6127H 客车不满意栏中有 60% 的客户填写了空调的噪声太大。

与此同时，销售人员把评标委员会的专家们请到现场，A 企业的销售员为专家们详细讲解了单螺杆压缩机的优点，并与双螺杆压缩机进行了全面的对比，为了解释个别专家提出的噪声和振动问题，他还把一个一元硬币立在中央空调主机上，机器启动时，硬币纹丝不动。最终，A 企业使用的单螺杆压缩机以低噪声、低振动、平稳可靠运行的事实征服了现场的所有评委，评委们经慎重考虑后决定改变评标标准，最终 A 企业一举中标。

| 招式要领 |

在大客户的争夺中，守弱往往是大智者的手法。避开与对手的正面交锋，专找对手的软肋以守势求得两者的平衡。进入最后决战阶段，当对手以为稳操胜券之时，亮出绝招。

在对大客户的争夺中要强化某一方面的优势。某优势越明显，竞争力就越强。与竞争对手相比，不是比谁的优势多，而是比谁的优势更明显。釜底抽薪的核心要旨在于让竞争对手在客户面前充分宣传其产品的优势，让对方的底牌全部亮出来，抓住其某一软肋，将我方的优势进行直观对比，从而一举获胜，在实际运用中当注意以下四个要领。

伺机而动，后发制人

先给竞争对手充分表演的机会。我方在一旁细致观察，竞争对手在竭力宣传其产品亮点的过程中，难免会露出破绽，我方一剑直指要害。

现场验证，相互对比

俗话说，不怕不识货，就怕货比货。用现场验证、产品对比的方法能直观明了地对比出两家产品的优劣，让对手无可辩驳，让客户心悦诚服。

以己之长，比彼之短

将我方产品的优势点与竞争对手产品的劣势点进行对比，能彰显出我方的优势，并能成功将优势转化为胜势。

关键时刻，一剑封喉

必须在客户即将作出决断的时候，断然出手，方能收到奇效。出手过早会给对手留有反击的时间。

| 启示 |

抓住对手的破绽，就能找到克敌之术。给对手足够的表演机会，对手表演得越充分所露出的破绽就越多。

┃第九十二招┃
化解客户的难题，赢得客户的信赖

核心要点

(1) 不但要锦上添花，更得会雪中送炭。

(2) 要得到，先付出，打开情感的大门。

(3) 急客户所急，为客户提供急需的帮助。

┃案例┃

小王主攻新市场，销量要有所突破，航天三院成了他主攻的目标。这是一个陌生的客户，以前小王公司与该院没有业务往来，他思考再三还是决定先从外围入手。

小王按照查询的地址，找到了航天三院，直奔设计院主任办公室，敲开了门，办公室里坐着一位40岁左右的男人，正在修改着一份图纸。见小王进来，冷冷地问道："你找谁？"

小王堆着笑容问道："您是宋主任吧？"

宋主任依然冷冰冰地说："你有什么事吗？"

小王赶紧递过一张名片说："我是791厂的业务经理小王，想与您沟通一下，看看我们有无合作的机会！"

宋主任接过名片，随手放在桌上，说道："你没看我忙着吗？你去找采购部吧！"说罢，又低下头看图纸了。

小王尴尬地站在一边说："那您忙吧！等您有空再聊！"

小王时刻在寻找更好的切入点，功夫不负有心人，他终于等到了机会。一天，在与设计部的设计师小李闲聊的过程中，听说宋主任出车祸了，人无大碍，但把腿撞骨折了。现在在家休养，每天都得到医院复查。小王赶紧问："宋主任每天一般几点到医院复查，在哪家医院？"

小李告诉他："每天上午10点，宋主任都会到市三院复查！"

第二天的上午，小王开着车早早就候在市三院门口。10点刚过，宋主任从出租车上下来，拄着拐杖艰难地向医院走去。小王下了车装着无意走过去，见到宋主任惊讶地招呼道："这不是宋主任吗？您这是怎么了？"

宋主任见到他，叹了口气说："真倒霉，开车时被人家撞了一下！"

小王关切地问道："您没什么事吧？"

宋主任说："没什么，腿骨折了！"

小王松了口气说："没什么大碍就好，大难不死必有后福，宋主任一定会遇难成祥的！我扶你进去吧！"

小王扶着宋主任，走进医院，忙前忙后，帮他挂号、取药，并把他送回家。一连一个月，小王天天送宋主任去医院，两人的关系迅速升温。宋主任感激地对小王说："小王，你是一个重情义之人呀！"

| 招式要领 |

若公司产品没有明显优势，建立良好的人脉关系就成了销售工作的核心内容。当客户面临着多重选择时，客户关系就成为选择标准之一。中国人喜欢三种"面"：情面、脸面、场面。竭尽所能，帮助客户解决困难、化解问题，给客户足够的尊重，让其在心理上得到足够的满足，就能有效地与客户建立良好的人脉关系。销售人员要成为一个有心人，及时领悟到客户需要什么，急其所需，方能走入对方的心底。人脉关系的积累应遵循以下四大准则。

第一准则：互惠

没有付出就没有收获。要想有收获就必须心甘情愿地付出。人与人之间建立紧密的关系必须建立在相互帮助、共同得益的基础之上。恩泽他人方能受惠于人，因而帮助别人就是帮助自己。

第二准则：互赖

人脉建立的基础是价值互换。双方共享资源，分享利益，建立起协作同盟的关系。人字是由一撇一捺所组成，这就意味着人与人之间是相互支撑的。社会的高速发展会导致行业分工越来越细，单单凭借个人的力量是很难得以生存和发展的。人与人相互依赖才让万千缤纷的世界融为一体。

第三准则：分享

分享是一种最好的建立人脉网的方式，你分享的越多，得到的就越多。世界上有三种东西是越分享越多的：智慧、知识、人脉。

你分享的东西是对别人有用、有帮助的，别人才会感谢你。你愿意与别人分享，有一种愿意付出的心态，别人就会愿意与你做朋友。

第四准则：坚持

建立人脉关系是长期行为，急功近利的思想难以建立稳固的人脉网。销售生涯就是不断积累人脉、扩大交际圈的过程。人脉关系的积累来源于生活中的点点滴滴。

| 启示 |

当工作遇到障碍时，不妨从客户关键人入手。随着与客户关键人关系的不断深入，某些障碍会自然消失。

| 第九十三招 |

找出心中根结，化解主要矛盾，重建彼此信任

核心要点

(1) 用真诚去化解客户心中的疙瘩，而不是逃避。

(2) 用行动去消除客户的疑虑和偏见，而不是解释。

(3) 借助第三方的力量打开客户心结，而不是绕行。

| 案例 |

在与某客户喝酒聊天时，客户无意中聊起了兰州某飞控所负责国内战机自动驾驶仪的设计，其继电器年采购量达到1000多万元。提起兰州某飞控所，这是小王心中的痛。那已是十年前的事了。该所在新型战机上使用了小王公司的继电器，新型飞机由某部师长亲自试飞，但在试飞过程中出现了自动控制系统失灵现象，飞机在空中盘旋了四个多小时才安全着陆。该事件虽然有惊无险，但师长在部下面前出丑，非常震怒，要求各部门严查。查来查去，最后得出了小王公司继电器质量有问题的结论。得到消息后，小王带领技术人员迅速赶到现场，经过检测，

认为产品质量没有问题。在质量研讨会上，小王据理力争，拿出足够的例证来证明公司的产品没有问题。这让兰州某飞控所颜面大失，从此小王公司与该飞控所有了矛盾，该飞控所再也没向小王公司下过订单。现在想来，小王那时年轻气盛，处理欠妥，失去了一个重要的客户。

一晃十年过去了，随着时间的推移，有些事也该淡忘了。小王特意找了朋友向该设计部的主任打了招呼，准备第二天一早登门拜访。女主任在桌上淡淡地问："你有什么事吗？"

小王见她丝毫没交换名片的意思，心里感到有点不妙，忙堆着笑容说："我今天过来就是拜访一下领导，串串门，认识一下吧！"

女主任冷冷地说："多谢了，我们都比较忙，没有时间闲聊，如果没什么事，我就不陪你了，上午我还有个会！"

没想到没过五分钟，对方就下逐客令了。

走出主任的办公室，小王心有不甘，在飞控院转了半天，突然想起以前与该院的党委王书记关系不错，这么多年一直没联系了，不妨去拜访一下他。

一打听，王书记已经退休了，不过被返聘为该院的顾问，今天恰好在设计院。小王敲开王书记的门。近十年不见，王书记头发已花白，苍老了许多。王书记见到小王愣了一会儿，还是认出来了，热情给小王让座泡茶，闲聊了十年的变迁，发出了许多的感慨。

小王趁机问道："现在院里变化很大，很多熟人都不在了。现在设计室主任换成谁了？"

王书记回答道："是柳工呀！原来王主任的徒弟。王主任已经退休了，柳工是去年刚被提上来的。十年前的事确实不是你们的问题，是设计上有缺陷。为此王主任还受到处分呢！"

小王终于明白了柳主任为什么对他冷淡了，他把刚才在柳主任办公室里受到的冷遇与王书记说了一遍。

王书记笑了笑说："可以理解！柳工大学毕业分到所里后，就跟着老王，两人情同父女。你的冲动让老王背上了处分，这也成了老王的一块心病。柳工当然会嫉恨上你！"

小王苦恼地说："这也是我的心病了，我当时年青气盛，不太懂事，害得我们两家断了合作。我今天来就想弥补一下！"

王书记摇摇头说："有点难。"

小王恳求道："王书记，您能否帮我疏通一下？上次毕竟不是我们的产品质量出现问题。"

王书记点点头说："具体的事我可不管，不过可以帮你疏通一下，无论如何都必须过柳工这一关！"

小王大喜过望，连声说"谢谢"。

小王连续一个月，几乎天天跑飞控院，与设计室的设计师们都搞得很熟，得知时设计师与柳主任是好姐妹，两家经常走动，关系密切。小王马上找到时设计师，希望她能帮他与柳主任引荐一下。但时设计师摇摇头说："你不了解柳主任，她这个人对工作向来公事公办，她决定的事，是很难改变的。我实在帮不了你这个忙。不过柳工有个特点，就是与他的老师，即我们的老主任感情特别好。如果我们老主任可以帮你说说话，或许她会听。"

小王暗自苦笑，绕了一圈，又回到起点，不就是当初得罪了原来的设计室主任，才有了现在的困境？现在去求他，他又怎么能帮自己呢？

小王犹豫了半天，还是决定硬着头皮，去拜访老主任，算是死马当做活马医吧。某天晚饭吃过，小王依照打听到的地址，来到了老主任家。敲开老主任的家门，老主任竟然一下子认出他来："你不是791的小王吗？快十年不见，怎么又想起我这老头来了？"

小王没想到老主任记性这么好，一定是对当年的事还耿耿于怀吧？他连连向老主任鞠躬说道："我刚知道因为我当初的鲁莽，害您受到处分。都是不懂事，今天特意向您老赔礼道歉来了！"

老主任一愣，摆摆手说："事情都过去这么多年了，亏你还记得。再说那次确实不是你们产品质量的问题，是我的设计上有缺陷。背个处分还不是应该的？"老主任边说边把小王让到屋内，并给小王泡上茶。小王见老主任慈祥和蔼，并没有嫉恨他的意思，心中暗暗欢喜。

小王趁机介绍了公司十年的变化，尤其说起了企业已经从山沟里搬到了贵阳市。老主任连连点头说："中国的军工发展是建立在老一代人的青春与血汗之上的，你们能走到今天，真是不容易呀！"

小王连连点头说："是呀！我们这代人得好好向你们老一辈人学习，学习你们的敬业和吃苦精神。你们虽然退居二线了，但你们的灵魂依然与中国的军工企业融合在一起。我们离不开你们的帮助和提携呀！"

老主任赞同地点了下头："我们把一生都搭进事业中去了，人是离开了，心一直没离开过院里。你这次来不仅仅是看看我这个老头子吧？"

老主任直接点出了小王的目的，小王感到有点窘迫，不敢多隐瞒，直接说道："是有点事想得到您老的帮助。自从十年前出了那件事后，我厂与飞控院就断掉了业务往来，事后我非常后悔，想补救一下。这次过来就想得到您的帮助，看能否重建合作关系，毕竟当年我们的合作还是蛮愉快的！"

老主任诧异地问道："我已经退休了，你不知道吗？找我已经没用了！"

小王接话道："我知道您老退休了，但现在负责设计室的是您的学生柳主任，柳主任还没原谅我过去的鲁莽，想请您多关照呀！"

老主任想了想说："小柳这孩子就是要强，这件事你本身就没错，再说已经过了这么多年了，方便的时候我跟她说一声！"

小王大喜过望，没想到事情竟然这么顺利，连忙站起身来说："太感谢您了！您老这么大度，对过去的事一点都不嫉恨，我太感动了！"

| 招式要领 |

在曾经的合作中，因产品质量、服务等因素与客户发生冲突而导致合作中断，被客户上了采购商黑名单的事情时有发生。这类客户的重新合作首先必须找出与客户冲突的真正原因，对症下药，化解两家的矛盾，重新建立信任关系，方能开始第二次合作。重建与客户的合作关系面临的最大问题是：挽回曾经留给客户的不良影响。在实际工作中应把握住以下三个要领。

道歉在先，不论对错

化解客户矛盾得先以道歉来表达诚意。不要去解释缘由。往往解释越多，反而加重客户的反感。其实，任何一家企业都会出现让客户不满的情况，关键是出现问题后的态度。只有用真心去感动客户，才能重新赢得机会。

找出根源，打开心结

阻碍重新合作的根源往往并不在事情的本身，而是招致客户内部决策人的不信任，因而必须找到具体的反对者反对的真实原因，方能对症下药。

借助第三方力量，化解矛盾

如果直接面对客户决策人的不信任，难以改变其看法和观点，不妨借助第三方去做其工作，往往能起到柳暗花明的效果。

| 启示 |

没有什么矛盾是不能化解的，没有什么不良印象是不能挽回的。只有你保持足够的真诚，改变自己的行为，采取恰当的方式，再借助第三方的力量，就能重获客户的信任。

| 第九十四招 |

将不利的局势搅浑，赢得公平竞争的机会

核心要点

(1) 若项目尚未最终定局，还有扳回的机会。

(2) 把不利于我方的局势推翻，就意味着有从头开始的机会。

(3) 巧用规则，遵循行规，为自己赢得机会。

| 案例 |

浙江某低压电器公司销售总经理刘总得知广东某市的电力设备采购招标信息时为时已晚，该项目的招标书已经下发到相关单位。招标活动在三日内举行。刘总从相关渠道了解到这是本地一家同行企业从中搞的鬼，倚仗着与甲方招标小组的关系，将他们屏蔽在外。参与招标的除了这家本地企业，还有三家实力很一般的企业。明眼人都可以看出这三家企业都是陪标的，最终中标的自然是这个本地企业。

刘总得知以上信息，自然不甘心，他一一与另三家企业的老总进行了沟通，说服了这三家临时退出。因招标会有超过半数的投标单位未参加，自然流标。第

二次招标将在一个月后举行。这为刘总赢得了时间，他抓紧机会做了大量工作，最终硬是从对手的手中将这个项目抢了过来，获得最终的胜利。

招式要领

如果被对手领先一步，没有足够的准备和运作时间，或者被对手屏蔽在外，丧失了与竞争对手比拼的机会，可以利用规则将对己不利的局势搅黄，逼迫客户重新再来，从而为自己赢得时间和机会。搅局是为了打破不利于我方的局势，从而有利于自己重新布局。

我们在给对手设局，对手也会给我方设局。如果我方不慎掉入了对手的陷阱之中，最佳的方法是将局面搅浑，为自己赢得二次较量的机会。在实际运作中当掌握以下四个步骤。

步骤一：巧用规则，打破客户内部平衡

搅局不能无理取闹，要巧妙合理利用游戏规则，迫使客户更换决策人或者重新启动选择供应商流程，以化解竞争对手精心设计的屏蔽。

步骤二：联合同行，抗衡竞争对手

竞争对手占得先机，可以联合其他同行，整合资源，聚集力量，从而转化态势。既然单个力量都无法与竞争对手抗衡，不如抱成团，方可一搏。

步骤三：争取时间，赢得运作的机会

尽可能为我方赢得足够的时间，以便我方进行必要的客户公关和产品展示，以及技术交流，赢得客户的认同。

步骤四：拟定策略，获得最终的胜利

面对占据优势的竞争对手，应拟定出应对策略，调集多方资源获得最终的胜利。

启示

只要有足够的底气和实力，在任何不利形势下都有挽回的机会。不到最后一刻难言胜负，只有敢于坚持，才有可能成为胜利者。

| 第九十五招 |
在恰当的时间里，将恰当的产品卖给恰当的客户

核心要点

（1）价格来自产品价值，客户对象不同会导致产品价值不一。

（2）不是价格越低，产品就越有竞争力，工业产品价廉物难美。

| 案例 |

河南某工业烘干机制造企业 A 公司生产的工业烘干机的优势是将传统的卧式烘干机改变成立式烘干机，能将成品率由 75% 提升至 95% 以上，并降低电耗 15%。此已获得国家专利。传统卧式烘干机销售价格为每台 150 万元左右。而该公司的立式烘干机销售给水泥企业的价格为 200 万元左右。

A 公司调整目标客户，聚焦蓝碳行业。A 公司的立式烘干机销售价格飙升至 2000 万元／台。为什么同样的工业烘干机，仅仅调整了销售对象，而产品价格就飙升了 10 倍呢？

A 公司工业烘干机价格飙升的秘密是这样的。产品销售至水泥企业，虽能提升 20% 的成品率，但水泥的原材料为矿渣，矿渣一吨只有几十元钱，虽能提升客户的成品率，但对客户的贡献率不高。如果售价过高，客户自然就难以接受。A 公司将产品销售给蓝碳企业，蓝碳的原材料为煤炭，煤炭几千元一吨，一台 60 吨的立式烘干机一年能为客户节省 600 万元左右的原材料成本，一台 2000 万元的立式烘干机三年就能收回成本，A 公司的烘干机价格虽高，但物有所值。

| 招式要领 |

客户对销售人员的报价总是会说：价格过高了。在任何行业、任何时候，总有更便宜的同类产品。客户对供应商的选择，价格固然是重要因素，但绝不是唯一因素。产品品质、供货速度、技术性能、服务能力、品牌影响力等都是

客户综合评比的内容。因此，销售人员向客户展示的企业产品的价值，是客户需求的满足程度以及给客户带来的实际利益。公司产品与客户需求匹配度越高，为客户带来的利益越多，所产生的价值就越大，就能抵挡住竞争对手的低价策略。在运作操作中当把握以下四个要领。

依据客户的需求，包装公司的产品

客户的需求就是企业产品的亮点。向客户所展示的优势必须是客户所关注的。展示得越具体，客户的认同度就越高。

依据客户的选择标准，展示公司产品的个性化元素

重点向客户展示的内容是其他竞争对手所不具备的，公司个性化元素对客户吸引力越强，客户的倾向性也就越强。

量化企业产品价值，帮客户计算利益得失

站在客户的角度，计算如果选用公司产品能为其带来的实际收益，使用价值比对购买成本，从而让客户能衡量出利益得失。

刺痛客户的神经，给予客户快乐

以客户为出发点，分析若选用有缺陷企业的产品可能带来的隐患，若选用我公司产品会带来的好处，从而帮助客户下定决心。

| 启示 |

工业品的价格是由价值所决定的，给客户带来的价值越高，产品的价格自然就越高。因此，产品定价不是企业说了算，也不是客户说了算，而是性价比说了算。

| 第九十六招 |
凝聚企业的优势，战胜强大的对手

核心要点

(1) 貌似强势的企业必有软肋，得选准克敌制胜的攻击点。

(2) 弱小的企业也有自己的强项，得让自己的强项变得更强。

| 案例 |

客户：我们已经决定选用Ａ公司的产品了，Ａ公司是老牌企业，我们选用该企业的产品比较放心。

销售人员：Ａ公司是行业内的龙头企业，选择该公司的产品我能理解。请问您对Ａ公司的产品是否了解？

客户说：哦！我已经与Ａ公司的市场部门联系过了，他们告诉我尽快将产品资料寄给我，我还没收到。

销售员：你是几天前与他们联系的？

客户：三天前。

销售员：现在的快递24小时就能到。你三天前要资料现在还没收到。如果产品出现故障，对方维修人员三天还没到，将给你带来多大损失？

客户：停工三天，我工厂有100多人，损失自然很大。

销售员：你算的只是直接损失。如果停工三天，有可能造成你不能完成客户的订单，不但要承担违约责任，而且有可能会失去客户。现在你只是要个资料都这么困难，你一旦已经购买了该公司产品，他们的态度将会更傲慢。优质的服务也是选择产品的重要标准，您说是吗？

客户说：是的。

| 招式要领 |

在没有取得绝对优势的地方，你必须根据已有的条件灵活地在关键之处创造相对优势。

不同规模和性质的企业总是各有利弊，能生存于市场的企业总有其生存之道。大企业固然有技术、品牌优势，但也有反应速度慢的劣势。小企业固然存在着行业知名度低、实力弱的劣势，但也有服务能力强、反应速度快的优势。小企业面对大企业的竞争时，可采取如下策略。

以速度取胜

小企业反应速度快，能根据客户需求研制出与客户需求匹配度高的产品，随时根据客户的需求来修正产品数据和技术性能。

以服务取胜

小企业服务速度快、服务面广，能为客户提供更周全的服务。

以价格取胜

小企业制造及管理成本低，能以较低廉的价格比拼对手。

以体制取胜

小企业体制比较灵活，供货速度快。

| 启示 |

鲨鱼有鲨鱼的生存法则，虾米有虾米的生存之道。尺有所短，寸有所长，不同类型的企业都有自身的优势，关键在于能否将优势转化为胜势。

| 第九十七招 |
用价格优势吸引客户，用配套产品获得利润

核心要点

(1) 优惠的价格让客户选用我，更让客户离不开我。

(2) 用优惠的价格去抢占市场，以规模优势降低成本。

| 案例 |

安徽H泵业公司专业生产各种规格的单螺杆泵、双螺杆泵、三螺杆泵等系列产品，在行业中名列前茅。随着市场竞争的加剧，一大批同类企业雨后春笋般出现，蚕食着该公司的市场。

上海某动力设备制造企业采取公开招标的形式采购一批双螺杆泵。该企业的设备主要用于国内大型冶金企业，采购量大，大批同类企业纷纷加入投标，竞争空前激烈。双螺杆是行业中的成熟产品，H公司在技术、品质等方面上并没有较明显的优势。价格就成了同类企业比拼的唯一手段。

H公司分析了这次招投标的情况后认为，本公司若不能调低报价，就难以在这次投标中获胜，但如果价格降得太低，就可能造成亏损。到底是降价还是不降价，公司内部争执不下。H公司董事长思考再三后，决定大幅度降价，确保中标。理由是：上海动力设备公司制造的设备主要是供给国内各大型冶金企业，而螺杆泵属于易耗品，一般3～5年后就得再次更换，如果在原装设备上配置了公司产品，下次更换势必还得选用公司产品，低价供货，虽然降低了公司的盈利率，但等三五年冶金企业需要更换双螺杆泵时再高价供货，依然能为公司带来丰厚的利润。

果然H公司低价配套、高价补给的策略为企业带来了快速发展。虽然眼前企业遭遇了很大的成本压力，但三年之后企业利润稳固提升。

| 招式要领 |

企业经营者所关注的不应仅仅是眼前利益，更应关注企业的未来利益。应站在企业未来发展的角度牺牲或放弃眼前的利益，方能保证企业有长久、稳固的发展。中国有句古话：吃亏是福。眼前是蒙受了损失，但赢得了更多的客户就能给企业带来更多的利益。在实际操作中当把握住以下要点。

要点一：赢得客户是第一要素

客户会给企业带来永久利益，为防止价值客户的流失，企业得千方百计去满足客户的需求。客户是企业财富之源。

要点二：及时转化盈利模式

所谓的企业盈利模式就是企业获利的方式。企业不仅仅是依靠产品的买卖来获利，还有通过二次销售、后期服务等模式获利。盈利模式转换的核心是将企业的竞争优势发挥到极致。

要点三：让竞争对手无法替代

先亏是为后盈创造机会。要实现后盈就得让公司产品保持唯一性，让竞争对手无法替代。例如，佳能公司低价销售打印机，高价卖墨盒，购买了佳能打印机，就得买佳能墨盒，打印机是诱饵，墨盒才是真正盈利点。

| 启示 |

竞争策略的改变会导致企业盈利模式的转换。当企业产品的核心价值发生转移时，其盈利模式也随之而变。

| 第九十八招 |
提升客户合作等级，建立战略合作同盟

核心要点

（1）离客户越近，关系就越密切，让企业贴近客户。

（2）与客户合作面越广，客户依赖性越强，就可以不断提升客户的采购量。

（3）为客户服务的范围越广，产品价值就越高，要不断提升服务等级。

| 案例 |

浙江某轴承制造企业在2010年完成了国内市场的销售转型，由传统供应商的模式向连锁工业超市模式转换。在传统供应商模式中，客户下达销售订单，生产企业按订单生产，按时供货。传统模式中，客户需要备足库存量，同时服务半径长，难以提供及时、周到的技术服务。现行的工业超市贴近客户的周围，客户要货24小时内送达，不再需要库存，有效地提升了客户的资金利用率，同时，每个工业超市都配备了技术服务人员，随时为客户提升技术支持。

该公司的工业超市建立了会员制，凡会员客户实行先供货、按月结账的方式，方便了客户；定期组织会员活动，加强了企业与客户之间的相互交流，还能在第一时间内了解到客户的新需求，以便及时调整产品结构。企业与客户之间的关系得到相互延伸，与不同类型的客户建立起了战略合作同盟，有效地提升了企业市场占有率，确保企业长久、稳固的发展。

| 招式要领 |

与客户间的关系一般会经历五个阶段：储备供应商、一般供应商、首选供应商、战略合作商、战略同盟。随着客户关系的延续，企业应当不断提升与客户的合作等级，稳定客户关系，减少客户的流失。在实际操作中当关注以下核心点。

（1）拉近与客户的距离，协同客户一起工作。这样对客户业务的特定功能的了解程度要比其他任何一方单独进行多得多。

（2）企业对客户的利润贡献要比客户自己或其他人多得多。通过改变销售渠道模式或整合各业务部门、运营及系统来达到理想的运营结果。

（3）充分展示企业为客户增加营业额及（或）为客户节约成本所作出的贡献，通过提升客户的盈利能力和竞争力来凝聚客户。

（4）遵循客户企业文化，采取灵活多变的机制与客户内部管理制度相匹配，达到企业与客户双赢的效果。

| 启示 |

企业与客户的匹配度越高，合作越密切，客户对企业的依赖性就越强。要依据客户需求的变化不断调整企业的销售模式。

| 第九十九招 |

创建产品行业标准，提高行业进入门槛

核心要点

（1）创建行业标准，就能引领行业的发展。

（2）制订行业标准，就能取得竞争优势。

（3）修订行业标准，就能设定保护壁垒。

| 案例 |

2010年国内接连发生了几起校车车祸事件，造成数十名学生死亡，全国上下舆论一片哗然。除了谴责职能部门缺乏监管、学校领导草菅人命之外，校车安全也成了热议的话题。国内最大的客车制造企业宇通客车敏锐地感觉到国家即将制订校车质量标准，于是加大了校车研发速度，积极协同政府职能部门制订并颁布学校客车的质量标准。当校车质量标准一经颁布，宇通新研发的符合质量标准的校车已经投放市场。

全国各类学校依据国家标准开始更换校车，宇通校车成了唯一的选择。其他客户企业刚刚醒悟过来，开始研发符合标准的校车为时已晚。宇通校车一家独大，占据了绝大部分校车市场。校车标准由宇通牵头制订，宇通自然就占得优势，其他竞争者难以超越。宇通公司的销售量和市场占有率稳居行业第一。

| 招式要领 |

企业界有句流行语：一流的企业建标准，二流的企业创品牌，三流的企业扩规模，四流的企业拼价格，末流的企业补空缺。所谓创建标准就是利用企业行业领导者的地位将企业标准上升为行业标准，从而逼迫其他竞争对手退出市场，为自己赢得更大的市场份额。

创建标准不是任何企业都能做到的，必须有以下三个前提：本行业属于新兴行业，国家尚未制订质量标准；本企业是行业的领先者，具备足够的话语权；行业竞争的无序影响到国家或百姓的实际利益，形势逼迫国家规范市场。

创建标准，建立壁垒，在实际操作中当遵循以下三个步骤。

（1）用企业标准去引导行业标准。企业所制订出的标准必须有前瞻性和权威性，同时也需遵循行业的现状，能被大多数同行所接纳。如果标准过于超前，大多数同行都难以达到，标准也无法推行。

（2）借助政府的力量。只有借助政府之力，才能使行业标准具备权威性和可操作性。

（3）新标准能体现企业的技术优势。所创建的标准应体现出企业特有的技术优势，这种优势使得竞争对手难以模仿或超越。

| 启示 |

行业标准的创建者，自然也是行业的领航者。利用行业标准能屏蔽一批行业内的害群之马，建立行业秩序，杜绝恶性竞争。

| 第一百招 |
用技术创新来引领行业进步，用产品升级来引导客户需求

核心要点

(1) 细分市场，占据优势，确立地位。

(2) 满足需求，挖掘需求，引导需求。

(3) 利用资源，转换模式，获得利润。

| 案例 |

案例1：卡位导向

中国各类阀门制造企业有一万多家，因行业门槛低，技术含量不高，市场竞争逐步延伸为价格竞争。各个阀门制造企业进入了薄利时代。浙江某阀门制造企业作为一家新兴企业，难以在竞争日异白热化的阀门行业有太大的发展。该公司系统化地分析了市场状况之后，将公司产品定位于防腐性特种阀门，并聚焦于化工、石化等特殊行业。该公司一改传统阀门的制造工艺和材质，陆续推出镀金阀门、铂金阀门等。该公司一只阀门的售价达到数万元，是传统阀门的100倍。但公司的阀门解决了化工、石化等行业关键部位阀门防腐的难题，一只阀门的使用寿命高出传统阀门十倍。因在国内尚无专业制造特种阀门的厂家，该公司的产品一经推出便受到客户的认同，销量呈爆发式增长，取得了很好的经济效益。

随着该公司在行业内影响力的提升，其他阀门制造企业纷纷模仿，但该公司作为特种阀门的首创者已经占据了行业的制高点，防腐阀门的市场占有率达到90%以上，竞争对手尽管采取了各种手段，但始终难以撼动其垄断地位。

所谓的卡位导向，就是确立自己在行业中的地位。企业对自身的优势和劣势进行系统分析，并对市场和客户进行细分，充分发挥企业自身的优势，在某一细分行业内占据有利位置，并让竞争对手无可取代。

卡位所强调的是企业在不同的时期内占据的有利位置，卡位的选择就是利用竞争对手的盲区，以敏捷的反应力在第一时间里占据有力的态势。卡位战略所强

调的是避开硬碰硬的竞争，以巧取胜。

卡位战略不仅适用于新兴行业，也适用于传统行业。卡位的要领是在行业内选准最适合的位置，并牢牢占据，让对手难以介入。卡位战略的成功要领在于找准位置，牢牢占据，建立优势。卡位的核心是聚集目标客户，使得企业产品的价值得到最有效的体现。

案例 2：客户利益导向

某冷却设备制造公司研发出水能回收技术专利，将其应用在冷却设备上，通过水塔上水能回收再利用，能有效降低 20% 耗电量。以一座大型水塔年耗电量 10 万度为例，采用该公司的设备就能为客户有效减少两万度的耗电量，节省费用数万元。该公司的冷却设备价格仅高于其他厂家普通设备的 10%，在市场竞争中自然占得了先机。

所谓的客户利益导向，就是通过对自身产品及服务的升级和优化来拉动客户利益的提升。简单地说，是为客户创造更多的价值。企业的产品价值体现在客户的实际利益和实际购买成本之间的价差上。价差越高，企业产品的价值就越高。

客户利益导向所体现的最直接方式就是价格制胜。直接降低企业的销售价格来降低客户的购买成本，能立竿见影地提升产品的价值。比如，格兰仕公司通过大幅度降低微波炉的销售价格，使得微波炉成为千家万户的生活必需品，直接拉动了微波炉市场容量的扩大，也使格兰仕微波炉占据了国内 50% 的市场份额。

但价格制胜的策略只能应用在新行业完全建立的前夕，行业产品处在暴利阶段，某公司率先掀起价格大战的序幕，就能迅速取得规模上的优势，弥补利润率降低之不足。当行业已经处于成熟期时，价格的竞争就成了一把双刃剑，伤了对手也伤害了自己。要避开单纯的价格竞争，工业品企业可以通过技术的运用来强化产品的性能，为客户带来更多的利益。技术的升级未必就代表突破性技术的应用，企业在产品技术的某一环节上进行改进依然能取得良好的效果。前文讲到：某客车制造企业在客车发动机上用双螺杆取代了单螺杆装置，有效降低了发动机的噪声，提升了其稳定性，在一次大型招标会上战胜其他对手一举中标。

客户利益导向还包括服务的延伸，通过服务来提升产品的价值。例如，广东某特种润滑油销售公司在全国各地的工业园设立 4S 店，将服务延伸至客户的周围，有效缩短了与客户的距离，提升了客服效率，降低了客户对特种润滑油的库存量。

该公司获得巨大成功，成立五年后成为国内的上市公司。

客户利益导向还包括品牌的塑造、顾问式销售等。企业核心价值的变换是随着客户需求及核心利益的变换而变换，这是工业品企业竞争制胜之关键。

所谓赢利模式，是指企业价值转换为企业利润的有效方式。我们说，企业的价值必须在客户那里得到充分认同，方能实现利润的转换。因此，企业赢利模式的确立往往决定了企业及其产品价值是否能充分得到体现，同时也直接决定了企业经营利润能否得以充分实现。

赢利模式的确立方式往往依据企业及其产品的特征，同时兼顾到客户选择供应商的心理要素，通常有以下三种形式。

(1) 通过产品价值的延伸创建出独有的赢利模式。

产品的价值未必都仅仅局限于其使用价值，以产品为核心所建立起来的社会价值、品牌价值、渠道价值都有可能为企业带来新的盈利点，甚至这些延伸价值到了一定的时期会为企业带来主要的盈利点。

如果我们问：麦当劳是做什么的？几乎所有人都知道麦当劳是经营洋快餐的。但随着麦当劳在中国影响力的逐步扩大，凡有麦当劳连锁店的地方都能迅速形成一个商业圈。因此，麦当劳公司就不再将卖汉堡包作为主要的盈利点，而是使麦当劳的社会价值得到充分利用，利用其影响力涉足商业地产，并成为该公司的主要赢利点。

(2) 通过建立新颖的销售模式来创建特有的赢利模式。

案例3：赢利模式导向

某洗碗机制造公司生产的大功率洗碗机具有省水、省电、快捷、方便等优势，但在实际销售过程中因售价高（一台洗碗机售价5000元）而不被众多中小型饭店所接受。这些饭店业主认为一次投资5000元购买一台洗碗机不如招聘几个洗碗工实惠。

该公司了解到中小型饭店业主的想法后，转换了销售模式：由售变租。中小型的饭店一般都需要聘用2～3个洗碗工，使用了该公司的洗碗机后只要一个洗碗工就足够了，至少节省下1～2个洗碗工的工资费用，而租用该公司的洗碗机的费用仅为500元／月。该公司的销售模式转换之后，迅速被中小型饭店接纳，取得了更佳的经济效益。

传统的销售方式大多是客户交钱，企业交货，但我们会发现当客户对企业产品的价值未充分认识时，其产品的价值就难以充分转换为企业利润。而销售模式的转换会为客户带来对产品价值最直观的认识。

（3）通过转换企业的经营策略而建立起来的赢利模式。

案例4：赢利模式导向

前文讲到：安徽某螺杆泵制造企业面对残酷的市场竞争，及时调整了其经营策略。采用低价配套、高价更换零部件的方法取得了良好的绩效。该公司用薄利甚至无利的价格与配套厂进行合作，提升其公司产品的普及率。螺杆泵的使用寿命为3～5年，终端用户需要更换螺杆泵时高价供给。低价配套虽然不能给企业带来利润，但提升了产品的普及率，为企业创造了新的销售机会点。因螺杆泵在大型动力设备里起着关键性作用，一般客户不会轻易更换螺杆泵生产厂家，该公司正是抓住客户的心理特点，以高价供给终端用户，并将此作为主要的盈利点。

企业依据市场环境的时间现状以及产品的特点而制订出其经营策略，并为企业带来新型的赢利模式。经营策略的转换体现在企业赢利点的变化上，放弃某一部分的利益而提升另一部分的利益，以此来提升企业的赢利能力。

| 招式要领 |

企业的价值战略是指以客户利益为出发点，来验证企业战略的正确性。这种方法要求决策者从外部环境入手，反思企业的竞争能力和经营方向。工业产品不同于快速消费品，它不仅仅是满足客户的需求，更能有效地提升客户的实际利益。快速消费品的价值在于让消费者在生理上、心理上得到满足，而工业品的价值是为客户创造实际利益。因此，重塑产品的价值是工业品企业获得市场竞争优势的核心关键点。

| 启示 |

掌握价值转移的规律是理解价值战略的一个基本前提。企业核心价值伴随着客户需求和核心利益点的变化而变化，这正是当今时代竞争的关键。客户需求和核心利益点来源于行业未来演变的态势以及新技术的运用所带来的产品升级。价值战略着眼于未来。凡是不把未来考虑在内的企业必会被未来所负。

经营（造化）→管理（机会）→执行（变化）。经营充满竞争，而又在不停地变换，所以必须了解演变的内容。经营是管理的目的，所以了解经营趋势才能设计正确的管理架构与程序。

附表 管理和评估报表

表一 销售人员客户拜访周情况汇总表

月 第 周	访问客户							地址	访问结果（简要说明进度状况及问题点）	客户意向
	序号	施工单位	访问时间	拜访对象	职务	甲方单位	电话			
周一	1									
	2									
	3									
周二	1									
	2									
	3									
周三	1									
	2									
	3									
周四	1									
	2									
	3									
周五	1									
	2									
	3									

表二 竞争条件评估表

1. 商品服务的相容性
□具有差异化相容性 □一般相容性 □与竞争者不相容
2. 与客户过去的关系
□已具有往来关系并具有优势印象 □已具有往来关系但具有劣势印象 □比竞争者更具备良好关系 □比起竞争者具有较差关系

续表

3．客户高层决策者对公司的看法
□具有足够的信任度 □模糊印象 □比起竞争者不具有信任度
4．对客户决策模式的掌握
□清楚客户的决策模式 □难以摸索 □不得其门而入
5．对决策者的制衡关系
□具备制衡的资源 □不具备制衡关系 □比起竞争者更具劣势
6．是否具有其他非相关因素
□公司具有优势因素 □平分秋色 □竞争者具有优势因素

表三　子任务完成清单追踪表

关键销售活动		执行次数	落实次数	%
销售准备	拜访前了解对方在决策流程中的角色			
	明确拜访目的			
	是否为销售计划中的一个步骤			
	准备好开场白或引发注意的方式			
	准备好要呈现的文件及卖点			
	准备好要问的问题			
业务拜访活动	出现在客户面前时，表现出自信与专业的形象			
	对客户的问题，都能做精简有力的回答			
	沟通时我站在对方的立场上，用对方的语言			
	倾听时，都设法掌握客户信息的含义			
	在尚未掌握客户需求及情况前，问多于说			
	随时观察客户对我的信任度			
	随时观察客户的细微反应，并调整动作			
	每次拜访结束前，都具体交代下一步的动作			

关键销售活动		执行次数	落实次数	%
解决方案包装	每次都将解决方案做清晰的包装			
	每次都根据不同的决策者列出不同的卖点			
	每次都将此卖点转换为对决策者的价值			
	每次都列出与竞争者的差异及优势			
	简报时，都经过精心的策划及练习（团队）			
	卖点都具备足够的数据及文件证明			
关系培养	对于关键决策者都设法找出其真正需求／动机			
	尝试以创造多元价值取得客户信任			
	安排高层拜访以建立关系			
	安排其他活动以培养多元关系			
销售活动自我分析	我每次都检讨未达到拜访目的的原因			
	我每次都设计最好的运用时间的方式			
	客户呈现含糊状况时，我都尽快设法澄清			
	我随时在检测自己销售活动的有效性			
	我不轻易答应客户的要求，并引导说出其必要性			
	当客户拒绝沟通时，我仍会设法寻求突破			
	每次离开前，都会确认好下一步的动作			

表四　阶段性工作进度分析表

项目名称		里程碑表述	
项目组成员		项目经理	
实际进度和计划进度相比			
搞定内部教练			
客户对我方产生倾向			
样品确认			
决策倾向			
确定中标			
签订合同			

续表

拿到定金		
潜在风险分析及建议		
项目经理意见		

表五　销售项目管控力度评估表

关键销售活动		分数					比例/%	重点辅导区域（请打勾）
销售准备（1）	是否将销售策略与计划精简文件化	1	2	3	4	5		
	是否先了解客户需求及决策者的背后动机	1	2	3	4	5		
	是否进行组织图等决策分析	1	2	3	4	5		
	是否明确每次业务拜访的目的	1	2	3	4	5		
	是否准备好拜访所需要的专业化文件	1	2	3	4	5		
业务技巧（2）	是否设计了建立客户信任的方法	1	2	3	4	5		
	与客户沟通时是否是询问及引导多于说明	1	2	3	4	5		
	是否以客户易产生共鸣的主题为切入点	1	2	3	4	5		
	是否能避免先入为主，做真正的倾听者	1	2	3	4	5		
	是否能将产品特色转换为客户价值来说明	1	2	3	4	5		
	是否以从容的态度澄清客户的异议	1	2	3	4	5		
	是否设计了促进成交的方法	1	2	3	4	5		
	面对高层领导能否掌握其"决策按钮"	1	2	3	4	5		
销售心理（3）	是否以正面积极的态度面对任何挫折	1	2	3	4	5		
	当客户要求不合理时，是否能引导客户思维	1	2	3	4	5		
	是否有足够的敏感度来掌握客户背后的动机	1	2	3	4	5		
	是否把焦点随时放在客户的决策心理上	1	2	3	4	5		
	是否主动自我激励，随时呈现战斗力	1	2	3	4	5		
方案包装演讲（4）	设计解决方案时，是否善于利用团队的智慧	1	2	3	4	5		
	是否能将方案做精简有力、注重客户价值的包装	1	2	3	4	5		
	是否能根据不同决策者提供不同的诉求点	1	2	3	4	5		
	是否准备了恰当的差异化及竞争诉求	1	2	3	4	5		
	简报是否精心设计并事前充分练习	1	2	3	4	5		
	在价格上是否事先做多次的"沙盘推演"	1	2	3	4	5		
	是否对诉求准备有足够的澄明文件	1	2	3	4	5		

关键销售活动		分数					比例 /%	重点辅导区域（请打勾）
销售活动分析 (5)	随时规划并善用时间	1	2	3	4	5		
	每次业务拜访都有明确目的	1	2	3	4	5		
	拜访结束进行自我检讨分析	1	2	3	4	5		
	不会轻易受客户使唤及支配	1	2	3	4	5		
	关键时刻懂得反馈上级寻求支持	1	2	3	4	5		
	能够按优先顺序计划安排销售活动	1	2	3	4	5		

表六　技术交流工作计划表

项目名称			客户名称	
客户地址				
技术关键人			职务	

技术交流目标达成

□产品以我方技术参数作为招标标准
□产品指定：直接在采购文件上指定我方型号
□品牌指定：直接在采购文件上指定我方品牌
□品类倾向：选择我公司的优势产品或专利产品作为母板
□协助我们有选择性地邀请客户单位，屏蔽具有威胁性的竞争对手

技术交流的日常安排

活动内容	时间	参加人员	地点	组织人员	技术人员	技术交流方式	采取策略	费用预算
计划制订人				批准人				

表七　销售费用评估表

项目名称			项目标的		
项目经理			项目组成员		
费用种类	客户对象	预期目标	实际结果	费用金额	合理性
招待费					
活动费					
礼品费					
客户劳务费					
客户接待费					
差旅费					
评估结果 （客户对象选择是否准确，花掉费用是否得到预期目的，花费金额是否合理？）					

表八　商务谈判计划书

客户名称			客户编号		
项目名称					
地址：			邮政编码：		
联系人		职务		联系电话		传真	
商务谈判目标：					
合同签订：					
谈判小组组成及成员安排：					
商务谈判 计划	合同样本				
	项目经理及成员安排				
	合同工作范围				
	产品技术性能				
	产品供货周期				
	产品的基本报价				
	合同履行流程				

续表

商务谈判计划	付款方式	
	产品验收标准	
	违约责任	
	—	
风险评估：		
内外协调事宜：		
资源申请：		
计划综述：		

表九　销售人员日常工作执行表

项目负责人		项目组成员	
项目预计金额		预计采购时间	
项目跟进检查明细			
里程碑	任务清单		
信息收集	□已经符合目标客户的选择标准 □对客户的状况有初步了解，填写"客户线索汇总表" □项目登记表提交 □项目详细资料表批准 □其他相关表格		
项目立项	□找对合格的经手人士 □推荐公司在产品、价格、服务、技术能力上的优势 □明确客户内部的采购流程，特别是可能的设备采购负责人 □建立并发展与经手人士的关系 □双方达成共识，可以进行招投标方案设计 □项目小组正式成立 □拜访业主方项目小组 □绘制甲方决策小组内部组织分析图 □项目关键信息登记表 □其他相关表格		
深度接触	□全面了解客户采购组织，绘出组织分析图 □发展内部教练 □了解有关项目决策的关键性信息 □找到正确的关键决策人 □销售计划书——技术与服务突破阶段提交 □其他相关表格		

续表

里程碑	任务清单
技术交流 方案确认	☐产品以我方技术参数作为招标标准 ☐型号指定：直接在招标文件上指定我方型号 ☐品牌指定：直接在招标文件上指定我方品牌 ☐参数倾向：以倾向于我方的技术参数进行招标 ☐协助我们有选择性地邀请投标单位，屏蔽具有威胁性的竞争对手 ☐通过技术交流引导甲方关键决策人认同我们的价值 ☐通过展示从而在该公司有一定的影响力 ☐实现屏蔽与本企业同档次的竞争对手的目标 ☐通过提供产品与品牌体验向甲方关键决策人验证我们的价值 ☐其他相关表格
商务招标	☐让客户方评标小组中的关键人成为我们坚定的支持者，并表现为实际行动（透露评标小组成员详细情况，暗中影响其他评标小组成员，透露竞争对手动向，共同研究招标细节并制定有利于我们的招标方案） ☐取得项目最高决策层的实际行动支持 ☐销售计划书——关系突破阶段提交 ☐与决策小组中的关键人建立关系 ☐充分利用合作公司、设计院的影响力去影响甲方的关键决策人 ☐了解对方公司的采购流程、采购组织与动向 ☐时刻掌握甲方决策小组内部动向，借用甲方的力量催促订货 ☐发展公司内部关系 ☐其他相关表格
合同签订	☐供货合同由客户方签字确认 ☐合同条款有利于我方 ☐了解该公司的采购动向 ☐与该公司采购部门谈判 ☐合同签订 ☐催促该公司付款 ☐收到第一笔货款，合同执行 ☐其他相关表格

表十　项目总结表

项目运作状况					
项目名称		项目规模		运作周期	
投资单位		施工单位		决策人	
项目小组成员					
项目成败		运行阶段		最终成果	
选用产品		交付日期		竣工日期	
项目运行过程得与失（成功或失败的主要原因）					
项目运行中遭遇到的阻碍和化解方法					